N. T. Wright

Paulus für heute: Der Römerbrief

Band 1
Kapitel 1 – 8

Zusätzlich als E-PDF erhältlich:

N. T. Wright, Römerbrief – ***Studienführer.***
ISBN 978-2-7655-7316-3, *www.nt-wright.de*

Der „Studienführer" macht „Paulus für heute" zum idealen Material für Kleingruppen oder zum persönlichen Bibelstudium. Fragen zu jedem Bibelabschnitt helfen, sich die biblischen Texte zu erarbeiten und sie für unsere Welt heute lebendig werden zu lassen.

Titel der englischen Originalausgabe
Paul for Everyone: Romans
Part 1: Chapters 1 – 8

Originalausgabe: 2004, Society for Promoting Christian Knowledge
36 Causton Street
London SW1P 4ST
www.spckpublishing.co.uk
Großbritannien

Aus dem Englischen von Dr. Rainer Behrens

www.brunnen-verlag.de
Umschlaggestaltung: Ralf Simon
Satz: DTP Brunnen
Herstellung: GGP Media GmbH, Pößneck
ISBN 978-3-7655-0619-2

Inhalt

Vorwort zur deutschen Ausgabe

Mit der deutschen Ausgabe der Kommentarreihe von N. T. Wright zum gesamten Neuen Testament verbinden sich einige Hoffnungen.

Die erste Hoffnung ist eine schlichte, aber nicht unwichtige: dass Wrights Übersetzung und Auslegung vielen Menschen helfen möge, das Neue Testament besser zu verstehen. Der Kommentar bietet dazu geschichtliche Erläuterungen und Impulse für das Leben hier und heute – kurzweilig erzählt sowie mit Bildern und Geschichten aufgelockert.

Die zweite Hoffnung lautet, dass sich durch die Lektüre die Sicht dafür weiten möge, was das Neue Testament zu sagen hat. N. T. Wright ist ein Mann für die großen Linien und Zusammenhänge der gesamten Bibel. Also werden auch die alttestamentlichen Bezüge des Neuen Testaments gebührend beachtet. Wrights Kommentar zu lesen heißt, sich herausfordern zu lassen, die Bibel als gewaltiges, atemberaubendes Drama zu lesen. Dieses Drama umspannt die Geschichte Gottes mit der Welt von der Schöpfung bis zur Neuschöpfung des Kosmos. Jesus ist darin der Dreh- und Angelpunkt.

Die dritte und größte Hoffnung lautet, dass diese Kommentarreihe dazu dienen möge, dass viele Menschen die Stimme Gottes im Neuen Testament hören. Die Bibel kompetent zu lesen und zu verstehen, ist das eine. Sich von dem Drama anstecken zu lassen und selbst eine Rolle darin zu spielen, ist das andere. Erst wenn beides geschieht, wird der Gott, der hier präsentiert wird, wirklich ernst genommen.

Das Neue Testament präsentiert diesen Gott schließlich nicht als nette Idee oder Wunschvorstellung, die vielleicht tröstlich, aber nur eine schöne Illusion ist. Dieser Gott wird als die letzte umfassende Wirklichkeit und Jesus von Nazareth als reale geschichtliche Person und lebendiger Herr der Welt präsentiert. Darin steckt Sprengstoff, den es wieder neu zu entdecken und im Geist der Liebe auszuleben gilt.

Rainer Behrens, Herausgeber

Einleitung

Als jemand zum allerersten Mal den Menschen öffentlich von Jesus erzählte, machte er eines ganz klar: Diese Botschaft ist für alle Menschen, und sie ist aktuell, sie ist jeweils *für heute*.

Das war ein großer Tag – manchmal wird er der Geburtstag der Kirche genannt. Der stürmische Wind des Geistes Gottes hatte die Nachfolger Jesu durchgepustet und sie mit einer neuen Freude erfüllt, mit einem Gefühl für Gottes Gegenwart und Kraft. Petrus, ihr Anführer, hatte nur ein paar Wochen vorher wie ein kleines Kind geweint, weil er gelogen, geflucht und geleugnet hatte, Jesus überhaupt zu kennen. Nun war er selbst überrascht, dass er vor einer riesigen Menschenmenge stand und den Leuten erklärte, dass etwas geschehen war, das die Welt für immer verändert hatte. Was Gott für ihn, Petrus, getan hatte, begann er nun für die ganze Welt zu tun: Neues Leben, Vergebung, neue Hoffnung und Kraft blühten auf wie eine Frühlingsblume nach einem langen Winter. Ein neues Zeitalter hatte begonnen. Der lebendige Gott war nun dabei, neue Dinge in der Welt zu tun – und er fing damals an Ort und Stelle mit den einzelnen Menschen an, die Petrus zuhörten. „Diese Verheißung ist für euch", sagte er, „und für eure Kinder und für alle, die weit weg sind" (Apostelgeschichte 2,39). Die Botschaft war nicht nur für die Person neben Ihnen. Die Botschaft war für alle.

Innerhalb einer erstaunlich kurzen Zeit bewahrheitete sich dies in einem derartigen Ausmaß, dass sich die junge Bewegung in einem Großteil der damals bekannten Welt verbreitet hatte. Die Verheißung, dass die Botschaft für alle war, wurde unter anderem durch die Schriften der frühchristlichen Anführer vorangetrieben. Diese kurzen Werke – zumeist Briefe und Storys[1] über Jesus – wurden weit ver-

---

[1] Anm. des Übers.: Der Gebrauch des Begriffs *story* (eine „Geschichte") ist im Werk von N. T. Wright von besonderer Bedeutung. Der Begriff wird trotz einer gewissen Sperrigkeit auch in der deutschen Übersetzung mit „Story" wiedergegeben, da der

breitet und begierig gelesen. Sie waren niemals für eine religiöse oder intellektuelle Elite gedacht. Von Anfang an richteten sie sich an alle Menschen.

Das gilt für heute genauso wie damals. Natürlich ist es wichtig, dass sich einige Leute sorgfältig mit der historischen Evidenz befassen, mit der Bedeutung der ursprünglichen Wörter (die frühen Christen schrieben auf Griechisch) und mit der exakten und zielgerichteten Stoßkraft dessen, was die Autoren über Gott, Jesus, die Welt und sich selbst sagten. Diese Kommentarreihe basiert ganz klar auf Arbeit dieser Art. Doch der Punkt, um den es letztlich geht, ist der: dass die Botschaft alle Menschen erreicht, besonders Menschen, die normalerweise kein Buch mit Fußnoten und griechischen Wörtern lesen würden. Für diese Menschen sind diese Bücher geschrieben worden. Deshalb gibt es am Ende jedes Bandes eine Liste mit Begriffen, mit den Schlüsselwörtern, ohne die man nicht auskommt. Die Bedeutung dieser Begriffe wird in einfachen Worten erklärt. Immer, wenn ein Wort **fett gedruckt** erscheint, können Sie in der Liste am Ende nachschlagen und sich erinnern, was der Begriff bedeutet.

Heute stehen uns natürlich zahlreiche Übersetzungen des Neuen Testaments zur Verfügung. Die Übersetzung, die ich hier liefere, ist auf dieselbe Leserschaft zugeschnitten: Leser, die den stärker formalen, manchmal gar schwerfälligen Ton von manchen Standardübersetzungen nicht unbedingt leicht verstehen. Ich habe natürlich versucht, mich so nah wie mir möglich an den Urtext zu halten. Doch

---

Begriff „Geschichte" durch den Begriff *history* belegt ist und der Begriff „Erzählung" durch den Begriff *narrative*. Dabei ist zu beachten, dass Wright den Begriff „Story" in keiner Weise abwertend benutzt im Sinne von: „Das ist doch bloß so eine Story." Eine Story ist nach Wright eine erkenntnistheoretische Grundkategorie, eine Geschichte oder Erzählung, *die dem Erzählten einen bedeutungsvollen Rahmen gibt*. Die Story beantwortet also nicht die Frage, ob Ereignisse historisch gesichert sind oder nicht, sondern sie verleiht den erzählten Ereignissen die Bedeutung, die der Autor vermitteln will. Vgl. dazu ausführlicher N. T. Wright, *Das Neue Testament und das Volk Gottes* (Marburg: Francke, 2011), Teil II.

meine Hauptabsicht war es, sicherzustellen, dass die Wörter nicht nur zu einigen Menschen sprechen können, sondern zu allen Menschen.

Der Römerbrief ist Paulus' Meisterwerk. Er behandelt viele verschiedene Themen aus vielen verschiedenen Perspektiven und bringt sie alle mit bezwingender Überzeugungskraft in einem vorwärtsdrängenden Gedankengang zusammen. Beim Lesen des Briefes fühlt man sich manchmal wie in einem kleinen Boot auf einem unruhigen und aufschäumenden Fluss. Wir müssen uns gut festhalten, wenn wir an Bord bleiben wollen. Wenn uns das gelingt, werden die Energie und das Abenteuer der Fahrt unschlagbar sein. Der Grund ist offensichtlich: Im Römerbrief geht es von vorn bis hinten um den Gott, der laut Paulus seine Kraft und Gnade durch die gute Nachricht von Jesus enthüllt. Und Paulus besteht wiederholt darauf, dass diese Kraft und Gnade für jeden erreichbar sind, der glaubt. Damit geht's auch schon los: Der Römerbrief für alle Menschen – und für heute!

Tom Wright

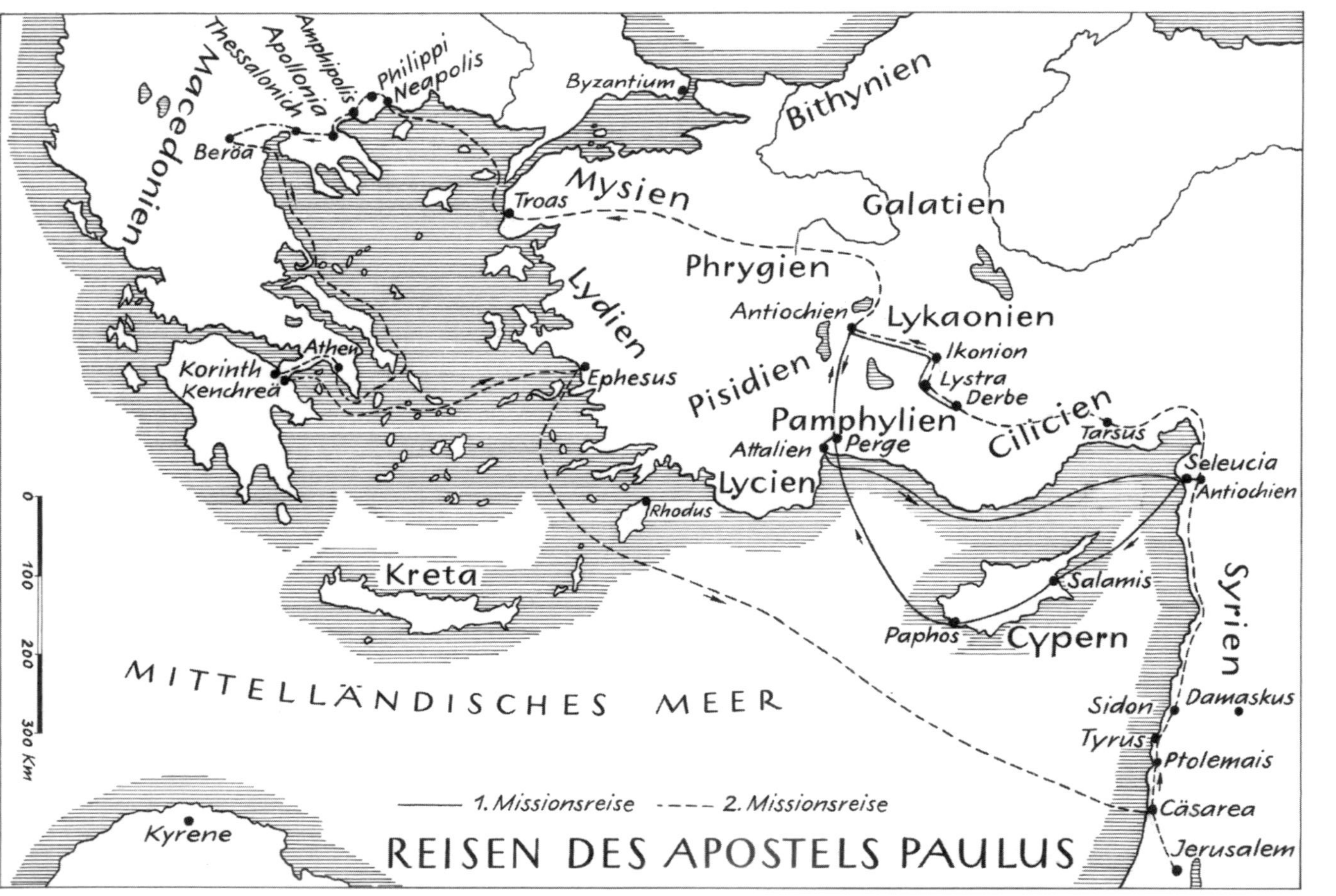

REISEN DES APOSTELS PAULUS

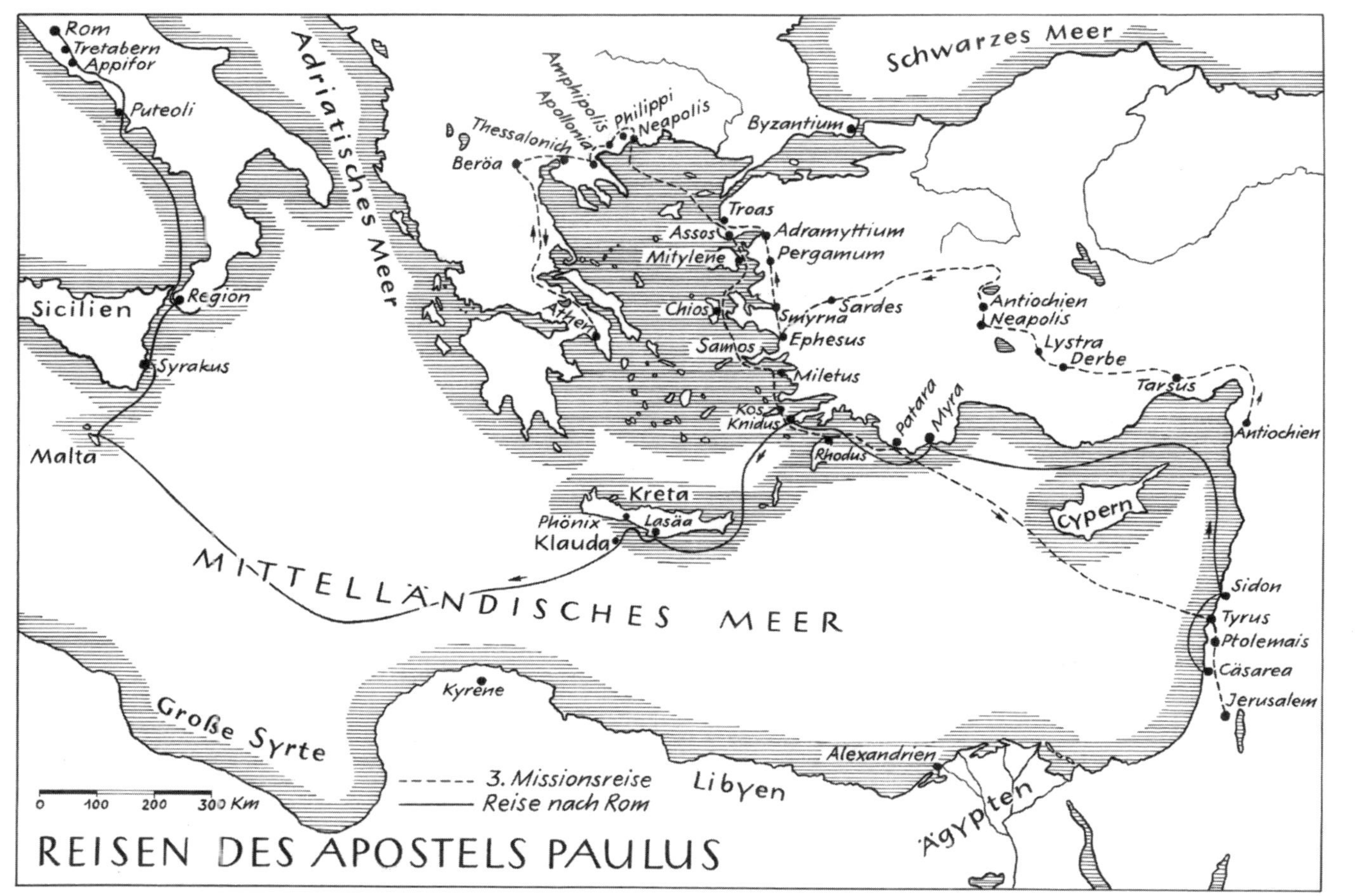
REISEN DES APOSTELS PAULUS
3. Missionsreise
Reise nach Rom
0 100 200 300 Km
Rom
Tretabern
Appifor
Puteoli
Region
Sicilien
Syrakus
Malta
Adriatisches Meer
Thessalonich
Beröa
Amphipolis
Apollonia
Philippi
Neapolis
Byzantium
Schwarzes Meer
Troas
Assos
Adramyttium
Mitylene
Pergamum
Chios
Smyrna
Sardes
Samos
Ephesus
Athen
Miletus
Kos
Knidus
Rhodus
Patara
Myra
Antiochien
Neapolis
Lystra
Derbe
Tarsus
Antiochien
Kreta
Phönix
Lasäa
Klauda
Cypern
MITTELLÄNDISCHES MEER
Sidon
Tyrus
Ptolemais
Cäsarea
Jerusalem
Kyrene
Große Syrte
Libyen
Alexandrien
Ägypten

Römer 1,1-7: Die gute Nachricht vom neuen König

1 Paulus, ein Sklave Jesu Christi, berufen zum Apostel, ausgesondert)
für Gottes gute Nachricht, 2 die er zuvor durch seine Propheten in den
heiligen Schriften verheißen hatte – 3 die gute Nachricht von seinem
Sohn, der im Hinblick auf das Fleisch von David abstammte 4 und
im Hinblick auf den Geist der Heiligkeit durch die Auferstehung der
Toten machtvoll als Sohn Gottes gekennzeichnet wurde: Jesus, der
König, unser Herr!

5 Durch ihn haben wir die Gnade und das Apostelamt erhalten, um
unter allen Nationen um seines Namens willen Glaubensgehorsam
hervorzurufen. 6 Das schließt auch euch mit ein, die ihr von Jesus, dem
König, berufen seid.

7 Dieser Brief geht an alle in Rom, die Gott lieben, an alle, die berufen sind, sein heiliges Volk zu sein. Gnade und Friede sei mit euch von Gott, unserem Vater, und von König Jesus, dem Herrn.

Wissenschaftler haben von Zeit zu Zeit Raumsonden zum Mars geschickt. Das Ziel der Übung besteht natürlich darin, mehr über den großen Planeten herauszufinden, der zwar unser nächster Nachbar ist, aber immer noch mehr als hundert Millionen Meilen von uns entfernt. Seit Jahrhunderten stellen sich die Menschen vor, es gäbe Leben auf dem Mars, vielleicht sogar intelligentes Leben. Es gibt zweifellos noch viel über den Mars zu lernen und zu entdecken. Wenn wir nur sicher dorthin gelangen und herausfinden könnten, was dort geschehen ist.

Viele Leute haben dieselben Gefühle in Bezug auf Paulus im Allgemeinen und den Römerbrief im Besonderen. Die meisten Menschen, denen der christliche Glaube flüchtig bekannt ist, sind sich bewusst, dass Paulus eine bemerkenswerte und wichtige Figur zu Beginn des Christentums war. Viele wissen, dass der Römerbrief sein bedeutendster Brief ist. Einige mögen sogar von der kraftvollen Wirkung gehört haben, die dieser Brief im Verlaufe der Kirchengeschichte immer wieder gehabt hat: Größen wie Augustinus, Luther und Karl Barth haben den Brief studiert und konnten danach Gottes Wort frisch und herausfordernd in ihre Zeit sprechen. Doch für viele Christen in der westlichen Welt bleibt der Römerbrief genauso geheimnisvoll wie der Mars. „Ich habe mal versucht, ihn durchzulesen", sagen sie wie ein Wissenschaftler, der eine weitere fehlgeschlagene Mission einer Raumsonde beschreibt. „Aber ich bin nicht weitergekommen und konnte nicht wirklich etwas mit ihm anfangen."

Eine andere Art von Problem wartet auf die, die den christlichen Glauben in einer der Großkirchen in der westlichen Welt kennengelernt haben. Viele traditionell römisch-katholische Christen und andere in ähnlichen Traditionen wissen, dass die Protestanten Paulus zu einem großen Helden gemacht haben, und er ist ihnen daher suspekt. Doch auch für Protestanten gibt es Probleme. Seit der Reformation im 16. Jahrhundert haben viele Kirchen Paulus zu ihrem wichtigsten Wegweiser erkoren und haben den Römerbrief vor allen anderen Briefen als das Buch angesehen, in dem Paulus die grundlegenden Dogmen darlegt, an denen sie festhalten. Da ich von meinem Hintergrund her zum Teil fest in dieser Tradition verankert bin – aus diesem Grund habe ich auch vor dreißig Jahren begonnen, diesen Brief intensiv zu studieren –, verstehe ich die Kraft und Bedeutung dieser Tradition. Ich muss allerdings sagen: Diese Tradition hat nur bestimmte Gebiete auf dem großartigen Planeten namens Römerbrief kolonisiert. Sie hat viele Krater kartografisch erfasst und diskutiert, hat viele Substanzen analysiert, die man dort fand, und hat viel befahrene Straßen über einen Teil der Oberfläche des Planeten hinweg gebaut. Doch es gibt andere Passagen, die ein Geheimnis geblieben sind – nicht zuletzt die Passagen über das Zusammenkommen von Juden und **Heiden**, auf das Paulus in diesem Brief immer wieder zurückkommt. Es ist Zeit, eine neue Sonde auszusenden, neue Landkarten anzulegen, neue Wege durch unerforschte Gebiete zu bahnen. Natürlich brauchen wir nach wie vor die alten Landkarten und Straßen. Wir werden nichts von dem verlieren, was sie uns geschenkt haben. Wir werden im Gegenteil herausfinden, dass wir mehr von den alten Geschenken haben, wenn wir sie in dem größeren Bild sehen und gebrauchen, in Paulus' eigenem größeren Bild von Gott, Jesus, der Welt und uns selbst.

Um die ersten sieben Verse des Römerbriefes zu verstehen, sollten wir das Bild von der Raumfahrt beibehalten, doch den Römerbrief nun nicht als Planeten ansehen, sondern als eine Rakete. Der Brief ist konzipiert, um uns auf eine sehr lange Reise mitzunehmen, und er ist mit allen möglichen Dingen ausgestattet, die wir auf der Reise und bei unserer Ankunft an unserem Bestimmungsort in weiter Ferne brauchen werden. Eine derartige Rakete braucht insbesondere eine ganz bestimmte Sache, bevor sie überhaupt abheben kann: eine erstklassige, solide, sorgfältig geplante Startrampe. Man kann eine Rakete nicht einfach auf einem offenen Feld aufstellen und hoffen, dass sie erfolgreich abheben wird. Dieser einleitende Abschnitt des Briefes ist die sorgfältig und bewusst konstruierte Startrampe für diesen bestimmten Brief. Es lohnt sich, jeden Aspekt dieser Rampe ziemlich genau unter die Lupe zu nehmen.

Paulus beginnt wie die meisten Briefschreiber der Antike damit, dass er sagt, wer er ist und an wen der Brief adressiert ist. Doch wie in einigen seiner anderen Briefe erweitert er diese Eröffnungsfloskel fast über das erträgliche Maß hinaus, indem er mehr und mehr Informationen über sich und über die Adressaten hinzufügt. Sein eröffnender Gruß könnte aus Vers 1 und 7 wie folgt zusammengefasst werden: Paulus, ein Sklave des Königs Jesus; an alle in Rom, die Gott lieben; Gnade und Friede sei mit euch. Warum hat er diesen einfachen Gruß auf den Abschnitt ausgedehnt, der nun vor uns liegt (Verse 1-7)?

Er will sich insbesondere auf die **gute Nachricht** konzentrieren, auf das „**Evangelium**", wie viele Übersetzungen sagen. Das Wort „Evangelium" taucht nicht oft im Brief auf, doch es steht im Hintergrund von allem, was Paulus sagt. Hier legt er dar, was das „Evangelium" eigentlich ist, zum Teil, weil vom Evangelium her definiert wird, wer Paulus selbst ist (er ist für den konkreten Auftrag „ausgesondert" worden, dieses Evangelium zu verkündigen), zum Teil, weil das Evangelium selbst eine Landkarte bereitstellt, auf der Sie die ganze Welt sehen und auf der Sie den Ort finden können, an den Sie gehören. Dies wird durch die Verse 5 und 6 ausgedrückt: Das Evangelium beansprucht die ganze Welt für König Jesus, und das schließt die Christen in Rom ein.

Doch ist es nicht etwas seltsam, die Dinge so auszudrücken? Ist das nicht ziemlich gewagt, vielleicht sogar etwas riskant? Stellen Sie sich vor, was das bedeutet: einen Brief wie diesen ausgerechnet nach Rom zu schicken, zur damaligen Zeit die großartigste Stadt der Welt, Wohnort des mächtigsten Mannes der Welt, des Kaisers – des Mannes, zu dessen offiziellen Titeln auch „Sohn Gottes" gehörte; dessen Geburt als „gute Nachricht" gefeiert wurde und der die Treue und Loyalität des großartigsten Imperiums einforderte, das die Welt je gesehen hat! Doch Paulus weiß genau, was er tut. Jesus ist der *wahre* König, der rechtmäßige Herr der Welt, und es ist entscheidend, dass die Christen in Rom das wissen und von daher leben.

In der Tat: Was Paulus in diesem Abschnitt über Jesus sagt, besonders in den Versen 3 und 4, scheint fast absichtlich dazu gedacht zu sein, einen Anspruch zu erheben, der den Anspruch des Kaisers in den Schatten stellt. Jesus ist der wahre „**Sohn Gottes**". Er kommt aus einem Königshaus, das viel älter ist als alles, was Rom zu bieten hat: Er kommt aus dem Hause **Davids**, das bereits tausend Jahre zuvor gegründet wurde. Dann kommt Paulus auf die **Auferstehung** Jesu zu sprechen. Diese sieht er nicht als außergewöhnliches oder bizarres **Wunder** an, sondern als Beginn der „Auferstehung der Toten", nach der sich die meisten Juden gesehnt hatten. Diese Auferstehung ist das Zeichen für eine Macht, die die Macht aller Tyrannen und brutalen Menschen der Welt übertrumpft. Ihre letzte Waffe ist der Tod, und den hat der Sohn Gottes überwunden.

Paulus schreibt diesen Abschnitt jedoch nicht nur mit einem Blick auf den Kaiser. Er zehrt von den tiefgründigen Schätzen der Prophetien und Psalmen Israels, wie Vers 2 andeutet. Im Judentum des ersten Jahrhunderts waren viele verschiedene Vorstellungen im Umlauf, die einen König betrafen, der vielleicht demnächst kommen würde, um über Israel zu herrschen und die Nation von der fremden Unterdrückung zu befreien (was zu Paulus' Zeiten natürlich bedeutete: Befreiung von Rom). Vor dem Hintergrund dessen, was er über Jesus weiß, besonders über Jesu Kreuz und Auferstehung, stellt er einen Traditionsstrang im Besonderen in den Mittelpunkt: den vom kommenden König, der Gottes Sohn sein wird (2. Samuel 7,14; Psalm 2,7; und an weiteren Stellen im Alten Testament). Die gute Nachricht lautet: Das ist nun geschehen! Gott hat es getan! Der König ist gekommen!

Wie nimmt also nun dieser König die Welt als sein Eigentum in Anspruch? Indem er Botschafter mit der guten Nachricht in diese Welt aussendet. Diese „Botschafter" werden „**Apostel**" genannt. Das bedeutet schlicht und einfach: „Menschen, die ausgesandt sind". Darauf zielt Paulus ab, wenn er in den Versen 1 und 5 auf seine eigene Arbeit hinweist.

Die „gute Nachricht" handelt in erster Linie nicht von etwas, das mit uns geschehen kann. Was mit uns durch das „Evangelium" geschehen kann, ist in der Tat dramatisch und aufregend: Gottes gute Nachricht wird uns erreichen und unser Leben sowie unsere Hoffnungen verwandeln. Nichts kann das so gut wie das Evangelium. Die „gute Nachricht", die Paulus verkündigt, ist jedoch in erster Linie die gute Nachricht über etwas, das bereits geschehen ist, über Ereignisse, durch die die Welt nun ein anderer Ort geworden ist. Die gute Nachricht handelt von dem, was Gott bereits getan hat: in Jesus, dem **Messias**, Israels wahrem König, dem wahren Herrn der Welt.

Das bedeutet, dass sich die Verse 6 und 7, die ja ursprünglich an Menschen in einer Stadt der Antike adressiert waren, öffnen und auch uns einbeziehen. Auch wir sind zum „Glaubensgehorsam" gerufen (Vers 5). Das Evangelium ist nicht wie Werbung für ein Produkt, das wir kaufen könnten oder auch nicht, je nachdem, wie wir uns gerade fühlen. Das Evangelium ist eher wie ein Befehl von einer Autorität: Es wäre töricht, sich ihm zu widersetzen. Die Botschafter des Kaisers gingen nicht durch das Römische Reich und sagten: „Der Kaiser ist der

Herr – wenn dir also danach ist, mal eine Erfahrung mit dem Römischen Reich zu machen, dann probier es doch mal mit Unterwerfung unter den Kaiser." Die Herausforderung des Evangeliums, das Paulus predigt, lautet: Der wahre Herr der Welt ist jemand, der sich vom Kaiser ziemlich stark unterscheidet und der eine ganz andere Macht ausübt. Der gesamte Brief, der nun tatsächlich wie eine Rakete abgehoben ist, wird nötig sein, um zu entdecken, was das praktisch heißt.

Römer 1,8-13: Paulus sehnt sich danach, die Christen in Rom zu sehen

[8]*Lasst mich zunächst sagen, dass ich meinem Gott durch Jesus, den*
König, für euch alle danke, weil alle Welt die Nachricht von eurem
Glauben gehört hat. [9]*Gott ist mein Zeuge – der Gott, den ich in mei-*
nem Geist anbete, in der guten Nachricht von seinem Sohn –, dass ich
mich in meinen Gebeten unaufhörlich an euch erinnere. [10]*Ich bitte*
Gott immer wieder, dass es mir in seinen guten Absichten irgendwie
möglich sein möge, zu euch zu kommen. [11]*Ich sehne mich danach,*
euch zu sehen! Ich möchte euch Anteil an einigen geistlichen Segnun-
gen geben, um euch zu stärken; [12]*das heißt: In unserem gemeinsamen*
Glauben möchte ich euch ermutigen und von euch ermutigt werden.
[13]*Ich möchte wirklich, dass ihr wisst, meine liebe Familie, dass ich oft*
Pläne gemacht hatte, zu euch zu kommen; allerdings ist bisher immer
irgendwas dazwischengekommen. Ich möchte unter euch Frucht brin-
gen, wie ich es auch unter den anderen Nationen getan habe.

Als ich das erste Mal Rom besuchte, gab es jede Menge zu sehen. Ich wusste von vielen der klassischen Stätten, von den spektakulären Gebäuden, den antiken Palästen, dem Forum etc. Doch es gab auch viele Überraschungen. Bis heute finde ich es z. B. erstaunlich, dass die Stadtmitte immer noch ernsthafter Überflutungsgefahr ausgesetzt ist.

Der Tiber verläuft kurvenreich durch die Stadtmitte, und mehrere Stadtteile liegen sehr tief und sind daher flutanfällig. Viele Gebäude entlang des Flusses haben Markierungen, die die Höchststände verschiedener Fluten anzeigen – und davon gab es jede Menge. Warum, frage ich mich, haben sie wohl an so einem gefährlichen Ort gebaut?

Die reichen Leute lebten in der Antike wie auch heute noch natürlich oben auf den Hügeln, den berühmten sieben Hügeln, auf denen die Stadt erbaut wurde. Der ursprüngliche Kaiserpalast, in dem Augustus zur Zeit der Geburt Jesu lebte, bedeckt einen Großteil eines dieser Hügel. Nero war Imperator, als Paulus diesen Brief schrieb; sein spektakulärer Palast befindet sich auf einem anderen Hügel, auf der anderen Seite des Forums. Die armen Leute lebten damals wie heute jedoch in den Gebieten am Fluss; nicht zuletzt direkt auf der anderen Seite des Flusses gegenüber dem Hauptstadtzentrum. Dort lebten auch die ersten Christen Roms. Die Wahrscheinlichkeit ist hoch, dass dieser Brief erstmals in einem überfüllten Haus in diesem tiefer gelegenen armen Bezirk laut vorgelesen wurde, gerade auf der Flussseite gegenüber dem Sitz der Macht.

Paulus sehnt sich danach, nach Rom zu kommen und Gemeinschaft mit den Christen dort zu haben. Wie so oft bringt der Beginn eines Briefes nach der eigentlichen Startrampe einen Bericht über den Inhalt der Gebete, die Paulus spricht, wenn er an die Adressaten denkt. In der Hauptsache besteht dieser Inhalt aus Dank an Gott: Er dankt dem Schöpfer des **Himmels** und der Erde, dass es in Rom eine christliche Gemeinschaft gibt, direkt vor der Nase des Kaisers, die Jesus als dem Herrn treu ist, die von der Vision eines anderen **Reiches** ergriffen worden ist, von einer anderen Hoffnung, und die einen anderen **Glauben** teilt. Der Glaube steht, wie wir sehen werden, im Zentrum: Glaube, das Vertrauen auf den Gott, der Jesus von den Toten auferweckte (4,24, ein Vers, der 1,4 aufgreift). Es braucht einen Glauben wie diesen, um in der Welt der Antike Christ zu sein – genau wie in der modernen Welt; und Paulus weiß, dass die Christen in Rom reichlich von diesem Glauben haben.

Er weiß das zum Teil, weil einige Christen, die nun in Rom sind, Freunde von ihm sind. Einige sind sogar seine Verwandten, wie wir in den Grüßen am Ende des Briefes erfahren. In Paulus' Welt war das Reisen verhältnismäßig einfach. Die Menschen bewegten sich im Mittelmeerraum aus geschäftlichen oder familiären Gründen recht frei hin und her. Der Römerbrief ist jedoch in einer bestimmten Hinsicht außergewöhnlich: Paulus hatte die dortige Gemeinde nicht selbst gegründet. Laut frühen Erinnerungen, die im zweiten Jahrhundert aufgezeichnet wurden, war Petrus nach Rom gegangen, nachdem er knapp aus Jerusalem entkommen war (Apostelgeschichte 12). Er war der Erste gewesen, der einer überraschten Hauptstadt (und dort wahrscheinlich der ansehnlichen jüdischen Gemeinschaft) verkündigt hatte, dass Gott nun endlich Israels **Messias** gesandt hatte, und dass dieser Mann, Jesus von Nazareth, von den Toten auferweckt worden war, um nun der Herr der Welt zu sein. Paulus ist daher in einer etwas delikaten Position, wenn er an die Kirche in Rom schreibt. Er möchte nicht den Eindruck erwecken, dass er denken würde, sie seien in irgendeiner Weise unzulänglich. Im Gegenteil: Er dankt Gott für sie und ihren Glauben und freut sich darauf, bei ihnen zu sein, damit er durch ihren Glauben ermutigt werden kann wie sie durch den seinen.

Wenn wir von der „Kirche in Rom" sprechen, sollten wir uns natürlich nicht vorstellen, es hätte damals bereits ein großes Kirchengebäude gegeben, in dem täglich Hunderte von Menschen ein und aus gingen. Wir müssen den Petersdom und den Vatikan ausblenden. Kapitel 16 gibt uns ein besseres Bild: eine Anzahl von Häusern, in denen sich Christen versammeln konnten, um Gottesdienste zu halten, zu beten, unterrichtet zu werden und das Brot zu brechen. Insgesamt gab es vermutlich nicht viel mehr als hundert Christen in einer Stadt mit mindestens einer Million Einwohnern. Es könnten sogar noch weniger gewesen sein. Für einen Evangelisten gab es noch jede Menge zu tun, noch viel Frucht zu ernten (Vers 13).

Die verschiedenen Häuser werden sehr wahrscheinlich Gruppierungen von Christen aus verschiedenen Hintergründen beherbergt haben. Wir werden sehen, dass Paulus vorsichtig einige Fragen ansprechen muss, die Spannungen zwischen ihnen verursacht haben könnten. Es gibt jedoch einen Faktor im Besonderen, den wir schon jetzt registrieren müssen.

Sechs oder acht Jahre, bevor Paulus diesen Brief schrieb, hatte es Ärger unter den Juden in Rom gegeben. Es ist sogar möglich, dass dieser Ärger von der Ankunft des christlichen **Evangeliums** in den jüdischen Gruppen in Rom verursacht worden war. Claudius, der zu jener Zeit Kaiser war, hatte jedoch genug davon (gelinde gesagt hielten die Römer nicht sehr viel von den Juden) und vertrieb die jüdische Gemeinde aus der Stadt. Als Paulus in Korinth ankam, gehörten einige seiner Freunde zu denen, die Rom aus diesem Grund verlassen hatten (Apostelgeschichte 18,2). Doch mit dem Tod von Claudius im Jahre 54 und dem Herrschaftsantritt Neros durften die Juden wieder nach Rom zurückkehren.

Man braucht nicht viel Fantasie, um sich vorzustellen, welche Auswirkungen diese Rückkehr auf die winzige christliche Kirche gehabt haben könnte. In der Tat kann unsere Fantasie durch einige Dinge, die später im Römerbrief erwähnt werden, auf einer gewissen Spur gehalten werden. Wie ich bereits sagte, hielten die heidnischen Römer nichts von den Juden. Sie verspotteten sie und misstrauten ihnen. Aus römischer Sicht musste das Christentum zwangsläufig als doppelt seltsam und unwillkommen angesehen werden: als eine Spielart der jüdischen Religion, die andere Juden zornig machte! Wenn es also wahrscheinlich so aussah, dass die Kirche in Rom in den letzten Regierungsjahren von Claudius ausschließlich aus Nichtjuden bestand („**Heidenchristen**“ ist das Wort, das wir für diese Leute oft benutzen), dann konnten die Römer leicht zu der Annahme gelangen, dass die neue **Botschaft** die jüdische Welt sozusagen hinter sich gelassen hatte. Gott hatte etwas Neues getan. Israel mag der Ort gewesen sein, wo alles angefangen hatte, doch dieser Anfang war nun zurückgelassen worden. All diese Vorschriften und Regeln, das **Gesetz** mit seinen Tabus, Speisevorschriften, speziellen Festtagen … all das war Vergangenheit.

Das Christentum war nun etwas für die heidnische Welt. So könnten sie gedacht haben.

Doch dann kamen die Juden zurück – inklusive der Judenchristen. Einige dieser Judenchristen gehörten zu Paulus' engsten Freunden. Sie werden Paulus' robuste Ansicht darüber geteilt haben, wie Gott das jüdische Gesetz durch den Messias erfüllt hatte. Außerdem war Gott über das Gesetz hinausgegangen, indem nun Heiden zu gleichen Bedingungen in sein erneuertes Volk einbezogen wurden. Doch andere Judenchristen betrachteten diese Entwicklung zutiefst argwöhnisch: Hatte Gott nicht Mose das Gesetz gegeben? Hieß das nicht, dass jedes Wort des Gesetzes für alle Zeiten gültig war? Nehmen wir mal an, sie wohnten nun wieder in Rom neben einer Hauskirche, die hauptsächlich aus Heidenchristen bestand, die ihre Freiheit vom Gesetz feierten – wir würden sich die Judenchristen wohl fühlen? Argwohn, befeuert durch die sozialen Spannungen im kosmopolitischen Völkergemisch Roms, konnte leicht in Feindseligkeiten umschlagen.

Paulus wird sich in seinem Brief dieser Problematik Schritt für Schritt annehmen. Es ist wichtig, dass wir durchgängig ein historisches Bild von der Kirche in Rom und ihren Fragen im Kopf behalten. Wir dürfen uns nicht vorstellen, dass es sich um eine Kirche wie eine unserer Kirchen handelte. Wir werden im 15. Kapitel einen anderen Schlüsselfaktor entdecken: Paulus hofft, dass Rom ihm als Basislager für eine neue Phase seiner Mission dienen wird. Er wollte in den westlichen Mittelmeerraum bis nach Spanien gehen. Unter anderem aus diesem Grund wollte Paulus, dass die Kirche in Rom das Evangelium, das er predigte, so umfassend wie möglich verstand. Doch in diesem frühen Stadium des Briefes möchte er ihnen zunächst einmal hauptsächlich nur sagen, dass er für sie betet. Er bringt sie täglich vor Gott und dankt ihm, dass sie im Glauben standhaft sind. Und er betet darum, dass er in der Lage sein möge, zu ihnen zu kommen, sie zu sehen und bei ihnen zu arbeiten, bevor er anderswo hingehen würde. Diejenigen von uns, die berufen sind, Pastoren und Lehrer in der Kirche zu sein, sollten dies sorgfältig registrieren. Wenn Sie hoffen, demnächst einen bestimmten Menschen oder eine bestimmte Stadt besuchen zu können, dann besteht die bestmögliche Vorbereitung darauf darin, im Vorfeld zu beten: für die Gelegenheit, diese Menschen zu sehen, und auch für das, was Gott in ihrem Leben tun wird.

Römer 1,14-17: Die gute Nachricht, Errettung und die Gerechtigkeit Gottes

14 *Ihr müsst wissen: Ich bin sowohl den Barbaren als auch den Grie-*
chen verpflichtet; sowohl den Weisen als auch den Törichten. 15 *Darum*
sehne ich mich danach, auch euch in Rom die gute Nachricht zu ver-
kündigen. 16 *Ich schäme mich der guten Nachricht nicht; sie ist Gottes*
Kraft, die allen, die glauben, die Errettung bringt – zuerst den Juden
und gleichermaßen auch den Griechen. 17 *Der Grund dafür besteht da-*
rin, dass Gottes Bundesgerechtigkeit in der guten Nachricht enthüllt
wird, von Treue zu Treue. Wie es in der Bibel heißt: „Der Gerechte
wird durch Glauben leben."

Als ich ein Junge war, bestand meine übliche Ferienbeschäftigung darin, Flugzeugmodelle zu basteln. Ich erinnere mich, wie aufgeregt ich war, wenn ich die Einzelteile aus der Packung nahm, sie sorgfältig vom Plastikgerippe abriss, an dem sie befestigt waren, und mir dann die Bauanleitung ansah, um zu sehen, welches Teil wohin gehörte. Diese Anleitungen sahen wie „Explosionsgrafiken" aus, die Automechaniker benutzen: gepunktete Linien kommen aus dem Bild des vollständigen Modells und zeigen am Ende jeder Linie kleinere Abbildungen der Einzelteile, inklusive der sehr kleinen Teile.

Es war auch sehr wichtig, beim Zusammenbau die richtige Reihenfolge der Einzelteile zu kennen. Zuerst kam der Flugzeugrumpf, dann die Flügel, dann die Streben ... und schließlich passte alles zusammen. Wer versucht, bestimmte Teile zu früh zusammenzustecken, wird frustriert werden und mit Fingern voller Kleber nur ein halbes Flugzeug fertigbekommen.

In den Paulusbriefen gibt es mehrere Passagen, die mich an diese Art von Grafik erinnern, und der vorliegende Abschnitt gehört dazu. Das Problem besteht natürlich darin, dass wir die Sache in umgekehrter Reihenfolge vor uns haben: Hier haben wir bereits ein komplettes Flugzeug (vier Verse mit äußerst dichten Formulierungen von Paulus, vollgestopft mit aufregenden und kraftvollen Fachausdrücken). Wir müssen dieses Flugzeug zunächst in seine Einzelteile zerlegen und sehen, wie jedes Teil funktioniert. Erst dann können wir die Teile wieder zusammensetzen und sehen, ob das Flugzeug fliegen wird.

Doch es gibt noch einen Schritt vor der gerade beschriebenen Übung: Wir sollten einen vorläufigen Blick auf den ganzen Abschnitt werfen, um zu sehen, welche Funktion er in der Argumentation hat. Paulus erläutert hier etwas detaillierter, warum er nach Rom kommen will. Als Teil seiner Erläuterung legt er auch etwas detaillierter die Wirkung des **Evangeliums** dar, das er in den Versen 1-7 umrissen hat. Er kommt als Herold des Evangeliums Gottes nach Rom; das gehört zu seinem Job, weil das Evangelium allen Menschen gilt. Er muss sich des Evangeliums nicht schämen, denn es ist Gottes Kraft zur Erlösung der Menschen. Das Evangelium rettet, indem es Gottes Gerechtigkeit enthüllt, den uralten Plan Gottes, der darin besteht, die Welt und den Menschen ins Lot zu bringen.

Doch warum sollte Paulus sagen, er „schäme sich des Evangeliums nicht“? In der heutigen westlichen Welt schämen sich die Menschen oft des Evangeliums. Das Evangelium wird in der Zeitung, im Radio und Fernsehen so oft verspottet, verhöhnt und abgelehnt, dass viele Christen meinen, es sei besser, wenn sie ihren **Glauben** geheim hielten. Das ist natürlich genau das, was die triumphalistische säkulare Welt um uns herum erreichen will. Aber zur Zeit von Paulus gab es eine andere Herausforderung. Wir sahen bereits, dass seine Welt und insbesondere die Gemeinde von einer Kultur dominiert wurde, die sich auf eine Stadt und einen Mann fokussierte: Der Kaiser beanspruchte die Weltherrschaft; das Evangelium Gottes erhob diesen Anspruch für Jesus. Was sollte man als Christ tun? Den Glauben im Privaten praktizieren, um niemanden zu verärgern? Bestimmt nicht. Paulus könnte gut und gerne einen Text wie Psalm 119,46 im Kopf gehabt haben: „Ich rede von deinen Zeugnissen vor Königen und schäme mich nicht." Genau das war seine Absicht. „Vor dem Namen Jesus", so schrieb er in einem anderen Brief, „soll sich jedes Knie beugen" (Philipper 2,10). Diese Aussage umfasst auch den Kaiser.

Paulus könnte hier sogar vorsichtig mit dem Stolz der Römer spielen. Die Griechen, die die Welt Jahrhunderte vor den Römern beherrscht hatten, unterteilten die Welt in zwei Teile: Griechen und der Rest. Den Rest nannten sie „Barbaren", vermutlich weil sich ihre Sprachen im Vergleich zu der fließenden Musik der griechischen Sprache wie sinnloses Gebrabbel anhörte. Und für einen wahren Griechen zählten die Römer mit ihrer lateinischen Sprache zu den Barbaren. Ja, sagt Paulus in Vers 14, und ich bin verpflichtet, auch ihnen das Evangelium zu verkündigen!

In einem Großteil des Briefes ist Paulus jedoch vornehmlich mit einer anderen Unterteilung beschäftigt. Die Juden unterteilten die Welt ebenfalls in zwei Gruppen: Juden und der Rest. Den Rest nannten sie manchmal „die Nationen", manchmal „die **Heiden**" und manchmal, wie hier und in Kapitel 2, „die Griechen", weil der Rest der Welt, was sie betraf, Griechisch sprach. (In Rom mit seinen vielen Einwanderern gab es eine große Anzahl von griechischsprachigen Einwohnern, zu denen auch die meisten der ersten Christen gehörten.) Einer der explosivsten Aspekte des paulinischen Evangeliums, das ja tief in den jüdischen Schriften und Traditionen verwurzelt war, bestand darin, dass es die Schranke zwischen Juden und Griechen durchbrach und erklärte, dass die erlösende Liebe und Kraft des einen Gottes zu gleichen Bedingungen allen Menschen galt. Dieser Aspekt gehört zentral zu dieser Passage dazu und bleibt auch im Rest des Briefes zentral.

Nun ist es Zeit, dass wir die Schlüsselsätze der Verse 16 und 17 in unsere „Explosionsgrafik" einzeichnen und sehen, was jedes Einzelteil bedeutet und wie alle Teile zusammengehören.

Wir beginnen mit der **guten Nachricht** als Kraft Gottes. Paulus hat bereits von der Kraft Gottes gesprochen, die Jesus von den Toten auferweckt und gezeigt hat, dass er wirklich der Sohn Gottes war und ist (Vers 4). Nun spricht er wieder von Kraft, doch nun ist es eine Kraft, die immer weiter wirkt, wo auch immer Menschen wie Paulus und alle, die bis heute denselben Auftrag haben, verkündigen, dass Jesus der Herr ist. Paulus hat bei seiner jahrelangen realen Verkündigung entdeckt: Wenn man Jesus als gekreuzigten und auferstandenen Herrn der Welt verkündigt, dann *geschieht* etwas: Die neue Welt, die geboren wurde, als Jesus starb und auferstand, kommt neu zum **Leben** – in den Herzen, Köpfen und im Lebensstil der Zuhörer (oder zumindest bei einigen von ihnen). Das ist keine Magie, auch wenn es sich manchmal so angefühlt haben muss. Es ist die Kraft Gottes, die durch die treue Verkündigung seines Sohnes am Werk ist.

Das Ergebnis ist „Erlösung". Das ist ein derart bekannter Begriff, dass wir leicht unter dem Eindruck stehen könnten, wir wüssten, was er bedeutet, und diese Bedeutung dann als selbstverständlich voraussetzen. Die Bedeutung von „Erlösung", von der wir normalerweise ausgehen, lautet: „Wenn wir sterben, kommen wir in den **Himmel**." Doch das Neue Testament im Allgemeinen und Paulus im Besonderen haben fast nichts zu diesem Thema zu sagen. Natürlich glauben sie, dass Gott seine Leute vom Tod erretten wird. Der Tod ist ein besiegter Feind, und die Vergänglichkeit und die Verwesung des Todes werden nicht das letzte Wort haben. Das heißt jedoch nicht, dass wir alle in einem unkörperlichen Himmel enden werden, sondern dass Gott die gesamte Schöpfung aus Vergänglichkeit und Verfall erretten wird – und dass er allen seinen Leuten neue Körper geben wird, die wie der Körper des auferstandenen Jesus sein werden. Mit diesen Körpern werden sie in Herrlichkeit in der neuen Welt Gottes leben. Das ist einer der Zielpunkte, die der Brief ansteuert, wie ein flüchtiger Blick auf Kapitel 8 bestätigt. Diese „Erlösung" ist jedoch, Paulus macht das wiederholt klar, nicht nur eine Sache der Zukunft, auch wenn die volle Herrlichkeit dieser Erlösung erst in der Zukunft offenbar werden wird. Die Zukunft findet ihren Weg bereits jetzt in die Gegenwart, wenn der Mensch aus dem Zustand der Sünde gerettet und das Volk Gottes aus Bedrängnis und Verfolgung befreit wird. „Erlösung" ist sowohl eine gegenwärtige Wirklichkeit als auch eine Zukunftshoffnung. Wenn diese Erlösung in das Leben eines Menschen eintritt, dann wird das als solches zu einem Ereignis, auf das man später zurückblicken kann. Man ist erlöst worden; man wird kontinuierlich erlöst; man wird erlöst werden.

Diese Erlösung gilt allen, die glauben. Die **Botschaft** des Evangeliums – dass der gekreuzigte und auferstandene Jesus der Herr der Welt ist – muss *geglaubt* werden. Paulus' Wort für „glauben" im Sinne von „für wahr halten" und sein Wort für „glauben" im Sinne von „vertrauen" sind grundsätzlich dieselben, und zusammen sind sie mehr als das, was unsere beiden Wörter üblicherweise auszudrücken scheinen. Wenn jemand sagt: „Es regnet", und ich sage: „Ich glaube auch", dann schleicht sich ein Element des Zweifels ein: *Weiß* ich tatsächlich, ob es regnet? Zum christlichen Glauben gehört es natürlich auch, an Dingen festzuhalten, die wir nicht sehen oder beweisen können. Aber Glaube ist nicht nur das Gegenteil von Schauen, sondern auch von Zweifeln! Glaube ist die feste Überzeugung, dass Gott Jesus von den Toten auferweckt hat und dass Jesus tatsächlich der Herr der Welt ist (siehe 4,24 und 10,9). Diese Überzeugung ist das Erste, was sich einstellt, wenn die Evangeliumsbotschaft in der Kraft des **Heiligen Geistes** in einem menschlichen Herzen ankommt. Und sie ist begleitet von der Verheißung Gottes, die eines der Hauptthemen des Briefes ist: Diejenigen, die dem Evangelium glauben, werden *mit sofortiger Wirkung* „für gerecht erklärt", in Vorwegnahme des letzten Tages des Gerichts (siehe 3,21-31). Das ist der Grund, warum die Mitgliedschaft im Volk Gottes zu genau denselben Bedingungen „zuerst den Juden und dann auch den Griechen" offensteht.

Vers 17 enthält – während wir an unserer „Explosionsgrafik" weiterarbeiten – die Vorstellung mit der größten Explosionskraft. Die Propheten und die Psalmen hatten oft von Gottes „Gerechtigkeit“ gesprochen: Gott ist der Schöpfer der Welt, und er sehnt sich danach, die Welt (wie wir sagen) ins Lot zu bringen. Das alttestamentliche Wort für Gerechtigkeit und ähnliche Wörter wie „rechtfertigen“ sowie das Wort für „Rechtschaffenheit“ und ähnliche Wörter wie „gerecht“, „rechtschaffen“ etc. entsprangen alle derselben Wurzel. Unglücklicherweise ist es ähnlich wie mit den Wörtern „glauben“ und „vertrauen“: Es ist nicht leicht, die ursprünglichen Gedanken auf Deutsch auszudrücken. Zur Kunst, den Römerbrief zu lesen, gehört als Lernziel: Wenn man eines der Wörter dieser Wortgruppe sieht, sollte man auch die anderen Wörter im Hinterkopf haben.

Die Vorstellung von der Gerechtigkeit Gottes ist im Grunde ziemlich einfach zu begreifen. Wenn Gott die Welt erschuf und sie immer noch regiert, warum passieren dann schlimme Dinge? Wird Gott irgendwas dagegen tun? Die biblische Antwort lautet: Ja, natürlich wird Gott tun, was erforderlich ist, um die Dinge ins Lot zu bringen. Doch dann wird es ein wenig komplizierter. Gott tut nicht das, was wir erwarten. Er beruft eine einzige Familie und geht eine liebende, verpflichtende Übereinkunft mit ihnen ein. Diese Übereinkunft, oft ein „**Bund**“ genannt, bedeutet nicht, dass die Mitglieder dieser Familie die einzigen Menschen sind, die Gott liebt oder retten will. Der Bund bedeutet vielmehr: Der Weg, den Gott gewählt hat, um seine rettende Gerechtigkeit in die Welt zu bringen, der Weg, auf dem er beabsichtigt, alles ins Lot zu bringen, ist der Weg der Berufung dieser einen Familie, der Sippe Abrahams. Sie sollen die Vermittler seines Planes sein, damit auch der Rest der Welt gerettet wird. *Gottes Bund mit Abraham war immer als Mittel gedacht, mit dessen Hilfe der Schöpfergott die ganze Welt vom Bösen, von Verderben und Tod erretten wollte.* Gott beabsichtigt, an diesem Ziel und dieser Verheißung festzuhalten, damit er seine wiederherstellende Gerechtigkeit in die ganze Welt bringen kann. Das ist letztendlich die Bedeutung von „Gottes Rechtschaffenheit“ oder „Gottes Gerechtigkeit“. Ich habe den Begriff hier mit „Gottes Bundesgerechtigkeit“ übersetzt, um alle diese Vorstellungen zusammenzuhalten. Da das eines der zentralen Themen des Briefes ist, ist es entscheidend, dass wir dieses Konzept richtig verstehen.

Wenn also das Evangelium von Jesus verkündigt wird, erklärt Paulus, dann können wir durch das Evangelium endlich sehen, wie Gottes „Gerechtigkeit“, seine „Bundestreue“ oder, in der älteren Sprache, seine „Rechtschaffenheit“ enthüllt worden ist. *Dies ist der Weg, auf dem Gott die Welt ins Lot gebracht hat*, sagt die Evangeliumsbotschaft von Jesus, *und dies ist der Weg, auf dem Gott auch dich ins Lot bringen wird!*

Paulus besteht wiederum auf folgendem Zusammenhang – und die Tatsache, dass er diese Vorstellung zweimal in zwei vollgestopften Versen wiederholt, zeigt uns, wie wichtig sie ist: Um von der Enthüllung der Bundesgerechtigkeit Gottes zu profitieren, von seiner Treue in Jesus gegenüber den Verheißungen, die er vor langer Zeit gegeben hat, ist es notwendig, dass jemand selbst Glauben hat. Gott ist seinen Absichten und Verheißungen treu geblieben; wenn Sie davon profitieren wollen, müssen Sie als Antwort darauf eine Treue entwickeln, jenen „glaubenden Gehorsam“, von dem er in Vers 5 sprach. Um das zu untermauern, zitiert Paulus einen Schlüsseltext aus dem Propheten Habakuk (2,4). Habakuk sah sich mit einer großen Katastrophe konfrontiert, die über Israel heraufzog, und er musste lernen, fest zu stehen und Gott zu vertrauen, also Vertrauen in Gottes Treue zu haben. Das ist die Haltung, die Paulus nun seinen Lesern eindringlich empfiehlt. In Jesus, dem **Messias**, hat Gott sich seinen Bundesabsichten und Bundesverheißungen gegenüber treu erwiesen, und diejenigen, die der guten Nachricht über Jesus glauben, werden erleben, dass diese Treue ihre Hand nach ihnen ausstreckt und sie mit einer Erlösung umarmt, die ihnen niemals mehr genommen werden kann. Wenn wir den Abschnitt wieder zusammensetzen, steht er zu Beginn des Briefes vor uns als kurze Zusammenfassung einiger der wichtigsten Wahrheiten, die menschliche Ohren jemals vernommen haben.

Römer 1,18-23: Die Menschen verwerfen Gott und umarmen das Verderben

*[18]Denn der Zorn Gottes wird vom Himmel enthüllt gegen alle Gott-
losigkeit und Ungerechtigkeit, die von Menschen verübt wird, die die
Ungerechtigkeit dazu benutzen, die Wahrheit zu unterdrücken. [19]Ihr
müsst wissen: Was man von Gott wissen kann, ist ihnen klar, denn
Gott hat es ihnen offenbart. [20]Seit die Welt erschaffen wurde, hat man
seine unsichtbare Kraft und Gottheit in den Dingen, die er erschaffen hat, gesehen und erkannt. Daher haben sie keine Entschuldigung:
[21]Sie kannten Gott, doch sie ehrten ihn nicht als Gott oder dankten
ihm nicht. Stattdessen lernten sie, auf unnütze Weise zu denken, und
ihr unweises Herz verfinsterte sich. [22]Sie erklärten sich selbst zu weisen
Menschen, tatsächlich wurden sie jedoch töricht. [23]Sie vertauschten
die Herrlichkeit des unsterblichen Gottes mit dem Ebenbild von sterblichen Menschen – sowie von Vögeln, Tieren und Reptilien.*

Ich habe gerade dabei zugeschaut, wie eine große Rotbuche gefällt wurde. Die Männer, die den Baum fällten, hatten eine schwierige und gefährliche Aufgabe zu erledigen, und ich sah fasziniert zu, wie sie mit Seilen und weiterer Kletterausrüstung und ihren Kettensägen zu Werk gingen. Noch größeres Interesse erzeugte bei mir aber das, was ins Blickfeld kam, nachdem der große Baum gefällt worden war und zum Abtransport in Stücke zerlegt wurde.

Der Baum musste gefällt werden, so sagte man uns, weil seine Wurzeln verfault waren. Das hätte man dem stehenden Baum nicht angesehen. Hätte man sich die oberen Äste genauer angesehen, hätte man ein paar Anzeichen entdeckt, dass er nicht mehr ganz gesund war. Unten am Stamm wucherten ein paar Pilze, doch das sieht man an vielen Bäumen, oder nicht? (So dachte ich jedenfalls.) Es handelte sich um einen sehr großen Baum, rund zweihundert Jahre alt, und fast der gesamte Baum sah gut aus. Das stimmt nicht, sagten die Experten. Die Pilze töten das Wurzelwerk ab. Noch ungefähr ein Jahr, und die Wurzeln würden den Baum bei starkem Wind nicht mehr halten können. Dann könnte es gefährlich werden. Also musste er gefällt werden.

Ich war noch nicht ganz überzeugt. Ich fragte mich, ob sie nicht etwa viel Wind um nichts machten. Doch als die Säge ihr unerbittliches Werk tat, sah ich das Innere des Baumstamms. Er maß rund einen Meter im Durchmesser. Die äußeren zwei oder drei Zoll waren solides, gutes, starkes Holz. Doch der Rest des Stammes zeigte ein dunkles, geschecktes Muster. Die Fäulnis der Wurzel hatte sich bereits im Inneren des Stammes ausgebreitet, bis zu einer Höhe von über zehn Metern. Es hätte nicht mehr lange gedauert, dann wäre der gesamte Baum verfault gewesen. Was für den zufällig vorbeikommenden Spaziergänger wie eine schöne, solide Rotbuche aussah, war ein Unfall in Wartestellung.

Paulus' Erklärung, warum das **Evangelium**, also die Enthüllung von Gottes Gerechtigkeit und Erlösung, dringend erforderlich ist, lautet: weil der Baum durch und durch verfault ist und jeden Moment umfallen kann. Der fragliche Baum ist die Menschheit, die auf jeder Ebene gegen Gott rebelliert hat. Die Menschen, so war es von Anfang an gedacht, sollten eine Schlüsselrolle in Gottes Plan von der Herrschaft über seine Schöpfung spielen; unter anderem dies bedeutet die Aussage, dass der Mensch nach dem „Ebenbild Gottes" geschaffen ist (1. Mose 1,26-27). Wenn also Menschen in die falsche Richtung laufen, gerät die ganze Welt aus den Fugen. Dass Paulus diese weiter gefasste Erlösung im Blick hat, geht klar aus dem Höhepunkt in Römer 8 hervor. Doch im Moment konzentriert er sich auf das zentrale Merkmal des Problems: die menschliche Rebellion. Von Vers 18 bis 2,16 baut er eine Anklage gegen die Menschheit im Allgemeinen auf: Die Menschheit ist in ihrem Kern verfault, und der letztendliche Zusammenbruch, zu dem das führen wird (1,32; 2,5; 2,16), wird in den Anzeichen der Vergänglichkeit, des Verfalls und der Verwesung vorweggenommen, die wir sozusagen in den oberen Ästen erkennen können (1,24-31). Unser gegenwärtiger Abschnitt, 1,18-23, beginnt zu Recht mit dem Verfaulen der Wurzeln selbst.

Die Menschen wurden erschaffen, um Gott, den Schöpfer, zu erkennen, anzubeten, zu lieben und ihm zu dienen. Das ist immer der Weg zu einem gesunden und fruchtbaren menschlichen Leben gewesen, und so wird es auch immer sein. Dieser Weg erfordert natürlich eine bestimmte Art von Demut: eine Bereitschaft, Gott Gott sein zu lassen, ihn als Gott zu feiern und zu ehren und seine Macht in der und über die Welt anzuerkennen. Paulus bestätigt, dass die Menschen das Gespür für Gottes Macht und Göttlichkeit nicht verloren haben, aber er erklärt, dass sie sich entschieden haben, diese Wahrheit zu unterdrücken, statt Gott zu ehren und ihm zu danken. Es ist wichtig, diesen Abschnitt im Kopf zu behalten; Paulus wird in Kapitel 4 auf ihn zurückverweisen. Dort beschreibt er, wie der **Glaube** Abrahams – und der Glaube der Christen – Gott tatsächlich Ehre und Dank erweist und sich damit als das Zeichen der Erneuerung des Menschen entpuppt. Alle Bäume sind von der Krankheit an der Wurzel befallen; aber die Krankheit kann geheilt werden, und Paulus wird erklären, wie das geht.

An dieser Stelle beschreibt er jedoch ganz anschaulich, wie sich die Krankheit ausbreitet. Was damit beginnt, dass Menschen die Wahrheit über Gott unterdrücken, setzt sich nicht – wie wir vermuten könnten – in bösartigem Verhalten fort (das kommt später). Es setzt sich fort im irregeleiteten *Denken* und in einem verfinsterten *Herz* (Vers 21). Das ist die ernüchternde Wahrheit, die viele Philosophen zu ignorieren versucht haben: Es gibt gesunde und ungesunde Weisen des Denkens. Das Denken, ganz auf sich allein gestellt, wird nicht zwingend die richtigen Antworten hervorbringen. Aus sich selbst kann die menschliche Vernunft genauso wenig garantieren, uns in die richtige Richtung zu führen, wie ein Kompass in einem Raum voller Magnete. Eine der Tragödien der rebellischen Menschheit ist die schiere Verschwendung gottgegebener intellektueller Kräfte – denken wir etwa an den cleveren Kriminellen, der listige, detaillierte Pläne ausarbeitet, um ein Verbrechen zu begehen und unerkannt davonzukommen, oder an den cleveren Diktator, der darüber nachdenkt, wie er die Opposition brechen, die Menschen über seine wahren selbstsüchtigen Motive im Dunkeln lassen und an der Macht bleiben kann. Stellen Sie sich vor, Sie würden Ihre gottgegebenen denkerischen Fähigkeiten für derartige Zwecke einsetzen.

Mit dem verdorbenen Denken geht das verfinsterte Herz einher (manche Übersetzungen sagen „Verstand“ am Ende von Vers 21, aber Paulus benutzt hier sein übliches Wort für „Herz“). Das menschliche Herz wurde von vielen Denkern der Antike als Zentrum der Motivation verstanden. Es sollte eine Quelle des Lichtes sein. Doch es wird dunkel, wenn Menschen gegen Gott rebellieren. Das ist der Pilz im Zentrum der Wurzel. Der Baum kann immer noch wachsen, vielleicht sogar noch einige Jahre. Dem Betrachter könnte der Anblick vortäuschen, der Baum sei gesund; doch er hat sich bereits eine tödliche Krankheit zugezogen.

Menschen können sich selbst und gegenseitig im Blick auf diese Krankheit täuschen. Paulus weist in Vers 22 darauf hin: Sie können behaupten, sie seien weise; aber in Wirklichkeit sind sie töricht. Das ist eines der Rätsel unserer eigenen Zeit: In einer Welt, in der globale Kommunikation ganz einfach möglich ist, können wir sehen, was Menschen in Kulturen und Situationen denken, die sich von unseren sehr unterscheiden. Der eine denkt, der Weisheit letzter Schluss für einen Staat besteht darin, eine enorme Masse von Kernwaffen anzuhäufen. Die andere denkt, so etwas ist an Dummheit nicht zu überbieten. Der Nächste denkt, es wäre ein Zeichen von Weisheit, alten und kranken Menschen zu helfen, Selbstmord zu verüben. Wieder jemand anders denkt, das wäre das genaue Gegenteil von Weisheit. Wie können wir nun wissen, was weise wäre?

Paulus wird auch diese Frage beantworten, doch im Moment ist es wichtig, den Punkt im Hintergrund zu registrieren, den er in Vers 32 wiederholt: Es ist dem Menschen durchaus möglich zu behaupten, eine bestimmte Sache sei gut und weise, eine andere Sache sei schlecht und dumm – und sich dabei vollständig zu irren. Das heißt nicht, dass alle moralischen Maßstäbe relativ sind, dass alles also nur eine Frage kultureller Vorlieben ist. Vielmehr ist das ein Zeichen dafür, dass wir uns in der Tat sehr leicht selbst betrügen, insbesondere, wenn es um unsere eigenen Interessen und Wünsche geht.

Das erste Zeichen des schleichenden Todes, der sich vom verdorbenen Denken und einem verfinsterten Herzen in die restlichen Bereiche des menschlichen Lebens vorarbeitet, ist es, dass die Gottesverehrung in die Irre geht. Wir sind dazu erschaffen worden, den lebendigen Gott anzubeten und sein Ebenbild zu tragen. Paulus, der hier ganz klar 1. Mose 1 im Hinterkopf hat, weist mithilfe kräftiger Ironie darauf hin, dass die Menschen sich stattdessen Götzen erschaffen haben, die in einigem Abstand zur eigentlichen Wirklichkeit stehen. Diese Götzen repräsentieren das Bild von Menschen, die selbst sterblich sind, also dem Verfall und dem Tod unterliegen. Damit nicht zufrieden, beten sie sogar auch noch Bilder von Wesen an, die weniger sind als der Mensch.

Es ist für den heutigen Menschen leicht, sich über den Götzendienst der Antike lustig zu machen. Wie seltsam die Menschen damals doch waren, mag man denken. Sie schnitzten sich „Götter“ aus Holz und Stein und beteten diese an! Doch wir tun natürlich dasselbe. Die moderne westliche Welt hat viele Götzen angebetet. Die offensichtlichsten sind Geld, Sex und Macht. Paulus sagt nicht, dass jeder Einzelne alle diese Dinge anbetet, sondern dass die Menschheit als ganze Aspekte der Welt anbetet, anstatt Gott selbst. Verdorbenes Denken, ein verfinstertes Herz und Anbetung von Nichtgöttern: Das ist die Krankheit, die – vom flüchtigen Beobachter oft nicht erkannt – den Baum zu Fall bringen wird – und jeden, der gerade im Weg steht.

Damit kommen wir zum ersten Vers unseres Abschnitts zurück. Gottes Gerechtigkeit steht im Gegensatz zu Gottesverachtung und Ungerechtigkeit, zwei Begriffe, die zusammenfassen, was es heißt, wenn Menschen in die falsche Richtung gehen. „Gottesverachtung“ bezeichnet das, was passiert, wenn Menschen nicht den lebendigen Gott anbeten, ihn nicht ehren und ihm nicht danken. „Ungerechtigkeit“ folgt dann auf dem Fuße, und zwar im ganz weit gefassten

Sinne: Das menschliche Leben und die Gesellschaft geraten aus den Fugen und müssen wieder ins Lot gebracht werden. Im Krieg ist die Wahrheit eines der ersten Opfer; sie ist ebenfalls eines der ersten Opfer, wenn Menschen sich gegen Gott auflehnen.

Das Ergebnis ist Gottes Entrüstung oder, wie viele Übersetzungen immer noch sagen: Gottes „Zorn". Das heißt nicht, dass Gott böswillig oder launisch ist, dass er dazu neigt, die Geduld zu verlieren und wild um sich zu schlagen. Ganz im Gegenteil. Gott ist, wie wir im 2. Kapitel sehen werden, freundlich, geduldig und langmütig. Aber ihm liegt leidenschaftlich an seiner Welt und seinen Menschen; und wenn es Verhaltensweisen gibt, die die Welt und die Menschen entstellen, schädigen und zerstören, wird Gott das nicht ewig so weiterlaufen lassen. Vergewaltigung, Mord, Folter und wirtschaftliche Unterdrückung – die Liste könnte spielend erweitert werden und wird im Verlauf des Kapitels auch noch erweitert. Gott hasst alle diese Dinge. Er ist zornig über alle diese Dinge. Lassen Sie es mich ganz klar sagen: *Wenn er darüber nicht zornig wäre, wäre er kein guter Gott.* Seine Sache ist es nicht, den Baum für total gesund zu erklären, wenn er in Wirklichkeit an einer tödlichen Krankheit leidet.

Auch Paulus' Sache ist das nicht. Es gibt zwei Fehler, die wir machen können, wenn wir über das Böse nachdenken. Wir können uns entweder vorstellen, die Welt sei ganz und gar böse und es gebe in ihr überhaupt keine Anzeichen für irgendetwas Gutes. Oder wir können der Auffassung sein, dass das Böse eigentlich gar keine so ernste Sache ist. Unsere moderne westliche Gesellschaft tendiert eher zum zweiten Ansatz, trotz generationenlanger Erfahrungen von Verbrechen und Bosheit in nie da gewesenem Ausmaß. Paulus führt uns zu einer realistischeren Einschätzung zurück. Der Baum ist in der Tat ernsthaft erkrankt und braucht eine radikale Behandlung.

Römer 1,24-27: Unreine Begierden, entehrte Körper

[24]Daher übergab Gott sie der Unreinheit in den Begierden ihrer Herzen mit dem Ergebnis, dass sie ihre eigenen Körper entehrten. [25]Sie vertauschten Gottes Wahrheit mit einer Lüge und beteten das Geschöpf an und dienten ihm anstelle des Schöpfers, der auf ewig gepriesen sei. Amen.

[26]Daher übergab Gott sie den beschämenden Begierden. Ihr müsst wissen: Sogar die Frauen vertauschten die natürlichen sexuellen Praktiken mit unnatürlichen; [27]und auch die Männer gaben natürliche sexuelle Beziehungen zu Frauen auf und entbrannten in gegenseitiger Lust. Männer übten beschämende Handlungen mit Männern aus und erhielten selbst den Lohn für ihre Irrwege.

Stellen Sie sich jemanden vor, der keine Ahnung von Musik hat und einen Violinbogen findet. Das Ding wäre ihm ein Rätsel. Es wurde offensichtlich mit Sorgfalt hergestellt, wird er denken. Aber *wozu* ist es gedacht? Es ist zu schmal für ein Reinigungsgerät; zu zerbrechlich für praktische Arbeiten am Haus oder im Garten. Es hat sogar eine kleine Schraube, mit der man die Haare straffer oder lockerer spannen kann – was um alles in der Welt soll man mit dem Ding bloß anstellen?

Erst, wenn jemand eine Violine bringt, den Bogen nimmt und zu spielen beginnt, wird das Geheimnis gelüftet. Der Bogen als solcher gibt keinerlei Anhaltspunkte, dass er für diesen Zweck erschaffen wurde, und erst recht nicht, dass er derart schöne Musik erzeugen kann. Genauso hätte ein Unkundiger auch kaum vom Anblick einer Violine erraten, wie man sie spielen muss. Dennoch werden Violine und Bogen seit Jahrhunderten füreinander hergestellt. Nur miteinander ist jedes für sich vollständig.

Ich kann bereits spüren, wie einige meiner Leser nervös werden. Alle Illustrationen sind unvollständig und inadäquat, und diese ist nicht besser als die meisten anderen. Natürlich sind Männer und Frauen nicht wie Bögen und Violinen. Natürlich kann ein Mann in gewissem Sinne ohne eine Frau vollständig sein – wie es Jesus selbst ja auch war. Und dasselbe gilt für Frauen. Natürlich ist ein Mann mehr als ein Bogen und eine Frau etwas anderes als eine Violine. Dennoch fängt die Illustration etwas von dem ein, wovon Paulus ausgeht, wenn er hier nun zu erklären beginnt, wie das menschliche Leben verzerrt wurde, immer weiter weg von den Absichten des Schöpfers. Es gibt keinen nicht kontroversen Weg, auf dem man sich diesem ganzen Thema nähern könnte. Also können wir gleich voll einsteigen und schauen, was Paulus sagt.

Im Hintergrund dieses ganzen Abschnitts steht insbesondere ein bestimmter Bibeltext – 1. Mose 1 – 3. Man könnte meinen: Wenn Paulus beschreiben wollte, auf welche Weise Menschen gegen Gottes Absichten verstoßen haben, hätte er wohl besser mit so etwas wie den Zehn Geboten anfangen sollen. Nun, darauf kommt er später zurück (besonders in 13,8-10). Wir werden jedoch sehen, dass es Probleme mit dem **Gesetz** Israels gibt, die zur Folge haben, dass das Gesetz den momentanen Absichten von Paulus in diesem Abschnitt nicht dient. Er möchte den Weg nachzeichnen, auf dem die Menschen nicht bloß gegen ein „Gesetz" verstoßen haben, das zu einem bestimmten Zeitpunkt in der Geschichte gegeben wurde, sondern auf dem sie gegen die Struktur der geschöpflichen Ordnung als solcher verstoßen haben.

Paulus geht davon aus, dass es so eine Struktur tatsächlich *gibt*; d.h., dass die Schöpfung nicht zufällig oder willkürlich ist. Er nimmt 1. Mose 1 als primäre theologische Aussage und sieht Menschen als solche an, die als Ebenbild Gottes erschaffen wurden und denen die Verantwortung für die Welt jenseits des Menschen übertragen worden ist. Den Menschen ist aufgetragen, fruchtbar zu sein: Sie sollen in der Komplementarität von Mann und Frau die im Übermaß vorhandene Fähigkeit der guten Welt Gottes, Leben hervorzubringen, feiern. Und sie werden beauftragt, Gottes Ordnung in die Welt zu bringen, als Verwalter des Gartens und all der Dinge, die sich im Garten befinden. Männer und Frauen sind sehr unterschiedlich, und sie sind dazu geschaffen, zusammenzuarbeiten und – gemeinsam mit Gott – die Musik der Schöpfung erklingen zu lassen. Tief in der Struktur der Welt steckt etwas, das auf das Zusammenkommen des Ungleichen reagiert, etwas, das durch das bloße Zusammenstellen des Gleichen nicht erreicht werden kann.

Das hilft, die ansonsten rätselhafte Tatsache zu erklären, dass Paulus als allererstes Beispiel für den Verfall des menschlichen **Lebens** das Praktizieren homosexueller Beziehungen anführt. Wir denken: Warum in aller Welt greift er gerade dieses bestimmte Verhalten heraus und stellt es an die Spitze seiner Liste? Die Antwort besteht nicht einfach darin (wie viele das vorgeschlagen haben), dass er als Jude besonders abgestoßen war von diesem Verhalten, das viele heidnische Kulturen akzeptierten und sogar feierten, das aber im Judentum schon immer verboten war. Der Grund ist auch nicht einfach, dass man vom Kaiser, von Nero selbst, wusste, dass er homosexuellen Praktiken frönte und dass Paulus eventuell mit dem Finger auf das imperiale System und seinen verrotteten unmoralischen Kern zeigen wollte.

Der Grund besteht ebenso wenig darin, obwohl auch das manchmal vorgeschlagen wird, dass homosexuelle Beziehungen in der Antike normalerweise entweder Teil der kultischen Prostitution oder eine Sache von älteren Männern waren, die jüngere Männer ausbeuteten, auch wenn beides sehr verbreitet war. Homosexuelle „Ehen" waren nicht unbekannt, wie es das Beispiel Nero zeigt. Platon bietet eine ausführliche Diskussion der ernsthaften und anhaltenden Liebe, die es zwischen zwei Männern geben kann. Die moderne Welt hat diesem Phänomen verschiedene Namen gegeben („Homosexuelle", „Schwule", und das weibliche Gegenstück „Lesbe"). Diese unpräzisen Kennzeichnungen beziehen sich auf eine große Bandbreite von Gefühlen und Handlungen, und es wäre albern, würde man annehmen, dass diese erst in den letzten Generationen zutage getreten wären.

Paulus' Punkt lautet von daher nicht einfach: „Wir Juden heißen dies nicht gut", oder: „Beziehungen wie diese sind immer zwischen Ungleichen, und sie sind ausbeuterisch." Sein Punkt lautet: „Dazu wurden Mann und Frau nicht erschaffen." Er will auch nicht sagen, dass jeder, der sich sexuell zu einem Menschen seines eigenen Geschlechts hingezogen fühlt, oder jeder, der tatsächlich gleichgeschlechtliche Handlungen praktiziert, in diese Situation geraten ist, weil er bestimmte götzendienerische Handlungen vollbracht hat. Er nimmt auch nicht an, dass alle, die sich in dieser Situation wiederfinden, dort aufgrund einer bewussten Entscheidung hingelangt sind, heterosexuelle Optionen aufzugeben. Wer den Text auf diese Weise liest, spiegelt eher modernen Individualismus wider als die größere, alles umfassende Perspektive von Paulus. Er redet vielmehr von der Menschheit als ganzer. Sein Punkt lautet nicht: „Es gibt da draußen einige ganz besonders bösartige Menschen, die diese abstoßenden Dinge tun." Sein Punkt lautet: „Die Tatsache, dass solche klaren Verzerrungen der Absicht des Schöpfers mit Mann und Frau in der Welt vorkommen, zeigt an, dass die Menschheit als ganze des Götzendienstes schuldig ist, der den Charakter verdreht." Er versteht die Praktik gleichgeschlechtlicher Beziehungen als Zeichen, dass die Menschheit im Allgemeinen aus den Fugen geraten ist.

Dieses Aus-den-Fugen-Sein, so sagt er, ist das Ergebnis der Tatsache, dass Gott den Menschen erlaubt, ihrer Lust zu folgen, wo sie auch hinführt – nachdem sie ihren Halt in der Wahrheit Gottes verloren haben und wie Adam und Eva im Garten auf die Stimme der Schöpfung anstatt auf die Stimme Gottes gehört haben (das scheint der Punkt zu sein, den Paulus in Vers 25 im Hinterkopf hat). Wenn er später Abrahams **Glauben** und dessen Ergebnisse beschreibt (4,18-22), zeigt er ganz bewusst auf, wie die Probleme aus Kapitel 1 gelöst wurden, indem Menschen Gott wieder vertraut und ihm wieder die Ehre gegeben haben. Nur wenn wir uns diesen größeren Zusammenhang ansehen, können wir die tiefgründige Argumentation erkennen, die Paulus hier vornimmt. Nur wenn wir das tun, können wir die seichten Deutungen dieses Abschnitts vermeiden, die die Diskussion eines komplexen Themas unglücklicherweise noch schwieriger gemacht haben, als sie bereits ist.

Paulus wiederholt: „Gott gab sie dahin“ (Verse 24 und 26; und dann wieder in Vers 28). Wenn Gott dem Menschen Verantwortung gibt, dann meint er das ernst. Die Entscheidungen, die wir fällen, nicht nur persönlich, sondern als gesamte Menschheit, sind Entscheidungen, die Konsequenzen haben. Gott gestattet dem Menschen, diese Konsequenzen zu erkunden – und das ist beängstigend. Er wird uns warnen, er wird uns Gelegenheiten geben, **umzukehren** und unseren Kurs zu ändern, aber wenn wir uns für Götzendienst entscheiden, müssen wir damit rechnen, dass sich unsere Menschlichkeit Stück für Stück auflöst. Wenn Sie den Gott anbeten, als dessen Ebenbild Sie geschaffen sind, spiegeln Sie dieses Ebenbild heller wider, und Sie werden vollständiger und wahrhaftiger menschlich. Wenn Sie (und mit „Sie“ meine ich die Menschheit als ganze, nicht bloß Einzelpersonen) etwas anderes anbeten als den lebendigen Gott, etwas, das selbst ebenfalls nur ein erschaffenes Objekt und daher dem Verfall und dem Tod unterworfen ist, dann verringern Sie diese Ebenbildlichkeit, diese wesentliche Menschlichkeit.

Das ist natürlich nicht das letzte Wort zum Thema Homosexualität. Paulus hat zu diesem Zeitpunkt nur zwei Verse zu diesem Thema geschrieben, was gerade mal ausreicht, dass wir daraus zumindest einen kleinen Teil einer umfassenderen Position ableiten können, die er zum Ausdruck gebracht haben könnte. Doch jenseits der Polemik und Rhetorik, die zu diesem Thema hin und her geht, finden wir hier wie auch sonst im Neuen Testament keine Reihe von willkürlichen Regeln, sondern eine tiefgründige Theologie im Blick darauf, was es heißt, in vollem Sinn Mensch zu sein, und wir finden eine Warnung vor der scheinbar unendlichen Fähigkeit des Menschen, sich selbst zu betrügen.

Römer 1,28-32: Verfinsterter Verstand, verfinstertes Verhalten

28 *Außerdem gilt: Da sie es nicht für angebracht hielten, an der Er-*
kenntnis Gottes festzuhalten, überließ Gott sie einem untauglichen
Denken, sodass sie sich unsittlich verhielten. 29 *Sie wurden mit allen*
möglichen Formen von Ungerechtigkeit, Bosheit, Gier und Bösem
erfüllt; sie waren voller Neid, Mord, Feindseligkeit, Betrug und Hin-
terhältigkeit. Sie wurden Schwätzer, 30 *Verleumder, Gotteshasser, arro-*
gant, Wichtigtuer, überheblich, Erfinder von bösen Dingen, den Eltern
ungehorsam, 31 *unweise, untreu, herzlos, gleichgültig.* 32 *Sie wissen, dass*
Gott mit Recht verfügt hat, dass Menschen, die solche Dinge tun, den
Tod verdienen. Doch sie tun diese Dinge nicht nur selbst; sie spenden
auch noch Leuten Beifall, die diese Dinge praktizieren.

Vor einigen Jahren besuchte ich eine Preisverleihung an einer örtlichen Schule. Der Direktor hielt eine unterhaltsame Rede, in deren Verlauf er eine lange Beschreibung darüber vorlas, wie die junge Generation vor die Hunde geht. Er sagte nicht, wer diese Beschreibung verfasst hatte oder wann. Sie hatten keinen Respekt vor den älteren Menschen, sie hatten kein Interesse an kulturellem Leben oder Traditionen, sie interessierten sich nur für Vergnügungen. Sie waren unhöflich, schlampig, dumm und faul. Zum Schluss sagte er uns, dass der Text von jemandem im 5. Jahrhundert v. Chr. geschrieben worden war, und zwar in Athen.

Auf seltsame Weise ist es tröstlich zu wissen, dass unsere Wahrnehmung, dass die Welt immer schlimmer wird, vermutlich das Ergebnis unseres zunehmenden Wissens ist, nicht der zunehmenden Bösartigkeit. Im Verlaufe der gesamten Menschheitsgeschichte war die Welt voller Tränen wie auch voller Lachen, voller menschlicher Dummheit und böser Dinge wie auch voller Weisheit und Freundlichkeit. Und ich muss sagen: Als ich diese Liste menschlichen Versagens übersetzte, das in diesem Abschnitt aufgezählt wird, hatte ich das seltsame Gefühl, mir wäre das alles gut bekannt. *Ich kenne diese Leute*, dachte ich. *Ich habe von ihnen in der Zeitung gelesen, und manchmal treffe ich sie auf der Straße*. In der Tat: *Soeben bekam ich eine E-Mail von so einer Person*. Doch das ist nicht das Beunruhigendste an der Sache. Wirklich alarmierend ist die Tatsache, dass ich so eine Person manchmal nicht auf der Straße sehe, sondern wenn ich in den Spiegel schaue. Die Linie zwischen gut und böse verläuft nicht zwischen „uns" und „denen da draußen", sondern direkt durch uns selbst hindurch. (Wenn wir uns darüber nicht im Klaren sind, wird Paulus uns zu Beginn des nächsten Kapitels noch mal daran erinnern.) Die drei mittleren Verse (29, 30 und 31) nennen die Einzelheiten, und einige davon sind im wahrsten Sinn des Wortes mörderisch. Die meisten brauchen wir kaum zu kommentieren; sie sind selbsterklärend. Um jedoch die volle Wucht dieser Liste zu spüren, fragen Sie sich doch mal: Wie würde ich mich fühlen, wenn ich in einem Dorf wohnen würde, wo alle Menschen so wären, wie es auf dieser Liste beschrieben wird? Ziemlich elend, würde ich meinen. Sie würden umziehen wollen. Ein derartiges Verhalten ist in sich selbst zerstörerisch. Es zerstört die, die so handeln (es kann sein, dass wir Leute getroffen haben, die sich auf eines dieser Charakteristika spezialisiert haben und zu einer hohlen Schale geworden sind, die nun aus Klatsch und Tratsch, Prahlerei oder was auch immer besteht). Und es zerstört die, die mit solchen Menschen in Berührung kommen. Es ist keine Freude, mit solchen Menschen zu leben. Es gibt keine Chance, echte menschliche Gemeinschaft zu erleben. C. S. Lewis schrieb einmal eine Beschreibung der **Hölle** als einem Ort, an dem die Leute immer weiter voneinander wegziehen. Man lese diese Liste und stelle sich Leute vor, die ausschließlich diese Qualitäten verkörpern, und dann kann man verstehen, warum sie voreinander fliehen.

Doch das eigentlich Bemerkenswerte an dieser grässlichen kleinen Passage sind der Anfang und das Ende. Noch einmal sagt Paulus, dass Gott sie „dahingab". So sieht also das menschliche Leben aus, wenn Gott sagt: „Okay, dann macht es mal auf eure Weise." Was dann geschieht, ist Folgendes: Das menschliche *Denken*, nicht nur das Verhalten, beginnt, komplett zusammenzubrechen. „Gott gab sie dahin", so sagt Paulus, oder: „Er überließ sie einem untauglichen Denken." Dies korrespondiert mit der Tatsache, dass sie es nicht für „angemessen" hielten, an der wahren Erkenntnis Gottes festzuhalten. Wir gehen manchmal immer noch davon aus, dass schlechtes Verhalten aus einem Sieg des Körpers über den Geist resultiert, doch Paulus weiß es besser. Das Böse ist das Ergebnis eines aus dem Ruder gelaufenen verdrehten Denkens – der Körper macht dann einfach dabei mit.

Daher ist der letzte Vers des Kapitels so ernüchternd. Er wird manchmal ein wenig als Enttäuschung empfunden. „Sie tun dies nicht nur selbst, sondern sie spenden auch noch Leuten Beifall, die diese Dinge praktizieren." „Wie bitte?", denken wir. „Ist nicht das Tun das wirklich Böse, weniger der moralische Kommentar dazu?"

Doch damit würden wir falschliegen. Stellen Sie sich vor, Sie besuchen ein Gefängnis und treffen zwei Männer, die einen Mord verübt haben. Der erste ist reumütig.

„Ich wusste schon damals, dass es falsch war", sagt er, „doch ich war so zornig, dass ich die Tat trotzdem verübte. Nun muss ich mit der Tatsache leben, dass ich weiß, dass ich etwas Böses getan habe."

„Du bist ein Schwächling", sagt der zweite, „wir leben in einer rauen alten Welt. Wen kümmert, was richtig oder falsch ist? Ich tat etwas Vernünftiges, als ich diesen dummen alten Kerl ermordete. Er war eine Platzverschwendung. Der Welt geht es ohne ihn besser. Der Richter hätte mich nicht einsperren, sondern mir einen Orden geben sollen."

In wessen Welt würden Sie lieber leben? Ist es nicht sehr viel schlimmer, in einer Welt zu leben, in der das Böse gepriesen und das Gute verachtet wird, als in einer Welt, in der Menschen zwar böse Dinge tun, aber immer noch wissen, dass das falsch ist?

All das bringt uns zu der entscheidenden Aussage: Die Menschen kennen das Urteil Gottes, nämlich dass die, die solche Dinge tun, im wörtlichen Sinne „todeswürdig" sind. Das sollte man nicht missverstehen. Die Menschen nehmen an, Gottes Gesetze seien willkürlich. Sie stellen sich vor, Gott (wenn so ein Wesen denn existiert, fügen sie vielleicht hinzu) hätte eine Reihe von Regeln erfunden, um sich zu amüsieren, und dann freut er sich an dem Gedanken, Menschen zu bestrafen, wenn sie die Regeln nicht einhalten. Der ungekrönte König in dieser Liga ist Caligula, der ab und an neue Gesetze in kleinen Buchstaben aufschreiben und so hoch aushängen ließ, dass sie niemand lesen konnte. Dann bestrafte er die Leute, weil sie diese Gesetze brachen.

Die Vorstellung, Gott und seine Gesetze seien auch nur entfernt mit diesem Szenario zu vergleichen, ist selbst Teil des verzerrten Denkens, dessen ein Großteil der Welt schuldig ist. Die „Urteile" Gottes sind in keiner Weise von dieser Art. Sie sind in die Struktur der Schöpfung eingewoben. Böses Verhalten ist in sich selbst zerstörerisch. Es weist wie ein Wegweiser in Richtung Tod. Im Falle von Mord und anderer Gewalt ist das offensichtlich; im Falle von Klatsch und übler Nachrede sollte es fast genauso offensichtlich sein, denn durch diese Dinge werden der Ruf und das Leben eines Menschen in Stücke gerissen, oft ohne jede Chance auf Wiedergutmachung. Menschen, die sich wichtigtun und überheblich sind, drängen sich im Grunde in Räume, die anderen zukommen, als ob die anderen eigentlich gar nicht existieren sollten. Und so weiter. Gott hat die Welt so geschaffen, dass Liebenswürdigkeit, Freundlichkeit, Großzügigkeit, Demut – Liebe in all ihren vielen Formen – Leben spendende Dinge sind, während das Böse in seinen vielfältigen Formen tödlich ist. Der beständige Verfallsprozess, den Paulus hier in dem wiederholten „Gott gab sie dahin" oder „er überließ sie ..." in den Versen 24, 26 und 28 aufzeichnet, ist nicht als solcher der ultimative Tod. Davon wird als endgültige Verdammung der Sünde im nächsten Kapitel gesprochen. In Römer 1 erkennen wir den abschreckenden Anblick des zukünftigen Todes, der seinen dunklen Schatten in die Gegenwart hineinwirft. Wenn wir nur einen Teil dieses Bildes anerkennen, sollten wir umso mehr darauf erpicht sein zu erkennen, welche Art von Lösung Paulus im weiteren Verlauf des Briefes vorschlagen wird.

Römer 2,1-11: Gottes kommendes Gericht wird unparteiisch sein, für alle gleich

1 *Ihr habt also keine Entschuldigung – ihr alle, die ihr zu Gericht sitzt,*
wer ihr auch seid! Wenn ihr jemand anderen richtet, verdammt ihr
euch selbst, weil ihr, die ihr euch wie ein Richter verhaltet, dieselben
Dinge tut. 2 *Wir wissen, dass Gottes Gericht wahrhaftig die trifft, die*
solche Dinge tun. 3 *Doch wenn ihr die richtet, die so etwas tun, und es*
doch selbst tut, nehmt ihr dann wirklich an, dass ihr Gottes Gericht
entkommt?

4 *Oder verachtet ihr den Reichtum der Freundlichkeit, Nachsicht*
und Geduld Gottes? Wisst ihr nicht, dass Gottes Freundlichkeit dazu
gedacht ist, euch zur Umkehr zu bewegen? 5 *Doch aufgrund eurer har-*
ten Herzen, die sich weigern umzukehren, häuft ihr für den Tag des
Zorns einen Vorrat von Zorn gegen euch auf, für den Tag, an dem
Gottes gerechtes Gericht enthüllt wird – 6 *des Gottes, der „jedem nach*
seinen Werken vergelten wird“.

7 *Wenn Menschen geduldig tun, was gut ist, und damit weiterhin*
nach Herrlichkeit, Ehre und Unsterblichkeit streben, wird Gott ihnen
das Leben des kommenden Zeitalters schenken. 8 *Doch wenn Men-*
schen aus selbstsüchtiger Begierde handeln und nicht der Wahrheit
gehorchen, sondern stattdessen der Ungerechtigkeit, wird es Zorn und
Wut geben. 9 *Ungemach und notvolle Verzweiflung wird jede einzelne*
Person treffen, die tut, was böse ist, Juden zuerst und Griechen glei-
chermaßen – 10 *und es wird Herrlichkeit, Ehre und Frieden für alle ge-*
ben, die das tun, was gut ist, zuerst für Juden und gleichermaßen auch
für Griechen. 11 *Ihr müsst wissen: Gott zeigt keinerlei Parteilichkeit.*

„Können wir ihm nicht noch eine letzte Chance geben?“

Der junge Mann hatte erst etwas mehr als einen Monat in der Fabrik gearbeitet. Er machte sich ganz gut, aber es gab ein Problem. Er war gewalttätig und fuhr ab und an plötzlich aus der Haut, warf ohne erkennbaren Grund Gegenstände nach jedem, der in seiner Reichweite war.

Der Vorarbeiter bat ihn, Platz zu nehmen, schaute ihm in die Augen und redete wie ein älterer Bruder mit ihm. „So geht das nicht", sagte er ihm. „Du musst lernen, dich unter Kontrolle zu halten. Das ist eine Warnung. Wenn du das noch mal machst, muss ich dich dem Management melden."

Doch er tat es wieder. Und wieder. Und dann war der Vorarbeiter schweren Herzens zum Manager gegangen – denn er mochte den Jungen. Der Manager war ärgerlich, weil ein Problem dieses Kalibers wochenlang ohne sein Wissen im Raum stand. Er war dafür, den jungen Mann sofort zu entlassen. Doch der Vorarbeiter setzte sich für den jungen Mann ein. Nur noch eine letzte Chance. Ich werde noch mal mit ihm reden. Wollen wir doch mal sehen, ob er sich zusammenreißen kann.

Der Versuch hatte keinen bleibenden Erfolg. Drei Tage später stieß irgendjemand den jungen Mann in der Kantine unabsichtlich an und schüttete Tee über seinen Pullover. Er bekam einen Wutanfall, schüttete dem Mann den Rest des kochend heißen Tees ins Gesicht und schlug ihn brutal in den Magen. Es war ein trauriger Moment für den Vorarbeiter, doch er und der Manager hatten keine Wahl. Der junge Mann hatte seine Chance bekommen, und er hatte sie nicht genutzt – er hatte die Dinge schlimmer gemacht, nicht besser.

Im Kern von Paulus' Auffassung von Gottes letztem Gericht, an dieser Stelle und noch später im Brief, steht ein Bild von Gott, das dem Bild vom Vorarbeiter in dieser Geschichte nicht unähnlich ist. Gott ist freundlich – nicht „nett" im Sinne einer milden Nachsichtigkeit, kein schläfriger alter Onkel, den nicht besonders kümmert, was die Leute im Schilde führen –, sondern freundlich im Sinne von echter Fürsorge und echtem Verständnis. Er versucht, für jeden einzelnen Menschen den besten Weg zu finden. Wenn dem nicht so wäre – wenn Gott z. B. im Wesentlichen gemein wäre, bereit, sich auf jeden Fehler zu stürzen, den jemand begeht –, wären wir alle schon vor langer Zeit vom Planeten gefeuert worden. Doch so ist Gott nicht. Gott ist geduldig. Er gibt den Menschen immer wieder die Chance, sich zusammenzuraufen, sich ihm bußfertig, also bereit zur **Umkehr,** und vertrauensvoll zuzuwenden und festzustellen, dass ihr Leben wieder in Form kommt.

Doch was ist, wenn Gottes Grundhaltung nicht diese Wirkung hat? Paulus erklärt in Vers 4 und 5, dass die betreffenden Menschen sich dann schlicht und einfach umso stärker reif für das Gericht gemacht haben, das letztendlich kommen wird. Der junge Mann in der Geschichte hatte keine Entschuldigung. Er hatte jede Chance bekommen. Und er hatte die Atempause benutzt, um die Dinge noch schlimmer zu machen. So ist das manchmal mit den Menschen.

Dies ist das Kapitel, in dem Paulus deutlicher als irgendwo sonst in seinen Briefen sein Bild vom Endgericht skizziert. Die Leute nehmen manchmal an, Gericht sei eine „alttestamentliche" Vorstellung, während man im Neuen Testament nur Gnade findet. Diese Ansicht ist nicht mal eine Karikatur; sie ist schlicht und einfach eine Fiktion. Das Neue Testament betont natürlich die außerordentliche, beinahe unglaubliche Liebe Gottes, die sich im Tod Jesu offenbart. Paulus selbst wird diese Liebe später in diesem Brief feiern. Doch wenn Menschen darauf bestehen, Gottes Liebe zurückzuweisen – und es gehört zur Logik der Liebe, dass sie jederzeit zurückgewiesen werden kann –, dann gibt es keine Alternative. Gerade als der gute und liebende Schöpfer hat sich Gott verpflichtet, die Welt ins Lot zu bringen. Das schließt die Menschen ein. Diejenigen, die auf die entmenschlichende Weise leben, die in den vorangegangenen Abschnitten beschrieben wurde, liebäugeln mit dem Desaster. Diejenigen, die an der Boshaftigkeit festhalten, obwohl sie jede Chance zur Umkehr bekommen, öffnen der Katastrophe geradezu Tür und Tor. Es gibt keine andere Alternative.

Dieses Bild vom Gericht hat zur Folge, dass sich niemand mehr moralisch überlegen fühlen kann. Ich habe in meinem Bücherregal mehrere Bände mit Schriften, die ungefähr mit Paulus zeitgenössisch sind. Seneca ist ein gutes Beispiel. Er dachte tiefschürfend über moralische und philosophische Fragen nach und hielt sich von allem fern, was er als gemeine Unmoral ansah. Doch seine eigenen Kollegen ertappten ihn manchmal dabei, wie er einige Regeln brach, die er anderen vorgeschrieben hatte. Er und andere Philosophen der klassischen Welt sannen eher ratlos über die Frage nach: Wie kann es sein, dass man weiß, was das Richtige ist, das man tun sollte, und dass man es dann trotzdem nicht tut?

Der vorliegende Abschnitt beginnt damit, dass Paulus genau diesen Schwachpunkt der erhabenen heidnischen Moralisten aufdeckt. So eine Person könnte sagen: Natürlich stimme ich dir in der Verurteilung der schlimmen Unmoral zu, die uns umgibt. Ich bin davon genauso geschockt und abgestoßen wie du. Du stimmst mir jedoch sicherlich zu, dass Menschen wie wir anders sind? Mit ein wenig Bildung und Willenskraft können wir uns doch über all das erheben und ein tugendhaftes Leben führen, nach dem doch alle wahrhaft vernünftigen Menschen streben?

Wohl kaum, erklärt Paulus in einer äußerst bissigen Stimmung. Du hast keine Entschuldigung – denn während du Gericht hältst über diese armen umnachteten Seelen, die du so sehr verachtest, tust du insgeheim genau dieselben Dinge! Natürlich stellt sich Paulus das nicht so vor, als ob jeder einzelne heidnische Moralist jedes einzelne Laster auslebt, das er in der zweiten Hälfte von Kapitel 1 auflistet. Doch das Moralgesetz ist, so drückte es einer meiner großen Lehrer aus, wie eine Glasscheibe. Wenn sie zerbricht, ist sie zerbrochen. Alle wahrhaft weisen Denker seit Sokrates wissen, dass sie das Moralgesetz immer wieder brechen.

Weder die griechische noch die römische Religion oder Philosophie enthielten eine Lehre vom Endgericht. Diese Lehre nahm im Judentum jedoch eine Zentralstellung ein, und Paulus positioniert diese Lehre in diesem Abschnitt ganz klar im Gegenüber zur antiken heidnischen Welt. Es gibt einen Gott, der als Schöpfer für die Welt verantwortlich ist, und er wird die Welt ins Lot bringen. Und wenn er das tun wird, wird er dabei völlig unparteiisch sein, im Einklang mit strenger Gerechtigkeit. Auch als christlicher Theologe nimmt Paulus nichts von dieser grundlegenden jüdischen Lehre zurück. Es wird tatsächlich ein Endgericht geben, und das wird in Übereinstimmung stehen mit der

Gesamtheit des Lebens, das jeder Mensch gelebt hat. Christen haben sich manchmal vorgestellt, Paulus' Lehre von der „**Rechtfertigung** aus **Glauben**" (siehe insbesondere Kapitel 3 und 4) würde die Aufhebung eines Endgerichts anhand der Werke bedeuten, doch das sagt Paulus an keiner Stelle. Seine Theologie ist robuster, als viele Traditionen ihm zubilligen. Er kann der Welt ins Gesicht sehen und von der Gerechtigkeit Gottes reden.

Römer 2,12-16: Wie Gottes unparteiisches Gericht funktionieren wird

12*Ihr müsst wissen: Alle, die außerhalb des Gesetzes sündigten, werden*
außerhalb des Gesetzes gerichtet – und diejenigen, die innerhalb des
Gesetzes sündigten, werden durch das Gesetz gerichtet. 13*Schließlich*
sind vor Gott nicht die im Recht, die das Gesetz hören, *sondern die,*
die das Gesetz tun, *werden zu Menschen erklärt, die im Recht sind!*
14*Es läuft auf Folgendes hinaus: Die Heiden besitzen das Gesetz*
nicht als ihr Geburtsrecht; doch immer, wenn sie tun, was das Ge-
setz sagt, sind sie sich selbst ein Gesetz, obwohl sie das Gesetz nicht
besitzen. 15*Sie zeigen, dass das Gesetz in ihre Herzen geschrieben ist.*
Ihr Gewissen ist ebenfalls Zeuge und ihre Gedanken gehen mal in die
eine, mal in die andere Richtung; manchmal werden sie von ihren Ge-
danken beschuldigt, manchmal entschuldigt – 16*an dem Tag, an dem*
(nach dem Evangelium, das ich predige) Gott alle Geheimnisse des
Menschen durch den König Jesus richten wird.

Ich erwähnte vorhin den verrückten Kaiser Caligula, der neue Gesetze dort anbrachte, wo man sie nicht lesen konnte. Nun, sobald Paulus erklärt hat, dass Gott die ganze Menschheit völlig unparteiisch richten wird, muss er sich einem Problem stellen, das von ähnlicher Art ist. Es ist doch wohl sicherlich so, dass Gottes eigenes Volk, die Juden, einen Vorteil haben? Hat Gott ihnen nicht sein **Gesetz** gegeben? Heißt das nicht, dass sie eine viel größere Chance haben, das zu tun, was er möchte? Ist das nicht unfair gegenüber allen anderen?

Diese Frage wird im Römerbrief immer wieder auftauchen, jedes Mal aus einem etwas anderen Blickwinkel. In der direkt folgenden Passage wird sich Paulus den Juden zuwenden, wird sie direkt ansprechen und zeigen: Die Juden sind in der Tat privilegiert, weil sie das Gesetz besitzen, doch ihr Privileg hat ihnen nicht gutgetan, denn Israel als Ganzes hat bedauerlicherweise darin versagt, das Gesetz zu halten.

Um jedoch bereits diese frühen Schritte im Argumentationsgang des Römerbriefs zu verstehen, müssen wir vor allem eine bestimmte Sache begreifen. Wenn Paulus vom „Gesetz" spricht, meint er das jüdische Gesetz, die **Tora**, das Gesetz, das Mose auf dem Berg Sinai gegeben wurde, und zwar als Weg des Lebens für ein Volk, das beim **Exodus** erlöst wurde. Das Gesetz ist sozusagen „Israel-spezifisch". Der Hauptpunkt des vorliegenden Abschnitts lautet, dass die **Heiden**, also die nichtjüdischen Nationen, das Gesetz nicht besitzen. Oft wird vage vom „Gesetz" bei Paulus gesprochen, als ob der Begriff zwar das jüdische Gesetz beinhalte, aber etwas viel Umfassenderes meine, ein allgemeines Moralgesetz, dem alle Menschen unterworfen sind. Doch so benutzt Paulus den Begriff nicht. Wie wir sowohl in diesem als auch im Brief an die Galater ganz klar sehen, hat Paulus eine spezifische historische Abfolge im Kopf, der zufolge Gott durch Mose Israel das Gesetz gab, viele Jahre nach den Verheißungen an Abraham.

Eine weitere Sache kommt in der vorliegenden Passage ins Blickfeld, die viele Leute ebenfalls schwer verständlich finden. Menschen, denen etwas über Paulus beigebracht worden ist, z. B. im Kindergottesdienst oder sonst in der Kirche, begreifen oft einen zentralen Aspekt seiner Lehre nur zu gut, lassen aber keinen Raum mehr für andere Aspekte, die aber auch zu dieser Lehre gehören. Ich denke dabei insbesondere an seine Lehre von der „**Rechtfertigung** aus **Glauben**". Diese bedeutet, wie wir im nächsten Kapitel sehen werden, dass diejenigen, die an Jesus als auferstandenen Herrn der Welt glauben, bereits jetzt auf der

Grundlage dieses Glaubens zu Menschen erklärt werden, die zum Volk Gottes gehören. Sie sind bereits jetzt als das Volk gekennzeichnet, dessen Sünden vergeben sind. Sie bilden die neue **Bund**esgemeinschaft, die Gott in Erfüllung seiner alten Verheißungen erschafft. Glaube, nicht Werke! Das ist eine wunderbare, befreiende, herrliche Wahrheit!

Doch die Leute vergessen oft (obwohl Paulus das glasklar macht), dass „Rechtfertigung aus Glauben" eine Wahrheit über die *gegenwärtige Zeit* ist. Es ist eine Wahrheit zur Frage, wie man in der Gegenwart schon sagen kann, wer wirklich Gottes Volk ist, schon vor dem zukünftigen Gericht – und daher auch zur Frage, wie Sie selbst wissen können, dass auch Sie zu jenem Volk gehören, dass also auch Ihre Sünden wirklich vergeben worden sind. Doch immer, wenn Paulus auf den *zukünftigen* Tag des Gerichts blickt – und das tut er hier im vorliegenden Abschnitt –, bleibt er genauso klar. Das zukünftige Gericht wird auf der Grundlage des gesamten gelebten Lebens eines Menschen stattfinden. Er hat das bereits im vorausgehenden Abschnitt gesagt (2,7-10), und er wiederholt es in 14,10.

Einige Leute, die über diesen Punkt rätseln, haben vorgeschlagen, dass Paulus diese Möglichkeit nur als eine theoretische aufbaut, die er dann als eine faktisch unmögliche erweisen wird. So stellt man sich dann vor, Paulus würde im Grunde sagen: „Theoretisch würde Gott gerne in der Lage sein, die Menschen danach zu richten, wie sie sich verhalten haben. Da jedoch niemand so einen Test bestehen würde, hat er sich eine andere Maßnahme einfallen lassen." Das stimmt jedoch nicht mit dem überein, was Paulus hier oder an anderen Stellen wie 14,10-12 und in anderen Briefen wie 2. Korinther 5,10; Epheser 6,8 und 2. Timotheus 4,1 sagt. Der Gegensatz zwischen Gericht nach Werken und Rechtfertigung aus Glauben besteht nicht zwischen einem System, das Gott gerne zur Anwendung gebracht hätte, und einem System, das er stattdessen ausgewählt hat und anwendet. Der Unterschied besteht zwischen dem zukünftigen Gericht, das in der Tat im Einklang mit den Werken erfolgen wird, und der gegenwärtigen Vorwegnahme jenes Urteils, das schlicht und einfach auf der Grundlage des Glaubens gefällt wird – ich weiß, dass dies seltsam klingt, aber warten wir ab, bis Paulus es im nächsten Kapitel erklärt!

Im Moment konzentriert er sich immer noch auf das zukünftige Gericht, aber er führt einen Terminus technicus ein, dem wir so oft begegnen, dass wir gut daran tun, ihn schon hier sorgfältig zu beachten. In Vers 13 sagt Paulus, dass diejenigen, die das Gesetz tun, zu Menschen erklärt werden, „die im Recht sind". Mit dieser Wendung habe ich ein einziges griechisches Wort übersetzt, nicht, weil ich gerne die Dinge in die Länge ziehe, sondern weil das deutsche Wort, das ich hätte benutzen können, eine lange Geschichte hat und leicht missverstanden wird.

Das Wort lautet natürlich: „gerechtfertigt". Wie der vorliegende Abschnitt klarmacht, gehört es in den Bereich des Gerichtssaals oder der Gerichtsverhandlung. Gott, so sagt Paulus in Vers 16, wird alle Menschen durch den König Jesus richten, nicht zuletzt die Geheimnisse ihrer Herzen. (Die Vorstellung vom **Messias** als dem kommenden Richter war im vorchristlichen Judentum relativ standardmäßig bekannt, auf der Basis von Texten wie Psalm 2 und Jesaja 11.) Innerhalb der Gerichtssaal-Szenerie ist „rechtfertigen" das, was der Richter am Ende eines Prozesses tut: Er (in der Antike handelte es sich immer um einen Mann) erklärte, dass eine Partei in einem konkreten Rechtsstreit „im Recht" war. Der Fall war zu ihren Gunsten entschieden worden. Der Richter hatte das getan. Als Ergebnis der Entscheidung des Gerichts hatten sie einen neuen Status bekommen. So, wie bei einer Hochzeit die Person, die die Trauung durchführt, sagt: „Hiermit erkläre ich euch zu Mann und Frau", und wie diese Erklärung tatsächlich einen neuen Status, eine neue Wirklichkeit hervorbringt, so ist es auch bei der „Rechtfertigung". Wenn der Richter sagt: „Ich befinde den Angeklagten für unschuldig", oder: „Ich erkläre, dass der Ankläger im Recht ist", dann erzeugt jene Erklärung einen neuen Zustand, in dem die rehabilitierte Person ein neues Ansehen genießt, einen neuen Status. Er oder sie ist „im Recht". Das ist „Rechtfertigung".

Nachdem wir das geklärt haben, können wir nun sehen, was der vorliegende Abschnitt sagt. Erinnern wir uns: Paulus hat seinen Blick im Moment schlicht und einfach auf den zukünftigen Tag des Gerichts gerichtet und auf die Tatsache, dass Gott unparteiisch richten wird. Er stellt sich der Frage: Juden werden doch sicherlich im Vorteil sein, weil sie im Besitz des Gesetzes sind? Seine Antwort lautet: Nein, denn Gott wird jeden an dem Punkt richten, an dem er steht, nicht an dem Punkt, an dem er nicht steht. Diejenigen außerhalb des Gesetzes (mit anderen Worten: die Heiden) wird er auf diese Weise richten; und diejenigen innerhalb des Gesetzes (die Juden) wird er anhand des Gesetzes richten, das sie besitzen. Was zählt, ist letztlich das Tun des Gesetzes, nicht sein Besitz.

Was wird dann mit den Heiden passieren? Bei der Beantwortung dieser Frage in den Versen 14 und 15 schreibt Paulus etwas, das aufmerksame Leser seit Langem verwirrt hat. Selbst nach jahrelangem Studieren dieser Frage bin ich oft unsicher, wie ich die Verse deuten soll. Manche Leute meinen, die Bedeutung ist etwa: „Einige Heiden folgen ihrem Gewissen und halten dadurch tatsächlich einige der Dinge ein, von denen das jüdische Gesetz sprach." Das ist möglich – wenn Paulus auch nicht für einen Moment gedacht haben wird, dass solche Leute tatsächlich ein derart sündloses, heiliges Leben führen könnten, wie es ein vollkommenes Einhalten des Gesetzes hervorbringen würde. Alternativ könnte er etwas ganz anderes andeuten, etwas, worauf er später im Kapitel (Verse 26-29) und auch noch oft an anderen Stellen des Briefes zurückkommt: Durch das **Evangelium** als solches wird eine neue Kategorie von Heiden erzeugt, eine Kategorie von Heiden, denen Gottes Gesetz durch den **Heiligen Geist** in ihre Herzen geschrieben wurde und die daher auf neue Weise erkennen lernen, was das Gesetz fordert. Auch diese Deutung ist möglich – obwohl es dann seltsam wäre, dass Paulus anschließend davon spricht, Christen würden dem Gerichtstag mit widersprüchlichen Gedanken entgegensehen, mit anklagenden und mit entlastenden Gedanken, wenn wir das z. B. mit Römer 8,31-39 vergleichen. Wie dem auch sei – die Verse 14 und 15 sind in jedem Fall ein Rätsel.

Die Hauptaussage des Abschnitts steht jedoch nicht zur Debatte, und es handelt sich dabei um eine Aussage, die letztlich ausgesprochen tröstlich ist. Die Welt ist nicht in der Hand des blinden Zufalls oder eines unberechenbaren Gottes, der seine Lieblinge bevorzugt und alle anderen mit jenem Gefühl zurücklässt, das uns nach einer unbefriedigenden Anhörung vor Gericht beschleicht. Wahre Gerechtigkeit – die Art, nach der sich die Menschen sehnen, um die sie flehen, nach der sie rund um den Globus dürsten –, wahre Gerechtigkeit wird allen zuteilwerden, und man wird sehen und wissen, dass sie allen zuteilgeworden ist. Gott wird alle menschlichen Geheimnisse durch den Messias Jesus richten. Das ist eine **gute Nachricht** für eine Welt, in der wahre Gerechtigkeit immer noch schwer zu finden ist.

Römer 2,17-24: Der Anspruch der Juden – und seine Problematik

17 Doch nehmen wir einmal an, du nennst dich selbst „Jude". Nehmen
wir an, du setzt deine Hoffnung auf das Gesetz. Nehmen wir an, du
feierst die Tatsache, dass Gott dein Gott ist 18 und dass du weißt, was
er will, und dass du aufgrund der Anweisungen des Gesetzes ange-
messene moralische Unterscheidungen treffen kannst. 19 Nehmen wir
an, du hältst dich für einen Blindenführer, für ein Licht für Völker
in der Dunkelheit, 20 für einen Lehrer der Törichten, einen Ausbilder
junger Menschen – und all das, weil du im Gesetz die Grundlinien der
Erkenntnis und Wahrheit besitzt.

21 Nun: Wenn du jemand anderen belehren willst, wirst du dann
nicht auch dich selbst belehren? Wenn du sagst, dass Menschen nicht
stehlen sollen, wie sieht das denn bei dir aus? 22 Wenn du sagst, Men-
schen sollen nicht die Ehe brechen, wie hältst du es denn damit? Wenn
du Götzen verabscheust, raubst du dann etwa Tempel aus? 23 Wenn du
dich des Gesetzes rühmst, entehrst du etwa gleichzeitig Gott, indem

du das Gesetz brichst? [24]*Die Bibel sagt dazu Folgendes: „Du bist der Grund, warum der Name Gottes unter den Nationen gelästert wird.“*

In meiner Heimat arbeitet die Polizei hart daran, ihre Glaubwürdigkeit nicht zu verlieren.

Das war einmal relativ einfach. Die Polizei stand in einer langen Tradition des Dienstes am Gemeinwohl. Die Polizisten waren vor Ort bekannt und wurden respektiert. Sie wussten, wann sie freundlich sein und die Leute mit einer Verwarnung laufen lassen konnten, und wann sie hart durchgreifen und ernsthaft kriminelles oder gefährliches Verhalten unterbinden mussten. Natürlich gab es immer einzelne, die der Tradition keine Ehre machten. Aber im Allgemeinen waren wir es gewöhnt, der Polizei zu vertrauen. Als ich das erste Mal England verließ, fand ich es beunruhigend, dass die Leute in manchen Ländern einfach davon ausgehen, dass die Polizei mit dem organisierten Verbrechen gemeinsame Sache macht und etwa Bestechungsgelder annimmt.

Doch seit rund zehn Jahren sind auch bei uns die Dinge nicht mehr so eindeutig. Es gab mehrere breit ausgewalzte Fälle von Korruption in höchsten Kreisen. Es gab Polizeibeamte, die Leute gefangen nahmen, anklagten und es schafften, sie zu überführen, obwohl sie wussten, dass diese Leute unschuldig waren, nur um sagen zu können, sie hätten den Fall gelöst. Noch schlimmer: In Gebieten, in denen große Anteile der Bevölkerung einen Migrationshintergrund haben und in denen immer noch eine größtenteils weiße Polizei die Verantwortung trägt, steht der Vorwurf von hartnäckigem Rassismus im Raum. Die Tatsache, dass die meisten Polizeibeamten sich nichts haben zuschulden kommen lassen, spielt keine große Rolle. In manchen Gebieten ist das Vertrauen vollkommen verschwunden. Die Polizei wird als Teil des Problems angesehen, nicht als Teil der Lösung.

Die Juden waren nie der Meinung, sie seien die Weltpolizei (diese Rolle gaben sich die Römer), doch viele Juden glaubten, sie seien berufen, das Licht der Welt zu sein, weil dieses Thema wiederholt in ihrer Bibel vorkam (siehe z. B. Jesaja 42,6, ein Abschnitt, den Paulus hier gut und gerne im Kopf gehabt haben könnte). Viele, inklusive Paulus, werden die Tatsache gefeiert haben, dass Gott Israel erwählt und ihnen sein **Gesetz** gegeben hatte, um sie zu einem Leuchtturm der Tugend für den Rest der Welt zu machen. Vor seiner Bekehrung wird Paulus diese Berufung der Nation Israel als Felsen verstanden haben, auf dem er sicher stehen konnte. Er war ein Jude; Gott hatte Israel in diese Position berufen; er war auf der sicheren Seite.

Nachdem Paulus jedoch den gekreuzigten Jesus als **Messias** anerkannt hatte, war er zu der Auffassung gelangt, dass die Dinge nicht ganz so einfach waren. Ein Messias, der die wahren Israeliten zum Sieg über die Heiden führen würde, hätte gut zu seiner früheren Weltanschauung gepasst. Ein Messias, der ganz Israel beigebracht hätte, der **Tora** in Perfektion zu gehorchen, wäre wunderbar gewesen. Doch ein Messias, der einen schändlichen Tod starb, der die Strafe eines Kriminellen bekam – das bedeutete, dass die Welt auf den Kopf gestellt worden war. Doch das war der Weg, auf dem Gott seine alten Verheißungen erfüllt hatte: Er hatte seinen Gesalbten durch die Heiden hinrichten lassen! Dieses bizarre und völlig unerwartete Ergebnis zwang Paulus, die Rolle von Israel insgesamt zu überdenken und in diese neuen Gedanken einen Strang aus dem prophetischen Denken einzubeziehen, den er bis dahin vielleicht außen vor gelassen hatte.

Wenn er in Vers 24 Jesaja 52,5 zitiert (worin ein Echo aus Hesekiel 36,20 und 23 enthalten ist), dann bezieht er sich auf das Zentrum der prophetischen Kritik an Israel. Diese Kritik war derart vernichtend, dass die betreffenden Propheten die Zukunft nur im Sinne eines totalen Gerichts und der Wiederherstellung sehen konnten. Israel hatte nicht bloß ein paar Fehler gemacht. Israel hatte in der Aufgabe, die Gott der Nation gegeben hatte, total versagt. Der einzige Weg bestand nun darin, dass Gott einen Messias sandte, der die Auswirkung jenes Versagens auf sich nehmen und dadurch den neuen **Bund** begründen würde. Nur ein paar Verse weiter wird in Jesaja 52 die Figur des leidenden Gottesknechtes eingeführt, der für die Sünden Israels und der

Welt sterben würde. Hesekiel 36 spricht von einem neuen Bund, in dem Gott sein Gesetz den Menschen ins Herz schreibt. Paulus hat ganz klar beide Themen im Kopf.

Sein Vorwurf gegen seine jüdischen Brüder und Schwestern – auch gegen sein eigenes früheres Selbst – basiert in dieser Passage auf seiner Erkenntnis, zu der er durch die Offenbarung des **Evangeliums** gelangt war: Was die Propheten über Israel gesagt hatten, war wahr geworden. Israel hatte versagt. Das Ergebnis waren Zerstörung und **Exil**. Das Schlimmste am Exil war allerdings nicht die geografische Vertreibung, die zu Ende ging, als zumindest einige Juden in ihr Land zurückkehrten. Das Schlimmste am Exil war, dass Fremde, dass Heiden über Gottes Volk herrschten. Diese Art von „Exil“ bestand nach wie vor, wie es das Buch Daniel auch vorausgesagt hatte (Daniel 9,24-27, ein Abschnitt, der zu Paulus’ Zeiten intensiv studiert wurde).

Der Punkt, um den es Paulus bei den Anschuldigungen in den Versen 21, 22 und 23 geht, besteht daher nicht darin, dass er meint, alle Juden würden Ehebruch begehen, stehlen oder Tempel ausrauben. (Juden wurden oft des Tempelraubs bezichtigt, denn da sie nicht an Götzen glaubten, waren heidnische Tempel für sie etwas Triviales, das nicht von religiösen Sanktionen geschützt war.) Der Punkt, um den es geht, lautet: Wenn sogar einige Juden diese Dinge tun – und alle Juden wussten, dass es viele gab, die sich diese Dinge hatten zuschulden kommen lassen –, dann unterhöhlt diese Sachlage entschieden Israels Prahlerei, dass Israel *als Nation* immer noch das Licht der Welt war und in der Lage sei, dem Rest der Welt Gottes Gesetz und Wahrheit zu offenbaren. Die Tatsache andauernder Sünde innerhalb Israels bestätigte bloß die Anklage der Propheten: Wenn die Nationen auf Israel blicken, verfluchen sie Gott. Die einzige Lösung besteht nun darin, dass Israels Geschichte in der Ankunft eines seltsamen Messias ihrem Höhepunkt entgegengeführt wird. Dieser Messias wird auch dieses Problem auf seine Schultern nehmen und einen neuen Bund begründen. In diesem Bund werden die Menschen von innen her verwandelt.

Paulus leugnet den Anspruch Israels nie. Einige haben angenommen, er wollte mit seiner Beschreibung „der Juden“ in den Versen 17-20 indirekt sagen, dass das Gesetz letztlich doch nicht „die Grundlinien der Erkenntnis und Wahrheit“ enthielt und dass Israel nicht berufen worden war, das Licht der Welt zu sein. Damit läge man jedoch ziemlich falsch. Paulus argumentiert vielmehr in diesem und besonders in den nachfolgenden Abschnitten so: Israel war tatsächlich Gottes erwähltes Volk und das Gesetz war tatsächlich das heilige Gesetz des einen wahren Gottes. Doch das nationale Israel hatte in seiner Berufung versagt. Paulus wird auch mit diesem Problem in Kürze ringen. Gott hat jedoch nicht versagt. Die Abschnitte, die nun folgen, werden zeigen, wie Gott seiner Berufung treu geblieben ist, obwohl das Volk, das er berufen hatte, versagt hat.

Römer 2,25-29: Das Kennzeichen, der Name und die Bedeutung

25 Ihr müsst wissen: Beschneidung hat einen echten Wert für Menschen, die das Gesetz halten. Wenn du allerdings das Gesetz brichst,
wird deine Beschneidung zur Nichtbeschneidung. 26 Wenn unterdessen
unbeschnittene Menschen die Anforderungen des Gesetzes befolgen, wird ihre Nichtbeschneidung doch wohl als Beschneidung angesehen,
oder nicht? 27 Es gilt also: Menschen, die das Gesetz erfüllen, werden
über Menschen wie dich urteilen, die den Buchstaben des Gesetzes und die Beschneidung besitzen, aber das Gesetz brechen.

28 Ihr müsst wissen: Ein „Jude“ ist nicht, wer einer zu sein scheint. Auch „Beschneidung“ ist nicht das, was es zu sein scheint, eine Sache
des physischen Fleisches. 29 Ein „Jude“ ist derjenige, der es im Geheimen ist; und „Beschneidung“ geschieht im Herzen, im Geist, nicht im Buchstaben. So ein Mensch erhält „Lob“, nicht von Menschen, sondern von Gott.

Von Zeit zu Zeit versucht eine der großen Supermarktketten, ihre eigenen Produkte als Produkte von Herstellern auszugeben, die auf dem Markt bekannt sind. Ich erinnere mich an eine Kette, die Cornflakes in einer Verpackung verkaufte, die der Verpackung eines Markenprodukts täuschend ähnlich sah. Man konnte den Betrug nur erkennen, wenn man ganz genau hinsah. Dasselbe passiert ab und an mit Getränken und anderen Verkaufsschlagern.

Für den anspruchsvollen Kunden zählt an dieser Stelle nicht der Preis, nicht die äußere Erscheinung des Produkts, sondern das, was sich in der Verpackung befindet. Labels können irreführend sein. Manchmal werden sie absichtlich so gestaltet, um genau das zu erreichen.

Paulus' Punkt in diesem Abschnitt lautet, dass Labels und sogar Namen tatsächlich täuschen können. Er geht tiefer, als es bei der simplen Täuschung durch cleveres Marketing der Fall ist. Manchmal entpuppt sich das Produkt selbst nicht als das, was es zu sein scheint.

Das „Produkt" ist in diesem Fall Gottes erwähltes Volk, Israel, das hier als Einzelperson angesprochen wird, als „du". Das äußere Label, das Kennzeichen der jüdischen Identität der Männer, ist die **Beschneidung**. Paulus nimmt an, dass seine Leser das wissen. Daher kann er hier und andernorts automatisch von einem Satz, in dem die jüdische Identität diskutiert wird, zum nächsten Satz übergehen, in dem die Beschneidung erwähnt wird.

Seine Hauptaussage lautet, dass das Kennzeichen der Beschneidung und sogar der Name „Jude", der zur ethnischen Familie Israels gehört, täuschen können. Manchmal stimmt das, was sich in einer Packung befindet, nicht mit dem Namen außen auf der Packung überein. Wenn das passiert, bedeutet das Kennzeichen das Gegenteil von dem, was es sagt. Wenn ein Jude das **Gesetz** bricht, wird seine Beschneidung im Grunde ungültig – nicht, dass er damit nicht mehr physisch beschnitten war (obwohl einige Juden, die entschlossen waren, sich der heidnischen Welt anzupassen, versuchten, die Spuren ihrer Beschneidung entfernen zu lassen). Doch seine wahre Stellung vor Gott war dann dieselbe wie die eines unbeschnittenen Heiden. Das war keine neue Idee. Der Prophet Jeremia (9,26) hatte ein halbes Jahrtausend vorher bereits genau dasselbe gesagt.

Diese Argumentation ist an sich schon äußerst bemerkenswert (und viele Juden in Paulus' Welt hätten sich dagegen gewehrt), doch es geht noch weiter. Nehmen wir einmal an, sagt Paulus, jemand, der nicht beschnitten ist (mit anderen Worten: ein Heide), hält die Forderungen des Gesetzes ein. Was dann? Paulus schlussfolgert mutig: Dann ist es so, als wäre er beschnitten. Darüber hinaus gilt: Im Gegensatz zu einer beschnittenen Person, die das Gesetz bricht, werden Menschen, die das Gesetz halten, die Position einnehmen, in der sich in den Versen 17-20 der Jude sah: in der Position des Richters der Gesetzesbrecher.

Doch wer sind diese Heiden, die „die Vorschriften des Gesetzes befolgen" und die sogar „das Gesetz erfüllen", obwohl sie unbeschnitten sind? Paulus wusste ganz genau, wie seltsam dieser letzte Satz in den Ohren eines Juden mit guter Bildung geklungen haben muss. Die Beschneidung war eine Vorschrift des Gesetzes; wie kann also eine unbeschnittene Person „das Gesetz erfüllen"? (Derselbe Gedanke taucht in 1. Korinther 7,19 auf, und ich habe den Verdacht, dass Paulus bei beiden Gelegenheiten beabsichtigte, auf dunkle Weise spaßig zu klingen.)

Die Antwort kommt auf dem Wege biblischer Echos in den Versen 28 und 29. Paulus verweist nicht auf irgendeinen Heiden, der sich zufällig einer besonderen moralischen Anstrengung unterzieht, sondern auf diejenigen, denen Gottes Gesetz durch den **Heiligen Geist** ins Herz geschrieben wurde. Wenn wir das mit anderen Abschnitten abgleichen, in denen er mehr oder weniger dasselbe sagt (z.B. mit 2. Korinther 3,1-6), dann ist klar, dass er von Heiden spricht, die Christen geworden sind. Im Einklang mit den Prophetien aus Jeremia 31 und Hesekiel 36 und eigentlich auch mit der explosiven spirituellen Erfahrung aller frühen Christen glaubte Paulus, dass Israels Gott den **Bund** durch den **Messias** Jesus erneuert hatte und dass dieser Gott nun alle diejenigen in seiner neuen Familie willkommen hieß, die dem **Evangelium** glaubten – völlig abgesehen vom ethnischen Hintergrund und daher auch abgesehen von äußeren Kennzeichen wie der Beschneidung. Er skizziert hier in kurzen Zügen das viel umfassendere Bild des christlichen **Lebens**, der Erneuerung des Herzens durch Gottes Geist, auf das wir etwa in Kapitel 8 und 12 zurückkommen werden.

Diese Gedanken führen ihn zu einem sperrigen Punkt, der in unseren Tagen genauso umstritten ist, wie er es zweifellos war, als Paulus ihn das erste Mal aufschrieb. Er erklärt, dass das Label auf der Packung irrelevant ist, und sagt: Wenn man die echte Ware in einer Packung mit einem anderen Label findet, soll man die echte Ware beim richtigen Namen nennen, selbst wenn sie woanders herkommt. Er nimmt den heiligen und wunderbaren Namen „Jude“ und erklärt: Wenn Gott durch den Heiligen Geist in einem heidnischen Herzen am Werk ist, um die wahre Erfüllung des Gesetzes hervorzubringen, dann soll so ein Heide ein „Jude“ genannt werden, selbst wenn er oder sie nicht in eine jüdische Familie hineingeboren wurde. Dieser radikale Bedeutungswechsel des alten Namens des Gottesvolkes wird (wie wir noch sehen werden) weiterhin durch diesen Brief spuken, bis zu einem seiner Höhepunkte, der noch einige Kapitel voraus liegt.

Was für den Namen gilt, gilt auch für das Kennzeichen. Die Beschneidung, die zählt, ist die Beschneidung des Herzens, jene seltsame innere Operation, von der ursprünglich in Israels eigenen Schriften die Rede war (5. Mose 10,16; 30,6; Jeremia 4,4). Die Propheten hatten von Gottes neuem Wirken am Herzen von Menschen gesprochen (Jeremia 31,33; 32,39-40; Hesekiel 11,19; 36,26-27). Genau das scheint Paulus im Kopf zu haben. Er spricht in traditioneller jüdischer Sprache von der Erneuerung des Bundes und behauptet, diese habe bereits stattgefunden und zwar in und durch Gottes Geist. Er hat in diesem Abschnitt Jesus nicht erwähnt, doch es ist klar, dass er diesen neuen Bund als direktes Ergebnis des Handels Gottes durch seinen Messias ansieht.

Noch eine letzte Anmerkung, ein interessanter Hinweis auf die Art, wie Paulus dachte: Nachdem er „den Juden“ und „den Beschnittenen“ nicht im Blick auf den ethnischen Hintergrund und die physische Kennzeichnung beschrieben hat, erklärt er, dass so ein Mensch nicht von Menschen „Anerkennung“ („Lob“) bekommt, sondern von Gott. Worum es hier geht, ist Folgendes: Der hebräische Name „Juda“, von dem das Wort „Jude“ abgeleitet ist, bedeutet tatsächlich „Lob“ (siehe 1. Mose 29,35; 49,8). Paulus schreibt zwar auf Griechisch, und dieses Sprachspiel funktioniert in dieser Sprache nicht; aber er denkt doch auf Hebräisch. Wenn du „Lob“ willst, sagt Paulus – wenn du den Namen willst, der sagt, dass du dein Haupt erheben und deine besondere Würde in Anspruch nehmen kannst –, dann suche das nicht bei anderen Menschen, indem du mit deinem ethnischen Status als „Jude“ prahlst. Erhalte das Lob von Gott, wenn Gott dir sein Gesetz durch den Heiligen Geist ins Herz schreibt.

Römer 3,1-8: Gottes entschlossene Treue

1 Welchen Vorteil haben Juden also? Worum geht es eigentlich bei der
Beschneidung? 2 Sie haben in jeder Hinsicht viele Vorteile. Zunächst
einmal: Den Juden wurden Gottes Worte anvertraut. 3 Was folgt da-
raus? Wenn einige ihrer Beauftragung untreu waren, hebt das dann
Gottes Treue auf? 4 Mit Sicherheit nicht! Lasst Gott wahr sein, auch
wenn alle Menschen falschliegen. Wie die Bibel sagt:

Damit du in dem, was du sagst, im Recht erfunden wirst, und den Sieg erringen mögest, wenn du vor Gericht kommst.

5 Doch wenn die Tatsache, dass wir falschliegen, beweist, dass Gott
recht hat, was sollen wir dann sagen? Dass Gott ungerecht ist, wenn
uns sein Zorn trifft? (Ich reduziere die Dinge hier auf ein mensch-
liches Maß!) 6 Mit Sicherheit nicht! Wie konnte Gott dann die Welt
verurteilen? 7 Doch wenn in und durch meine Lügen Gottes Wahr-
haftigkeit größer wird und ihm dadurch Ehre erwiesen wird, warum

werde ich dann immer noch als Sünder verdammt? [8]*Und warum sollte man nicht „Böses tun, sodass daraus Gutes entstehen kann"? (Manche Menschen sagen das auf gotteslästerliche Weise über uns, und einige unterstellen, wir würden das vertreten.) Zumindest solche Menschen verdienen das Urteil, das sie bekommen.*

Ich habe mal wertvollen Schmuck um die halbe Welt geflogen. Meine Frau und ich wollten nach Neuseeland. Freunde von uns aus England wollten Verwandten in Neuseeland etwas schicken – ich glaube, es war eine Halskette. Sie wollten sie nicht der normalen Paketpost anvertrauen, sondern fragten uns, ob wir den Schmuck mitnehmen und überbringen würden. Das war in einer Zeit, als die Fluglinien noch nicht ganz so argwöhnisch gegenüber Leuten waren, die kleine Pakete für andere Leute mitnahmen, doch selbst damals waren wir beunruhigt: Was, wenn das Paket unterwegs verloren ging? Doch wir kannten und mochten die Leute und sagten daher zu. Glücklicherweise überstand der Schmuck die Reise mit uns unversehrt und wurde auf der anderen Seite der Erdkugel abgegeben.

Wir hätten natürlich behaupten können, der Schmuck sei verloren gegangen, hätten ihn behalten oder heimlich verkaufen können. Man hätte uns im Verdacht gehabt, doch wir hätten gut und gerne damit durchkommen können. Wir taten das aber nicht, weil man uns vertraut hatte, und uns lag sehr daran, uns als vertrauenswürdig zu erweisen. Diese Art von Transaktion wird manchmal mit dem Begriff „anvertrauen" bezeichnet: Man hatte uns etwas *anvertraut*. Der entscheidende Punkt dabei ist der: Das, was Ihnen anvertraut ist, ist nicht *für* Sie. Es ist für die Person, der Sie das Anvertraute überbringen sollen.

Sobald man dieses Prinzip begriffen hat, wird dieser Abschnitt, den einige als sehr schwierig eingestuft haben, vergleichsweise verständlich. Paulus argumentiert in Vers 2, dass dem jüdischen Volk – seinem eigenen Volk – die „Worte" Gottes anvertraut worden waren. (Er benutzt hier einen ungewöhnlichen Begriff für „Worte", vielleicht, um eine allgemeine „göttliche Botschaft“ zu bezeichnen, und vielleicht um der Tatsache Rechnung zu tragen, dass die **Heiden** zwar nicht auf so etwas wie das jüdische **Gesetz** warteten, aber oft auf „Orakelsprüche“ von irgendeiner Gottheit erpicht waren.) Die Juden waren wahrhaftig berufen, das Licht der Welt zu sein, ihnen war Gottes **Botschaft** für die ganze Schöpfung anvertraut worden. Und sie sollten diese Botschaft überbringen, sie sollten sich als vertrauenswürdig erweisen, sie sollten der Welt zeigen, dass Gott Gott ist.

Doch sie hatten versagt. Sie hatten die Botschaft für sich selbst behalten, in der Meinung, diese Botschaft sei einfach ein Privileg für sie selbst als Nation – als ob der Briefträger seinen Postsack als Zeichen dafür betrachten würde, wie wichtig er doch sei, und sich daher weigern würde, die Post auszutragen. Einige, z. B. der verlorene Sohn in einem Gleichnis Jesu, hatten das Wertvolle, das ihnen anvertraut war, verkauft und das Geld verjubelt (Paulus spricht das in 2,21-24 an). Doch der Punkt – der einzige Punkt –, um den es bei einem Botschafter geht, besteht darin, dass er die Botschaft so überbringt, wie er angewiesen wurde. Herumzulaufen und sich selbst als „der Botschafter“ aufzuspielen, mag kurzzeitig beeindrucken, doch wenn man seinen Auftrag nicht erfüllt, dann wirkt das bald sehr befremdlich. Und Paulus’ Vorwurf gegen seine jüdischen Landsleute, gegen sein eigenes Selbst, steht völlig im Einklang mit den Worten der alten Propheten Israels: Israel war untreu, ein unbrauchbarer Botschafter.

Was wird Gott also tun? Laut Jesaja (von Paulus in 2,24 zitiert) wurde Gottes Name unter den Nationen geschmäht, gelästert, statt gepriesen. Die Nationen haben nicht nur nicht die richtige Botschaft empfangen; sie haben die falsche Botschaft abgeleitet, nämlich dass der Gott Israels ein schlechter Gott ist, der zu verunglimpfen und zu verhöhnen ist. Gott wird jedoch seiner ursprünglichen Absicht treu bleiben. Seine Treue wird durch Israels Untreue nicht nur nicht aufgehoben (Verse 3 und 4), er wird den ursprünglichen Plan weiterverfolgen. Was er dazu braucht, ist ein treuer Israelit, der den Auftrag endlich ausführen wird – und er wird ihn selbst zur Verfügung stellen.

Darauf müssen wir noch zwei Abschnitte warten. Worum geht es im Rest des vorliegenden Abschnittes?

Nachdem er Kapitel 2 abgeschlossen hatte, musste Paulus mit der Frage rechnen, die er hier zu Beginn des dritten Kapitels stellt. Wenn Gott ein Volk des „neuen **Bundes**" gründet, deren Mitglieder „Juden" genannt werden müssen, obwohl sie nicht unbedingt jüdischer Herkunft sein müssen, und auf die man als „die **Beschneidung**" verweist, obwohl viele von ihnen nicht beschnitten sind, was heißt es dann noch, jüdisch oder beschnitten zu sein? Wir könnten als Antwort erwarten: „Es bedeutet überhaupt nichts." In der Tat waren einige der Meinung, dass nur noch ein Rest an jüdischem Nationalstolz Paulus davon abgehalten hat, diesen Schluss zu ziehen. Doch so ein Ansatz greift zu kurz. Paulus hält weiterhin an dem Glauben fest, auf dem sein gesamtes Verständnis von Gott, der Welt und dem **Evangelium** basiert: Als Gott Abraham, Isaak und Jakob Bundesverheißungen gab, meinte er, was er sagte; in Jesus, dem **Messias**, ist er diesen Verheißungen treu geblieben; und durch den **Heiligen Geist** wird er diese Verheißungen vollständig und endgültig erfüllen. Paulus hat die Vorstellung von Israel als Gottes erwähltem Volk nicht aufgegeben. Er kann hier noch nicht erklären, wie alles zusammenpasst, aber wenn er zu Beginn des neunten Kapitels auf dieselbe Frage zurückkommt, wird er endlich in der Lage sein, die Dinge vor einem breiteren Hintergrund darzulegen.

Sein Hauptgedanke, den wir bereits gestreift haben, lautet: Obwohl Israel dem Auftrag Gottes, sein Botschafter zu sein, tatsächlich untreu war, bleibt Gott seinen Verheißungen weiterhin treu. Dies legt er in Vers 4 mithilfe des Zitates aus Psalm 51,6 dar, einem der großen Bußpsalmen, die anerkennen, dass Gott tatsächlich im Recht ist, obwohl die Menschen, inklusive Israel, drastisch gesündigt haben.

Doch die Vorstellung, dass Gott im Recht ist und die Menschen im Unrecht, hört sich momentan so an, als seien Gott und die Menschen, oder vielleicht Gott und Israel, schlicht gegnerische Parteien in einer Gerichtsverhandlung. (Das war der Fehler von Hiob, der meinte, er und Gott stünden in einer gerichtlichen Auseinandersetzung, die er,

Hiob, gewinnen sollte. Es war ebenso der Fehler der „Tröster" Hiobs, die dieselbe gerichtliche Auseinandersetzung vor Augen hatten, aber darauf bestanden, dass *Gott* gewinnen müsse. Das Hiobbuch zieht den Schluss, dass beide falschliegen, denn Gott ist letztlich keine Partei in einer Gerichtsverhandlung mit den Menschen oder mit Israel. Gott bleibt souverän und transzendent – sogar angesichts jener Fragen, die wir als höchst verwirrend empfinden.) Das Problem dabei, Gott und Israel als gegnerische Parteien in einer Gerichtsverhandlung zu sehen, besteht also darin, dass Gott, wenn er die Welt richtet und die Bösen verdammt, wie jemand aussieht, der als Richter in eigener Sache handelt. Das kann nicht die richtige Sichtweise sein (Vers 6): Gott muss der Richter sein.

Das ruft wiederum einen weiteren möglichen Einwand hervor: Wenn Israel als Überbringer der Botschaft versagt, sodass Gott einen neuen Weg finden muss, um seine Treue zu zeigen, dann wird dadurch doch Gottes Treue in ein noch helleres Licht gerückt, oder nicht? Warum sollte Gott Israel daher böse sein, dass es nicht tat, was gefordert war? In der Tat – dies ist eine der ältesten Spötteleien in diesem Buch: Warum sollte man nicht einfach das tun, was falsch ist, sodass Gott umso größer erscheint, wenn er das Falsche ins Lot bringt? Offensichtlich hatten einige Leute Paulus nur halb zugehört, hatten ihn also über freie Vergebung und **Rechtfertigung** aus **Glauben** reden hören und ihn dann mit dem Vorwurf verspottet, er würde sagen, die Leute könnten ebenso gut das Böse tun, damit daraus Gutes entstehen kann. Paulus hat für diese Leute eine schnelle Antwort parat: Zumindest in ihrem Fall wird sich das Gericht als ein gerechtes erweisen!

Diese letzten drei Verse klingen manchmal wie bloßes intellektuelles Geplänkel. Viele Menschen, auch viele Christen, denken normalerweise nicht in diesem argumentativen Pingpongstil. Sie sind verwirrt, wenn sie sehen, dass Paulus auf diese Weise argumentativ ringt. Drei abschließende Überlegungen sind daher vielleicht angezeigt.

1. Es ist wichtig, die Dinge ganz zu durchdenken. Wir mögen nicht immer in der Lage sein, Gott und sein Handeln mit der Welt zu verste-

hen. Doch wir dürfen nicht vor der intellektuellen Herausforderung kneifen, der wir an jeder Stelle begegnen. Wenn wir aufgefordert sind, Gott mit unserem ganzen Verstand ebenso zu lieben wie mit unserem Herzen, unserer **Seele** und all unserer Kraft (Markus 12,30), dann ist es wichtig, den Argumenten so weit zu folgen, wie wir können – immer in der Demut, in der wir anerkennen, dass wir nicht in der Lage sind, um die Ecke in die innersten Geheimnisse zu schauen.

2. Paulus muss sich diesen Fragen stellen, doch er ist interessanterweise noch nicht bereit, sie an dieser Stelle schon angemessen zu behandeln. Wenn wir zum neunten Kapitel kommen, finden wir dort dieselben Fragen: Was ist mit Israel geschehen? Ist Gott seinen Verheißungen treu geblieben? Ist Gott tatsächlich gerecht? Warum verdammt Gott immer noch Menschen? Wenn wir dorthin gelangen, werden wir die Fragen und Antworten dort ausführlicher dargelegt finden. Paulus kann sie dort im Lichte dessen diskutieren, was er in den dazwischenliegenden Kapiteln gesagt hat. Der Römerbrief ist einer großartigen Sinfonie vergleichbar. Die vorliegende Passage ist ein kleiner musikalischer Blitz, der auf eine viel umfassendere Aussage vorausblickt; es wird sich zeigen, dass die Themen, die dazwischenlagen, den Weg dahin bereitet haben.

3. Paulus kann niemanden unter dem Eindruck lassen (und er wagt das auch nicht), es sei letztlich eine Nebensache, ein Jude zu sein, ein Mitglied von Gottes Bundesvolk. In Rom gab es viele Leute, nicht zuletzt (so dürfen wir vermuten) einige Heidenchristen, die mit dieser Schlussfolgerung recht glücklich gewesen wären, und Paulus widersteht ihnen durchgängig im ganzen Brief. So eine Schlussfolgerung wäre nicht nur prinzipiell falsch und würde der christlichen Haltung gegenüber noch ungläubigen Juden schaden. Sie würde auch dem eigentlichen paulinischen Evangelium den Boden unter den Füßen wegziehen. Wie wir später in diesem Kapitel sehen werden, besteht der entscheidende Punkt darin, dass Gott im Messias Jesus den Weg gefunden hat, seinen ursprünglichen Verheißungen gegenüber treu zu sein. Jesus hat als Israels Repräsentant den zuverlässigen Gehorsam

aufgewiesen, den Israel hätte aufbieten sollen, was es jedoch versäumt hat. Der Messias ist der Botschafter, der die Botschaft letztendlich überbringt.

Römer 3,9-20: Sowohl Juden als auch Heiden sind der Sünde schuldig

9 Wie sieht es also aus? Sind wir wirklich besser dran? Nein, mit Sicherheit nicht! Ihr müsst wissen: Ich habe den Vorwurf bereits ausgesprochen, dass alle, Juden wie Heiden, unter der Macht der Sünde sind. 10 Die Bibel sagt Folgendes:

Niemand ist im Recht – absolut niemand!
11 Niemand versteht Gott oder sucht nach ihm.
12 Alle sind gleichermaßen in die Irre gegangen,
alle gemeinsam sind unnütz geworden;
keiner von ihnen verhält sich gütig, nicht ein Einziger.
13 Ihr Rachen ist ein offenes Grab,
sie gebrauchen ihre Zunge, um zu betrügen,
Schlangengift ist hinter ihren Lippen.
14 Ihr Mund ist voller Fluch und Bitterkeit,
15 ihre Füße sind flink, wenn es Blut zu vergießen gibt,
16 Unglück und Elend pflastern ihre Wege,
17 und sie haben den Weg des Friedens nicht gekannt.
18 Sie haben keine Gottesfurcht vor Augen.

19 Wir wissen: Alles, was das Gesetz sagt, sagt es zu denen, die „im Gesetz“ sind. Damit wird bezweckt, dass alle zum Schweigen gebracht werden und die ganze Welt vor Gottes Gericht gebracht wird.
20 Ihr müsst wissen: Kein bloß Sterblicher kann auf der Grundlage der Werke des Gesetzes vor Gott zu jemandem erklärt werden, der im Recht ist. Durch das Gesetz bekommt man die Erkenntnis der Sünde.

Ich war in meinem Leben nur zweimal in einem Gerichtssaal. Beide Male war es nicht angenehm. Einmal war ich von einem Gärtner verklagt worden, der meinen Garten ruiniert hatte und dann bezahlt werden wollte. Als ich mich weigerte, erhob er Anklage. Die Verhandlung war auf Französisch (wir wohnten damals in Montreal). Ich erklärte meine Seite der Story, doch da der Gärtner in einem lokalen Dialekt sehr schnell sprach, hatte ich keine Ahnung, ob ich seine Fragen beantwortete oder nicht. Ich bat um eine Übersetzung seiner Worte, doch der Richter lehnte das ab. Ich verlor den Rechtsstreit.

Das andere Mal war es bei der Einführung eines neuen Gerichtsbeamten. Wir blieben, um der anschließenden Gerichtsverhandlung beizuwohnen, aber ich wünschte, wir hätten das nicht getan. Menschliche Dummheit und menschliches Elend öffentlich ausgebreitet zu sehen, ist kein schöner Anblick. Ich fühlte mich wie ein Voyeur.

In Paulus' Welt wird fast jeder mit Gerichtsverhandlungen viel vertrauter gewesen sein als die meisten Menschen heutzutage. Die politischen Gemeinden waren klein und engmaschig. Rechtsfälle wurden öffentlich verhandelt. Jeder wollte sehen, was vor sich ging. Wenn Paulus also oft Sprache aus dem Gerichtssaal verwendet, wie auch im vorliegenden Abschnitt, dann wird jeder in der Lage gewesen sein, sich die Szene vorzustellen, die er im Kopf hatte. Es ist wichtig, dass wir lernen, uns dasselbe Bild zu machen.

Das Bild ist in Vers 19 am deutlichsten. Zunächst haben wir dort die strenge Stimme „des **Gesetzes**". Es richtet sich an den Gefangenen, gegen den Anklage erhoben wird – in diesem Fall gegen die Juden, die „im Gesetz" sind oder, wie Paulus es manchmal ausdrückt, „unter dem Gesetz". Paulus hat bereits gezeigt, dass alle **Heiden** vor Gott schuldig sind. Nun gesellt sich Israel zum Rest der Welt auf der Anklagebank dazu.

Wenn man in Paulus' Welt vor Gericht stand und nichts mehr zur Verteidigung vorzubringen hatte, dann legte man zum Zeichen dafür eine Hand auf den Mund. Manchmal schlugen Gerichtsdiener dem Gefangenen auf den Mund, um darauf hinzuweisen, dass er „seinen

Mund halten" sollte, mit anderen Worten: dass der Betreffende offensichtlich schuldig war und nicht länger versuchen sollte, sich zu verteidigen (das passierte Jesus in Johannes 18,22 und Paulus in Apostelgeschichte 23,2). Wenn Paulus also sagt, dass „jeder Mund zum Schweigen gebracht werden soll", dann stellt er sich nicht nur vor, dass sich die Juden zu den Heiden auf die Anklagebank gesetzt haben, sondern dass alle zusammen nichts mehr zu ihrer Verteidigung vorbringen können. Die ganze Welt muss Gott Rechenschaft ablegen: Alle Menschen sind offensichtlich schuldig und müssen nun Gott als ihrem Richter begegnen.

Das ist also der Hauptaspekt des vorliegenden Abschnitts: Hier wird der „Job" erledigt, alle Menschen vor ihrem Schöpfer zu versammeln und für schuldig zu befinden. Vers 9 nimmt den Faden von der rasanten Diskussion des vorhergehenden Abschnitts wieder auf, der, wie Paulus wohl erkannt hat, einigen seiner Zuhörer so zugesetzt hatte, dass sie nach Luft schnappten. Im Grunde wiederholt Vers 9 die Frage von Vers 1: Sind Juden eigentlich besser dran als Heiden? Nein, antwortet Paulus, denn ich habe bereits gegen beide Gruppen Anklage erhoben (auch hier benutzt er wieder Sprache aus dem Gerichtssaal). Juden sind nicht nur wie Heiden der Sünde überführt; schlimmer noch: Sie stehen unter ihrer Macht.

Damit wird ein weiteres Hauptthema dieses Briefes eingeführt. „Sünde" ist nicht nur ein ausgeübtes Fehlverhalten; Sünde ist eine Macht mit einem Eigenleben, so könnten wir gewagt formulieren. Obwohl Paulus auf „den **Satan**" verweisen kann (z.B. 16,20), ist es interessant, dass er oft den Begriff „Sünde" gebraucht, um über das Böse als eine beinahe persönliche Macht zu sprechen, die in der Welt am Werk ist. Das wird besonders in Kapitel 7 sichtbar.

Im Moment konzentriert er sich jedoch darauf, eine Anklage gegen seine jüdischen Brüder und Schwestern zu erheben. An dieser Stelle listet er nicht (wie in 2,21-24) bestimmte Sünden auf, derer sich Einzelpersonen schuldig machen können. Er gibt sich damit zufrieden, ausführlich aus bestimmten Passagen der Bibel zu zitieren, hauptsächlich aus den

Psalmen. Diese Zitate wiederholen aus verschiedenen Blickwinkeln die Anklage, dass Gottes Volk genau wie die heidnischen Nationen darin versagt hat, Gott als Gott zu ehren oder ihm die angemessene Ehrerbietung zuteilwerden zu lassen, und dass sie als Konsequenz daraus versäumt haben, seine Güte, Weisheit und Liebe widerzuspiegeln.

Paulus zitiert das Alte Testament allerdings selten, ohne zumindest kurz auf den größeren Zusammenhang zu schauen, aus dem das jeweilige Zitat stammt. Ein flüchtiger Blick auf die Schlüsselstellen – die Psalmen 14, 5, 140, 10 und 36 mit einem guten Schuss aus Jesaja 59 – ist äußerst erhellend. In fast jedem Abschnitt wird die Anklage gegen die Bösen von der Verheißung umrahmt oder gefolgt, dass Gott handeln wird, um diejenigen zu retten, die dem Bösen hilflos ausgeliefert sind, und dass er trotz aller Widerstände seinen **Bund** zum Ziel bringen wird. Das ist der Punkt, auf den Paulus in 3,21 und in den folgenden Versen hinarbeitet. Selbst wenn er eine vernichtende Anklageschrift gegen seine jüdischen Geschwister verfasst, tut er das auf eine Weise, die für diejenigen, die ihre Bibel kennen, andeutet, dass die Lösung in Reichweite ist.

Um die Sache abzurunden, kehrt er in Vers 20 zur Frage des Gesetzes zurück. Er spricht immer noch über Juden (diejenigen „im Gesetz") und erläutert, dass „Werke des Gesetzes" niemals die Grundlage sein können, auf der irgendjemand zu einer Person erklärt wird, die „im Recht" ist – in technischer Sprache: „gerechtfertigt". Er hat gerade ausführlich aus dem Alten Testament zitiert, und sein Argument steht an dieser Stelle in direktem Bezug dazu. Wenn „die Juden" sich auf den Bundesstatus berufen, der durch den Besitz des Gesetzes gekennzeichnet ist, dann antwortet das Gesetz selbst: „Du hast mich gebrochen." „Durch das Gesetz kommt Erkenntnis der Sünde", sagt Paulus. Damit blickt er auf 5,20 und das ganze Kapitel 7 voraus, wo die Rätsel um das Gesetz und die Frage, warum Gott es gegeben hat, detaillierter durchgegangen werden.

Doch seine Hauptaussage sollte uns nicht entgehen. Jeder, der sich vorstellt, er könne vor Gott stehen und sich auf die „Werke des Gesetzes" als Grund für die endgültige Rechtfertigung berufen, also auf ein günstiges Urteil beim letzten Gericht, ist auf dem Holzweg. Wer sich auf das Gesetz beruft, ist wie jemand, der sich auf den Polizisten beruft, der ihn gerade erwischt hat, oder auf den Juraexperten, der die Vorschrift formuliert hat, die er ziemlich offensichtlich gebrochen hat. Die Sache, auf die sich so viele andere Juden und Paulus selbst verließen, wenn es darum ging, sich von der bösen Welt abzugrenzen (das „Ausruhen auf dem Gesetz" wie in 2,17), war nicht nur kein Schutz vor Gottes Gericht; in Wirklichkeit schlug das Gesetz auf der anderen Seite zu Buche.

Römer 3,21-24: Die Enthüllung der Bundesgerechtigkeit Gottes

21 Aber jetzt sieht es so aus: Völlig abgesehen vom Gesetz (auch wenn
das Gesetz und die Propheten darauf hinwiesen) ist nun Gottes Bun-
desgerechtigkeit sichtbar geworden. 22 Gottes Bundesgerechtigkeit tritt
durch die Treue Jesu, des Messias, in Kraft, zugunsten aller, die Glau-
ben haben. Denn es gibt keinen Unterschied: 23 Alle sündigten und
entsprachen der Herrlichkeit Gottes nicht – 24 und durch Gottes Gna-
de werden sie aus freien Stücken zu Menschen erklärt, die im Recht
sind, zu Mitgliedern des Bundes, durch die Erlösung, die im Messias
zu finden ist, in Jesus.

Es gibt viele Theaterstücke und Filme, die von einer plötzlichen Intervention abhängen, die oft erst ganz am Schluss geschieht. Jemand kommt vielleicht auf einem galoppierenden Pferd bei einer Gerichtsverhandlung oder Hochzeit oder Hinrichtung an und überbringt die Nachricht von einer Begnadigung, eine Botschaft von einer früheren Geliebten oder was auch immer. Gerade als wir dachten, dass das Schicksal nun seinen Lauf nimmt, passiert etwas, das alles ändert.

Das ist die Stimmung, die Paulus mit seinem dramatischen „Aber jetzt" zu Beginn dieses Abschnitts erzeugt – er beginnt damit auch einen ganz neuen Abschnitt des gesamten Briefes, der bis zum Ende von Kapitel 4 reicht. Etwas ist passiert. Das Gericht hatte getagt; alle saßen verurteilt auf der Anklagebank; was konnte nun noch geschehen?

Doch irgendetwas *musste* geschehen. Mehrere jüdische Autoren, ungefähre Zeitgenossen von Paulus, haben tiefsinnig darüber nachgesonnen, vor welchem Dilemma Gott stand, als sich die gesamte Menschheit von ihm abwandte. Gott hatte doch die Welt ursprünglich erschaffen; würde sich diese Schöpfung als gigantischer Fehlgriff entpuppen? Gott hatte Israel berufen und stand nun vor der Entscheidung, entweder diese eine Nation zu bevorzugen, obwohl Israel das nicht verdient hatte, oder, so hatte es den Anschein, die großen Verheißungen zurückzunehmen, die er Abraham, Isaak und Jakob gegeben hatte; die Verheißungen, die im „**Bund**" verankert waren. Insbesondere galt: Die Welt war voller Bösartigkeit und Gott war als Richter gezwungen, etwas dagegen zu tun; doch es gab in der Welt auch viele Menschen, die schwer unter der Hand von Unterdrückern litten und die zu Gott schrien, er möge für sie eintreten. Wie konnte Gott jemals diesen offenkundigen Verpflichtungen an all diesen Fronten gerecht werden?

Das ist das Problem der *Rechtschaffenheit Gottes*, oder, wenn man diesen Begriff vorzieht, der *Gerechtigkeit Gottes*, oder vielleicht der *Bundestreue Gottes*. Wir werden hier mit der Frage konfrontiert, auf die Paulus in 1,17 anspielte, als er in Vorwegnahme dieses Abschnittes sagte, dass das **Evangelium** Gottes Gerechtigkeit enthüllt. Wenn es dabei schlicht darum gehen würde, dass einige Leute sich gut und andere sich schlecht benehmen, dann wäre es eine einfache Sache. Spezifischer: Wenn Israel sich gut benommen hätte und der Rest der Welt schlecht, wäre die Sache ganz unkompliziert. Doch die Komplexität des Problems – und wenn wir die Komplexität aus den Augen verlieren, verstehen wir die Einzelheiten dieses ganzen Abschnitts nicht – entspringt der Tatsache, dass Israel ein Auftrag gegeben worden war und es sich diesem Auftrag gegenüber als untreu erwiesen hatte. Die Träger der Lösung für die Probleme der Welt hatten sich als Teil des Problems entpuppt. Wenn Gott seinen Verheißungen sowie der ganzen Schöpfung gegenüber treu bleiben wollte, musste er all diese Aspekte gleichzeitig behandeln.

Die große Ironie besteht darin, dass der Bund selbst, Gottes bindende Übereinkunft mit Abraham und seiner Familie, von Anfang an dazu gedacht war, mit der menschlichen Bösartigkeit und deren Konsequenzen fertig zu werden. Das Buch Genesis (1. Mose) hat einen Aufbau, der sagt: Gott hatte Abraham berufen (Kapitel 12), um das Problem zu lösen, das von der Sünde Adams verursacht worden war (Kapitel 3). Damit sollte das ursprüngliche Projekt (Kapitel 1 – 2) wieder auf die Schiene gebracht werden. Hier liegt das besondere Dilemma, in dem Gott anscheinend gefangen war: Angesichts einer Welt, die aus dem Ruder gelaufen war, schloss er einen Bund mit Israel, durch den alles ins Lot gebracht werden würde. Er musste diesem Bund treu bleiben – wie wollte er sonst die Welt retten? Allerdings hatte ihn das Bundesvolk selbst total im Stich gelassen, und es wurde offenbar, dass sein Volk schlicht Teil der Welt ist, die gerettet werden muss. Gott konnte nicht tun, was das Bundesvolk erwartete (sie aus ihrer misslichen Lage erretten, obwohl sie selbst schuldig waren), ohne sich den Vorwurf von Parteilichkeit und Günstlingswirtschaft von enormen Ausmaßen gefallen zu lassen. Was wird Gott also tun?

Das Problem besteht also nicht nur in der *Gerechtigkeit* Gottes. Es ist ein Problem der *Bundesgerechtigkeit* Gottes. Das Wort, das an dieser Stelle normalerweise mit „Gerechtigkeit“ übersetzt wird, lässt alle diese und noch weitere Obertöne mitschwingen. Es spricht von der Art und Weise, auf die Gott dem Bund gegenüber treu sein muss und treu sein wird, und von der Art und Weise, auf die dieser Bund selbst existierte, um die Welt und die Menschen ins Lot zu bringen. Und jetzt, erklärt Paulus, demonstriert das Evangelium von Jesus von Nazareth, dem **Messias** Israels, wie Gott alle diese Probleme auf einen Schlag gelöst hat. Der gehorsame Tod des Messias enthüllt vor den

Augen einer unvorbereiteten und schockierten Welt den Weg, auf dem der eine wahre Gott dem Bund treu geblieben ist und auf dem er dadurch eine Antwort gegeben hat – eine Antwort für eine Welt, die aus dem Ruder gelaufen war, und für Menschen, die in Sünde und Schuld verloren waren.

Paulus beginnt diese berühmte Passage, eine der bekanntesten in seinen gesamten Schriften, indem er *zwei Dinge* betont: *zum einen*, dass diese neue Offenbarung „abgesehen vom **Gesetz**" stattgefunden hat, *zum anderen*, dass das Gesetz und die Propheten diese Offenbarung bezeugen. Dieses Gleichgewicht ist entscheidend. Gottes neues **Wort** muss „abgesehen vom Gesetz" ergehen, da sich das Wort ansonsten nur an diejenigen „im Gesetz", also die Juden, richten würde, und laut Vers 20 würde ihnen das sowieso nichts nützen. Doch es muss ein Wort sein, das in der Rückschau erkennbar alles erfüllt, was Gott von alters her verheißen hatte. Paulus besteht hier und andernorts darauf, dass Gott es sich nicht plötzlich anders überlegt. Sein Wort scheitert nicht.

Was nötig war, so sahen wir zu Beginn des dritten Kapitels, war, dass Gottes Treue aktiv wurde. Und zwar nicht, indem Gott den Bundesplan, die Welt durch Israel zu retten, ad acta legte und auf einem ganz anderen Weg neu anfinge, sondern irgendwie durch die Ankunft eines treuen Israeliten, der Gott den treuen Gehorsam erweisen würde, den Israel hätte erweisen sollen, jedoch schuldig blieb. Israel, berufen, der Botschafter des Rettungsplanes Gottes zu sein, hatte die Berufung in ein bloßes Privileg verkehrt und hatte es versäumt, die **Botschaft** weiterzuleiten. Nun sehen wir den treuen Israeliten, den Paulus im Sinn hatte: Israels Repräsentanten, den Messias Jesus.

Die Tatsache, dass der Messias sein Volk *repräsentiert*, sodass das, was für ihn gilt, auch für sie gilt und umgekehrt, ist eine der verborgenen Quellen des gesamten paulinischen Denkens. Wir werden diesem Aspekt immer wieder begegnen, aber er erklärt in unserem vorliegenden Abschnitt die Vorstellung von der *Treue* Jesu. Die relevanten Worte in Vers 22 werden oft mit „**Glaube** *an* Jesus" übersetzt, doch sie könnten genauso gut „den Glauben oder die Treue *von* Jesus“ bedeuten. Und im Lichte der gesamten Stoßrichtung des Kapitels können wir erkennen, dass dies die richtige Deutung ist und dass Paulus nicht „Glauben“ im Sinne von „was Jesus glaubte“ meint, sondern „Treue“ oder „Loyalität“ im Sinne der „Treue Jesu gegenüber den Rettungsabsichten, die Gott im Sinn gehabt hat, als er Israel in den Bund berief“. Paulus zögert natürlich keinen Moment, zu betonen, genau wie in 1,16-17, wer es ist, der davon profitiert: alle, die ans Evangelium glauben. Doch die entscheidende Tat besteht darin, dass Jesus als Messias Israels „gehorsam wurde bis zum Tod, sogar bis zum Tod am Kreuz“, wie Paulus es in Philipper 2,8 ausdrückt. Der „Gehorsam“ des Messias wird tatsächlich in Kapitel 5 zu einem Hauptthema. Hier fasst Paulus alles Vorangegangene zusammen und schaut insbesondere auf unser gegenwärtiges Kapitel zurück. „Treue“ und „Gehorsam“ entpuppen sich als zwei Weisen, so ziemlich dasselbe zu sagen. „Treue“ hebt die Rolle Jesu hervor, den Auftrag an Israel zu erfüllen; „Gehorsam“ unterstreicht seine Unterordnung unter den Willen des Vaters.

Das Ergebnis (Vers 24) ist „Erlösung“. Das ist einer jener großen technischen Begriffe, die jeder Christ gehört, den aber nur wenige wirklich begriffen haben. Paulus fasst in Vers 23 zusammen, an welchen Punkt ihn seine Argumentation bisher geführt hat: Juden *und* **Heiden**, beide haben gesündigt und darin versagt, die Herrlichkeit Gottes widerzuspiegeln, eine Berufung, die sie als Geschöpfe hatten, die als Ebenbild Gottes erschaffen wurden. Im klassischen biblischen Bild sind *alle* versklavt, genau wie Israel in Ägypten. Was Gott damals für Israel getan hatte, tut er nun in Jesus für die ganze Welt: Er erwirkt die „Erlösung“.

Das Wort ist ein Terminus technicus für den Rückkauf eines Sklaven auf dem Sklavenmarkt oder eines Gegenstandes aus dem Pfandhaus. Paulus benutzt den Begriff hier jedoch nicht bloß als Metapher, als ein Bild unter vielen. Er benutzt ihn, weil der Tod Jesu für ihn in der Tat der neue **Exodus** ist, der Moment, in dem die Sklaven befreit werden. Er hat später noch viel mehr dazu zu sagen, doch an dieser Stelle verleiht er diesem Gedanken ganz einfach Ausdruck. Gott hat das bereitgestellt, was die Welt braucht, nämlich Befreiung von der Sklaverei.

Diese „Erlösung" stellt das bereit, worauf die schuldigen Menschen auf der Anklagebank kaum noch zu hoffen wagten – nicht nur die Begnadigung, sondern das Urteil: „Im Recht." Natürlich: Da sie schuldig waren, hat dieses Urteil die Wirkung einer Begnadigung aus freien Stücken. Doch wenn Paulus zu Beginn von Vers 24 erklärt, dass sie „aus freien Stücken für gerecht erklärt werden", dann meint er nicht einfach, dass sie „ungeschoren davongekommen sind" – obwohl schon das als solches bemerkenswert genug wäre. Er meint damit, dass ihnen der Status gegeben wird, Gottes Bundesvolk zu sein, das Volk, das bereits in der Gegenwart für „gerecht" erklärt wird, weit vor dem großen Urteil am letzten Tag.

Wie kann Gott so etwas tun? Wie kann der Tod selbst des Messias' Jesus diese Auswirkung haben? Wie kann Gott erklären, dass Menschen hier und jetzt „im Recht" sind, lange vor dem letzten Tag, an dem die Geheimnisse aller Herzen enthüllt werden? Paulus beantwortet diese Fragen immer wieder an verschiedenen Stellen seiner Schriften. Doch die nächsten beiden Verse, so dicht sie auch formuliert sind, liefern seine unmittelbare Erklärung, und ihnen wenden wir uns nun zu.

Römer 3,25-26: Der Tod Jesu offenbart Gottes Bundesgerechtigkeit

25 Gott hat Jesus als Ort der Gnade dargeboten, durch seine Treue, vermittelt durch sein Blut. Er tat dies, um seine Bundesgerechtigkeit dadurch zu demonstrieren, dass er (in der göttlichen Nachsicht) über die zuvor verübten Sünden hinwegging. 26 Damit demonstrierte er seine Bundesgerechtigkeit in der gegenwärtigen Zeit: dass er nämlich selbst im Recht ist und dass er alle, die der Treue Jesu vertrauen, zu Menschen erklärt, die im Recht sind.

Manchmal – und momentan ist gerade eine solche Phase – sind mein Schreibtisch und die anderen Tische im Arbeitszimmer so mit Papier übersät, dass mir völlig klar ist, dass ich nie wieder Ordnung herstellen kann, wenn ich ab und an mal ein oder zwei Blätter in die Hand nehme. Ich muss einen ganz anderen Ansatz wählen, mir ein oder zwei Stunden Zeit nehmen und mich systematisch durch die Papiere arbeiten, Briefe beantworten, zahllose Dokumente ablegen, die ich später noch brauchen könnte, und (natürlich) eine ganze Menge in den Papierkorb werfen.

Das Letzte, was ich empfehlen würde, wäre, auch nur eine Silbe von Paulus' Schriften in den Papierkorb zu werfen, doch mit dieser Ausnahme ist die Analogie durchaus brauchbar. Es gibt in seinen Schriften Passagen, die wir ziemlich leicht verstehen können. Doch es gibt andere, und die vorliegende ist eine davon, die so vollgepackt sind, dass es nur einen Weg gibt, mit ihnen fertigzuwerden: Man muss sich hinsetzen und sich ganz sorgfältig durch den Text hindurcharbeiten. An einigen Punkten wird es so sein wie beim Beantworten von Briefen: d. h., es wird oder sollte Teile in dem Gesagten geben, die uns ins Gebet treiben sollten, in die Reflexion, in Dank und Anbetung. An anderen Stellen wird man vorgehen wie beim Einordnen von Dokumenten: d. h., es wird oder sollte Vorstellungen, Bilder oder Themen geben, denen wir Beachtung schenken sollten, damit wir sie später einmal verwenden können; wir sollten sie im Hinterkopf behalten oder vielleicht sogar in einem Notebook speichern, sodass wir Zugriff auf sie haben, wenn wir sie brauchen.

Unsere vorliegende Passage legt nahe, dass es mindestens drei Hauptstapel gibt, in die wir unser Material unterteilen müssen. Paulus wiederholt, was sehr ungewöhnlich für ihn ist, fast ganz genau dieselbe Wendung, die ich mit „um seine **Bund**esgerechtigkeit zu demonstrieren" übersetze. Das erste Mal hat die Wendung mit Gottes Behandlung der Sünde zu tun. Das zweite Mal geht es um Gottes Demonstration, dass er selbst im Recht ist und um seine Erklärung zum neuen Status seines erneuerten Volkes. Und vor dieser doppelten

Argumentation finden wir ein kurzes und kraftvolles Statement zum Opfertod Jesu.

Gehen wir der Reihe nach vor. Paulus hat gerade gesagt, dass Gott in Jesus die „Erlösung“ erwirkt hat – also die Rettung aus der Sklaverei. Nun konzentriert er sich auf die Sprache von **Tempel** und **Opfer**. Gott „bot Jesus dar“, wie ein **Priester** im Tempel das Schaubrot auf dem Altar „darbot“ (3. Mose 24,8 und andernorts). Paulus kombiniert dies mit dem speziellen Wort, das auf einen ganz bestimmten Gegenstand im Tempel verweist: den „Sühnedeckel“ oder „Gnadenthron“, an dem Gott zwischen den geschnitzten Engeln seinem Volk in Gnade und Vergebung begegnete. Anstelle des Tempels und seiner Symbole, sagt Paulus, ist nun Jesus selbst der Ort, an dem, und auch das Mittel, durch das der Gott Israels seinem Volk begegnet ist und seine Sünden vergeben hat. Und noch eine dritte Vorstellung wird mit diesen beiden auf dramatische Weise kombiniert: Vergebung wird durch das *Blut* Jesu erwirkt. Sein Opfertod steht direkt im Zentrum von Gottes Rettungsplan.

Paulus erläutert nicht ausführlicher, wie er jede dieser Vorstellungen versteht oder wie er diese Vorstellungen in einem einzigen Bild zusammenkommen sieht. Zusammen erklären sie jedoch eindrucksvoll, dass der Tod Jesu die Wirklichkeit hervorgebracht hat, auf die der Tempel zeichenhaft hingewiesen hatte. Der beste Weg, zu verstehen, worauf Paulus hinauswill, besteht darin, dass wir das ganze Bild vom leidenden Gottesknecht aus Jesaja 53 im Hinterkopf behalten, das die Vorstellung vom Opfertod des Knechtes beinhaltet. Das Bild gehört (wie in unserem Text) zu der ausführlicheren Erläuterung der Art und Weise, auf die der Gott Israels nun endlich seinem uralten Bundesplan treu geblieben ist („Gottes Gerechtigkeit“).

Wenn wir dadurch in der Lage sind, das Vorstellungsbündel im ersten Teil von Vers 25 zu ordnen, wie sieht es mit dem zweiten Teil aus? Gott, sagt Paulus, ist über die Sünden hinweggegangen, die früher begangen wurden, und hat nun demonstriert, inwiefern in diesem Verhalten seine Gerechtigkeit am Werk war. Wie er zu Beginn von

Kapitel 2 gesagt hatte: Gott war freundlich und nachsichtig, geduldig mit hartnäckigen Sündern und gab ihnen die Chance zur Umkehr.

Das hätte wie Schwäche aussehen oder gar die Vorstellung aufkommen lassen können, Gott würde Sünde letztlich nicht so wichtig nehmen. Nichts könnte der Wahrheit fernerliegen. Als Schöpfer und Richter der Welt war Gott verpflichtet, nachdrücklich mit der Sünde abzurechnen – und das hieß, sie zu bestrafen. Hier entdecken wir eine weitere Bedeutung der Vorstellung vom „Sühnedeckel" im vorhergehenden Satz. Dieselbe Wurzel verweist auch auf das „Sühnopfer", also auf ein Opfer, das die Menschen nicht nur von den Sünden reinigt, sondern auch den Zorn Gottes abwendet, der ansonsten mit Recht den Sünder treffen würde. Auch wenn Paulus wiederum nicht ausführlich darlegt, was er meint, gibt es doch eine Reihe zusammenlaufender Gedankenlinien, die es äußerst wahrscheinlich erscheinen lassen, dass er Jesus auch in diesem Licht sieht, also als denjenigen, den nun der berechtigte Zorn Gottes getroffen hat, der sich eigentlich gegen die Sünde der Welt richtet. (Eine etwas ausführlichere Darstellung desselben Gedankens findet sich in 8,3.) Im Zentrum der Bundestreue Gottes steht also die Tatsache, dass er Jesus „darbietet", damit dieser den Zorn Gottes auf sich nimmt, von dem Paulus im ersten Kapitel gesprochen hatte. Der Tag des letzten Gerichts ist in die Mitte der Geschichte vorgezogen worden. Gottes gerechtes Urteil gegen die Sünder ist an dem treuen Israeliten vollstreckt worden, an Israels Repräsentanten, dem **Messias** Jesus.

Vielleicht beginnen wir nun ein wenig Ordnung und Bedeutung im dichten Fluss der Worte von Paulus zu erkennen. Die letztgenannte Vorstellung, also die vom Urteil, das in die Mitte der Geschichte vorgezogen wurde, versetzt uns in die Lage, auch etwas von der letzten Sequenz zu erfassen. Gottes Bundesgerechtigkeit, die in seiner Bewältigung der Sünde durch den Tod Jesu sichtbar ist, wird noch auf eine weitere Weise deutlich: in der aus freien Stücken erfolgten Erklärung in der Gegenwart, dass alle, die dem **Evangelium** glauben, im Recht sind. Wiederum ist das Urteil des letzten Tages in die Mitte der Geschichte vorgezogen worden. Wir müssen nicht abwarten, um zu entdecken, wer rehabilitiert werden wird, wer wirklich zu Gottes Volk gehört. Sie tragen bereits ein Merkmal, das sie „in der gegenwärtigen Zeit“ kennzeichnet, wie Paulus sagt. Hier haben wir die Bedeutung der Wendung „**Rechtfertigung** aus **Glauben**“: Wenn jemand an das Evangelium glaubt, erklärt Gott, dass er oder sie wahrhaftig zu denen gehört, die in der Zukunft im Recht sein werden.

Diese Erklärung hat eine Bedeutung aus dem *Gerichtssaal*: Es ist, als würde man das Urteil bereits kennen, bevor die Verhandlung beginnt. Sie hat auch eine *bundestheologische* Bedeutung: Wir sehen in der Gegenwart, wen Gott in der Zukunft zu einem wahren Kind Abrahams erklären wird (siehe Kapitel 4). Und sie hat eine Bedeutung, die sich darauf bezieht, dass in Jesus *die Zukunft in die Gegenwart hineinkommt*: Diejenigen, die am letzten Tag ein günstiges Urteil treffen wird (wie in Kapitel 2), sind diejenigen, die dieses Urteils im Vorhinein versichert werden, und zwar einfach dann, wenn sie glauben.

Damit wird auch demonstriert, dass Gott selbst im Recht ist. Wir erinnern uns an das Rätsel, dass sich Autoren zur Zeit des Paulus stellten: Wenn man von der Universalität der Sünde und von Gottes Verheißungen an Jesus ausgeht, wie kann Gott dann gerecht sein, im Recht sein, dem Bund treu sein, und gleichzeitig das tun, was ein gerechter Richter tut: auf der einen Seite mit dem Bösen fertigwerden und auf der anderen Seite hilflose Menschen retten, die in ihrer Not zu ihm schreien? Was Paulus hier geschrieben hat, zugegeben in einem sehr dichten und vollgepackten Stil, läuft auf Folgendes hinaus: Im Tod Jesu hat sich Gott als derjenige erwiesen, der (1) im Recht ist, indem er angemessen und unparteiisch mit der Sünde fertiggeworden ist; der (2) dem Bund treu ist; der (3) mit der Sünde angemessen abgerechnet hat; der (4) sich für die Rettung derjenigen engagiert, die in hilflosem Glauben zu ihm schreien. Die letzte Zeile des Abschnitts, wiederum sehr dicht formuliert, scheint mir Folgendes zu bedeuten: So wie die Treue Jesu das Mittel war, durch das Gottes eigene Bundestreue offenbart wurde, so werden auch alle, die ihren eigenen Glauben an Gottes

Handeln in Jesus binden, dadurch in der Gegenwart als Gottes Volk gekennzeichnet. Gott ist im Recht; wir, die wir seinem Evangelium vertrauen, sind im Recht; und das alles aufgrund des Todes Jesu. Es gibt viele Gelegenheiten bei der Lektüre der Schriften des Paulus, bei denen die richtige Reaktion darin besteht, niederzuknien und Gott zu danken. Hier ist so eine Gelegenheit.

Römer 3,27-31: Gott: sowohl der Gott der Juden als auch der Gott der Heiden

27 *Wie steht es also um das Rühmen? Es ist ausgeschlossen! Durch wel-*
che Art von Gesetz? Das Gesetz der Werke? Nein: Durch das Gesetz
des Glaubens! 28 *Ihr müsst wissen: Wir gehen davon aus, dass jemand*
auf der Grundlage des Glaubens zu einem Menschen erklärt wird, der
im Recht ist, ganz abgesehen von den Werken des Gesetzes. 29 *Oder*
gehört Gott etwa nur den Juden? Gehört er nicht auch den Nationen?
Natürlich gehört er auch den Nationen, 30 *da Gott einer ist. Er erklärt*
die Beschnittenen auf der Grundlage des Glaubens zu Menschen, die
„im Recht" sind, und tut dasselbe mit den Unbeschnittenen durch den
Glauben.

31 *Heben wir damit das Gesetz durch den Glauben auf? Mit Sicher-*
heit nicht! Vielmehr richten wir das Gesetz auf.

Zu den Dingen, die Christen verwirren, wenn sie von Großbritannien nach Nordamerika reisen (oder umgekehrt), gehört das Gefühl, das ein Freund von mir folgendermaßen beschrieb: „Sie singen die richtigen Kirchenlieder, aber zu den falschen Melodien." Manchmal haben vertraute Lieder völlig andere Melodien, die auf der anderen Seite des Atlantiks unbekannt sind. Dann wieder wird eine vertraute Melodie mit ganz anderem Text gesungen.

Etwas Ähnliches läuft ab, wenn Paulus die Vorstellung vom Ge-

setz – vom jüdischen Gesetz, der **Tora** – nimmt und eine andere Melodie dazu schreibt. Bisher hatten er und viele andere Juden seiner Zeit (nicht nur **Pharisäer** wie er, auch andere Gruppen wie die Leute, die die **Schriftrollen vom Toten Meer** verfassten) das Gesetz zu folgender Melodie gesungen: Gott hatte Israel die Tora gegeben, das heilige, gerechte und gute Gesetz. Von Israel wird verlangt, die Tora zu halten; wer das tut, wird als Gottes Volk rehabilitiert, wenn Gott in der Geschichte handelt, um die Nationen zu richten und Israel aus ihren Klauen zu befreien. Diejenigen, die in der Zukunft rehabilitiert werden, kann man in der Gegenwart daran erkennen, dass sie „die Werke des Gesetzes" hier und heute einhalten. Das ist ihr Erkennungszeichen in der Gegenwart, das gegenwärtige Zeichen, dass sie in der Zukunft rehabilitiert werden.

Dies ist die Lehre von der „**Rechtfertigung** durch die Werke des Gesetzes". Man kann sie in einer der Schriftrollen vom Toten Meer klar dargelegt finden (in dem Text, der nach wissenschaftlicher Konvention 4QMMT genannt wird). Es war oft der Fall, dass bestimmte Gruppen bestimmte „Werke" besonders hervorhoben – dazu gehörte auch ihre eigene Interpretation bestimmter biblischer Gebote. Sie gingen ganz selbstverständlich davon aus, dass alle Juden wussten, dass sie die schriftliche Tora einhalten sollten, und sie versuchten, weitere Gesetze zu formulieren, die ihrer Meinung nach die Tora nur noch genauer für ihre konkreten Umstände ausdrückten.

Diese Frage: „Menschen im Voraus kennzeichnen", also in der Gegenwart festzulegen, wer in der Zukunft rehabilitiert werden würde, war immer auf Juden beschränkt. Sie waren die Einzigen, die im Besitz der Tora waren und daher eine theoretische Chance hatten, sie einzuhalten. (Proselyten, also zum Judentum konvertierte **Heiden**, konnten auch zählen, allerdings nur dadurch, dass sie durch die **Beschneidung** und das Übernehmen der Verpflichtungen der Tora de facto Juden wurden.) Das war jedoch nicht alles: Die Frage, wie man Menschen in der Gegenwart, also schon vor dem zukünftigen Gericht, kennzeichnen konnte, führte normalerweise zu einer Abgrenzung *innerhalb* Israels. Die Pharisäer (und in ihrer Nachfolge die **Rabbiner**) hielten ihre Interpretationen für die einzig gültigen. An dieser Stelle gab es weitere Spaltungen unter den Pharisäern selbst. Die Autoren der Schriftrollen von Qumran glaubten, dass nur ihre Sekte rehabilitiert werden würde, und innerhalb ihrer Sekte nur die, die das Gesetz „angemessen" einhielten.

Paulus' Wort für all dies lautet „Rühmen", und er erklärt, dass dies vom **Evangelium** her gesehen ausgeschlossen ist. Er nimmt das Thema des „Gesetzes" und schreibt dazu eine völlig andere Melodie, die sich weder er noch seine Zeitgenossen je erträumt hatten. Wie wirst du das Gesetz erfüllen? Wie kann dir das Gesetz sagen, wer von den Leuten in der Gegenwart zu denen gehört, die Gott in der Zukunft rehabilitieren wird? Das Gesetz kann das nicht sagen – wenn es zur Melodie der „Werke" gesungen wird. Doch es kann das sagen, wenn es zu der Melodie gesungen wird, die man **„Glaube"** nennt.

Das ist eine derart seltsame Vorstellung, dass viele Leser und manche Übersetzungen davon Abstand genommen und das Wort „Gesetz" in Vers 27 entweder ganz weglassen oder mit „System", „Prinzip" oder etwas Ähnlichem übersetzen. Das ist insofern erfolgreich, als es einen gewissen Sinn ergibt, allerdings zu dem hohen Preis, dass man Paulus damit ein völlig anderes Lied singen lässt. Paulus wird später im Brief, besonders in 10,4-9, ausführlicher erklären, was er unter einer Erfüllung des jüdischen Gesetzes durch einen Glauben versteht, der an das Evangelium vom gekreuzigten und auferstandenen Jesus glaubt. An unserer Stelle steht diese Gedankenführung als Annahme im Hintergrund, damit er schnell zu seinen Hauptpunkten übergehen kann. Es gibt drei Hauptpunkte, und jeder einzelne ist entscheidend, wenn man das Nervenzentrum des Römerbriefs begreifen will.

Erstens, „Rechtfertigung aus Glauben" als solche. Wie ich im vorigen Absatz betont habe, verweist dieses Konzept auf folgende Tatsache: Wenn jemand an das Evangelium von Jesus glaubt, dann erklärt Gott schon vor dem Urteil des Jüngsten Tages, wie dieses Urteil lauten wird: Diese Person ist ein Mitglied der Bundesfamilie, des Volkes, dessen Sünden vergeben worden sind, des wahren Volkes Abrahams, des Volkes des **Messias**.

Es gibt viele andere Dinge, von denen man angenommen hat, Paulus hätte unter „Rechtfertigung aus Glauben“ gerade diese Dinge verstanden, doch dies ist der Kern der Sache. Das heißt nicht, dass Gott nicht an Heiligkeit interessiert ist. Es heißt auch nicht, dass Regeln unwichtig sind, dass „alles erlaubt ist“, solange du irgendeine Art von Glauben hast. Es heißt nicht, dass nur die Gefühle, Emotionen zählen, nicht Glaube und Verhalten. Es heißt mit Sicherheit auch nicht, dass Gott versuchte, Menschen dadurch zu guten Menschen zu machen, dass er ihnen moralische „Werke“ auferlegte und dass er seine Ansprüche zurückschraubte, als er herausfand, dass die „Werke“ für die Menschen zu schwer waren. Es bedeutet etwas Klareres, Robusteres, Kräftigeres und sogar Schockierendes. Es bedeutet: Wenn Menschen diese bestimmte Botschaft glauben, dass Jesus der Herr ist und dass Gott ihn von den Toten auferweckte, und wenn sie sich dem Gott anvertrauen, der das getan hat, dann wird ihnen in der Gegenwart versichert, dass sie Teil der Familie Gottes sind. Der Grund dafür ist nicht, dass dieser Glaube etwas Verdienstvolles an sich hat, als ob es sich dabei letztlich doch um etwas handelt, „das wir tun, um Gottes Wohlwollen zu verdienen“. Es geht vielmehr darum, dass dieser Glaube das sichere und zuverlässige Zeichen ist, dass das Evangelium das Herz der betreffenden Person verwandelt hat, sodass sie nun wahrhaftig zum neuen Bund dazugehört. Der Glaube kommt aus dem Hören, wie Paulus später im Brief sagt, und das Hören kommt aus dem verkündigten **Wort** über den Messias (10,17).

Der *zweite* Hauptpunkt lautet: Wenn dieser Glaube das einzige Erkennungszeichen in der Gegenwart ist, das das Gottesvolk des neuen Bundes kennzeichnet, dann gehören Juden und **Heiden** gleichermaßen und auf derselben Grundlage dazu. Das ist der Grund, warum „Rühmen“ ausgeschlossen ist. Wenn der Maßstab in irgendeiner Weise „die Werke des Gesetzes“ wären, dann hätten die Juden, um es vorsichtig auszudrücken, mindestens einen gewissen Vorteil – wie wir an den Pharisäern und der Sekte vom Toten Meer sehen können. Doch wenn jemand auf der Grundlage des Glaubens, nicht aufgrund der Werke des Gesetzes, für gerecht erklärt wird, dann gibt es keinerlei Vorteile. Das ist der Grund, warum Paulus sofort im Anschluss jeden herausfordert, der seine Schlussfolgerung anfechten will: Willst du etwa sagen, dass Gott letztlich allein der Gott der Juden ist? Ist er nicht der eine Gott, der Schöpfer der ganzen Welt? Wird er daher nicht dafür sorgen, dass es ein und dasselbe Spielfeld für die ganze Familie des neuen Bundes gibt? Ja, erklärt Paulus, genau das wird er tun. Wenn jüdische Menschen dem Evangelium glauben, wird Gott sie auf der Grundlage dieses Glaubens als Mitglieder des Bundes bestätigen. Und wenn Nichtjuden dem Evangelium glauben, wird Gott bestätigen, dass sie durch genau denselben Glauben zur Bundesfamilie dazugestoßen sind. (Dies erklärt den subtilen Wechsel in der Wortwahl in Vers 30: die Beschnittenen „auf der Grundlage des Glaubens" und die Unbeschnittenen „durch den Glauben".)

Der *dritte* Punkt ist im zweiten enthalten, verdient es aber, weiter entfaltet zu werden. Monotheismus ist das unbestrittene Zentrum des jüdischen Glaubens, und Paulus benutzt dieses Konzept hier mit verheerender Wirkung gegen alle, die einen permanenten privilegierten Status für Juden behaupten. „Höre, o Israel, JHWH unser Gott, ist einer"; das war und bleibt das grundlegende Glaubensbekenntnis, das fromme Juden bis heute als tägliches Gebet benutzen. Dieses Gebet wurde sogar aus einem bestimmten Blickwinkel gesehen als Zentrum der Tora erachtet, das vieles von dem zusammenfasst, was vorher geschehen war (5. Mose 6,4-5). So hatte es in der Tat auch Jesus verstanden (Markus 12,29-30). Paulus nimmt nun dasselbe Thema, um seine These unter Dach und Fach zu bringen, dass „es keinen Unterschied gibt" (3,22; in 10,12 kommt er mehr oder weniger auf denselben Punkt). Wenn Jesus der Messias Israels ist, dann ist die Zeit gekommen, in der alle Nationen zu einer gleichwertigen Mitgliedschaft im Volk Gottes eingeladen werden.

Das bedeutet, dass Paulus seine Argumentation triumphierend abschließen kann: Singen wir jetzt eine völlig andere Melodie? Heben wir das Gesetz auf? Nein, natürlich nicht! Wir geben ihm eine viel bessere Melodie, eine Melodie, die tatsächlich Gott selbst für das Gesetz geschrieben hat. Das Gesetz war niemals so konzipiert, dass es „durch Werke" erfüllt werden sollte, wie es Pharisäer und andere versucht hatten (siehe 9,30 – 10,4). Es war immer dazu gedacht, zur Melodie namens „Glaube" gesungen zu werden. Man stellt sich Paulus oft als jemanden vor, der eine negative Sicht vom Gesetz hatte. Doch Paulus wollte mit dem Römerbrief u. a. klarmachen, dass das nicht stimmt. Das Gesetz war immer Gottes Gesetz, und es ist nicht zu verwerfen. Es wird stattdessen auf eine Weise erfüllt, die sich niemand zuvor erträumt hatte: durch Glauben. Das ist die Melodie, die den Worten am besten Sinn verleiht.

Römer 4,1-8: Gottes Bund mit Abraham

1 *Was sollen wir also sagen? Haben wir in Abraham unseren Vorfahren*
im menschlichen, fleischlichen Sinne gefunden? 2 *Schließlich gilt doch*
wohl: Wenn Abraham auf der Grundlage von Werken zu jemandem
erklärt wurde, der „im Recht" ist, dann hat er doch Grund zum Rühmen – allerdings nicht in Gottes Gegenwart!

3 *Was sagt also die Bibel? „Abraham glaubte Gott, und das wurde*
ihm zu seinen Gunsten angerechnet. Das weist darauf hin, dass er im
Recht war." 4 *Nun ist es ja so: Wenn Menschen „arbeiten", wird der*
Lohn, den sie erhalten, ja nicht auf der Grundlage von Großzügigkeit berechnet, sondern auf der Grundlage dessen, was man ihnen
schuldig ist. 5 *Doch wenn jemand nicht „arbeitet", sondern einfach*
an den glaubt, der die Gottlosen zu Menschen erklärt, die im Recht
sind, dann wird der Glaube dieser Menschen auf der Seite der Bundesgerechtigkeit angerechnet.

6 *Wir sehen dasselbe, wenn David von dem Segen spricht, den je-*

mand empfängt, den Gott abgesehen von Werken zu jemandem erklärt, der im Recht ist:

> 7*Gesegnet sind diejenigen, deren Gesetzesbruch vergeben ist*
> *und deren Sünden bedeckt worden sind.*
> 8*Gesegnet ist der Mann, dem der Herr Sünde nicht anrechnet.*

Stellen wir uns einen vierjährigen Jungen vor, der seine Eltern in einem schrecklichen Krieg verloren hat. Er ist alt genug, um zu verstehen und zu trauern, aber überhaupt nicht alt genug, um für sich selbst zu sorgen. Für eine Weile kümmern sich Verwandte um ihn, doch sie haben nicht den Platz und die Mittel, um ihn dauerhaft bei sich zu behalten. Sie geben ihn zur Adoption frei. In einer Mischung aus Hoffnung und Angst fragt er sich, was aus ihm werden wird.

Dann kommt eines Tages eine Botschaft an. Ein kinderloses Ehepaar hat angefragt, ob sie ihn adoptieren und als ihren eigenen Sohn großziehen können. Er hat äußerst gemischte Gefühle. Natürlich ist er hocherfreut. Er hat eine Zukunft und die Chance auf ein neues Leben. Gleichzeitig ist er aber auch besorgt. Was für Leute sind das? Wo wohnen sie? Was für ein Leben führen sie? Kurzum: *Zu was für einer Familie wird er in Kürze stoßen?*

Das ist die Frage, die sich Paulus an dieser Stelle ganz natürlich stellt angesichts dessen, was er in 3,21-31 gesagt hat.

Allerdings kam diese Frage vielen, die den Römerbrief gelesen haben, nicht immer so natürlich vor. Viele haben Kapitel 3 so gelesen, als ginge es dort schlicht und einfach darum, wie ein einzelner Sünder aufgrund der Gnade durch den **Glauben** gerechtfertigt wird, ohne jeden Bezug zu Gottes Verheißungen an Israel, zum **Bund** und zur „**Rechtfertigung**" im Sinne von Gottes Erklärung, dass der Glaubende nun Teil der Bundesfamilie ist, der Familie, in der und durch die Gott verheißen hatte, das Problem des Bösen anzugehen. Wenn man all dies weglässt, ist Kapitel 4 natürlich eine Überraschung. Warum sollte Paulus plötzlich von Abraham sprechen?

Auf diese Frage wurden verschiedene Antworten gegeben. Einige schlagen vor, dass Paulus' Gegner Abraham für besonders wichtig hielten und dass Paulus zeigen wollte, dass er Abraham auf seiner Seite des Streits benutzen konnte. Andere schlagen vor, dass Paulus das bisher Gesagte einfach mit einem Bibeltext untermauern wollte, dass er also zeigen wollte, dass seine neue Lehre wirklich „das **Gesetz** erfüllte", und zwar in dem Sinne, dass diese Erfüllung in der Bibel prophezeit worden war. Wieder andere schlagen vor, dass Paulus schlicht und einfach ein biblisches Beispiel von jemandem anführt, der durch Glauben gerechtfertigt wurde. Alle diese Vorschläge nehmen die größere gedankliche Welt des Paulus nicht ernst.

Um also auf unseren Gedankengang zurückzukommen: Sobald wir Kapitel 3 (und eigentlich auch Kapitel 2) so deuten, wie wir es getan haben, stellt sich die Frage nach Abraham ganz natürlich, genau wie an der vergleichbaren Stelle im Galaterbrief. Mit Abraham begann die Bundesfamilie, die Familie, zu der die Glaubenden nun gehören. „Rechtfertigung" ist Gottes Deklaration, dass man in diese Familie adoptiert wurde. Doch was für eine Familie ist das?

Diese Perspektive hilft uns, die Frage zu verstehen, die das Kapitel einleitet. Es handelt sich um einen seltsamen Satz, und die meisten Übersetzungen verstehen ihn falsch. Im griechischen Text findet sich keine Entsprechung zu dem, was wir in den meisten Versionen finden, nämlich dass Abraham etwas „erlangte" oder „fand". Wie so oft beginnt Paulus mit einer kurzen Frage: Was sollen wir also sagen? Und dann schlägt er etwas vor, gegen das er dann argumentieren wird (auch das ist ebenfalls oft der Fall): Haben wir in Abraham unseren Vorfahren im menschlichen, fleischlichen Sinne gefunden? Mit anderen Worten: Ist die Familie, in die wir nun adoptiert worden sind, die ethnische, physische Familie Abrahams? Oder sind wir auf irgendeine andere Weise mit ihm verwandt? Damit wird das Thema des gesamten Kapitels eingeführt, bei dem es nicht um Abraham als Beispiel für Rechtfertigung geht, auch nicht um einen Schriftbeweis oder irgendetwas derart Triviales. Es geht um eine Auslegung der Absicht Gottes, die er ursprünglich mit der Aufrichtung des Bundes mit

Abraham verfolgte, und daher um das Wesen der Familie Abrahams. Der Höhepunkt des Kapitels liegt in Vers 17, in einem Abschnitt, der oft für eine Nebensächlichkeit gehalten wird: Der Punkt, um den sich alles dreht, ist der, dass Abrahams Familie nicht aus einer einzigen ethnischen Nation besteht, sondern aus „vielen Nationen".

Das Rückgrat des Kapitels ist Paulus' Auslegung von 1. Mose 15. In Vers 3 zitiert er 1. Mose 15,6 und verweist dann im gesamten Kapitel von Römer 4 wiederholt darauf zurück – und auf die weiter gefassten Themen jenes Kapitels sowie auf den größeren Kontext in 1. Mose. Im 15. Kapitel von 1. Mose richtet Gott feierlich den Bund mit Abraham auf und verheißt ihm eine außergewöhnliche „Familie"; dieser Verheißung „glaubte" Abraham mit dem Glauben, der „zu seinen Gunsten angerechnet wurde. Das weist darauf hin, dass er im Recht war." In 1. Mose folgt darauf die Zeremonie, die den Bund besiegelt. Das sollte uns auf etwas aufmerksam machen, woran viele Leser heute nicht mal im Traum denken: Für Paulus wie für das Judentum bedeutete „bei Gott im Recht sein" mehr oder weniger dasselbe wie „ein Mitglied des Bundes sein". In der Tat ist 1. Mose 15,6 gleichbedeutend mit der Aussage: „Abraham glaubte Gott, und das war die Grundlage des Bundes, der dann aufgerichtet wurde."

Der Hauptgegenstand, gegen den das Kapitel daher argumentiert, ist jegliche Andeutung, dass das Christentum letztlich doch nur irgendein untergeordneter Teil des ethnischen Judentums sein könnte, das durch die „Werke des Gesetzes" definiert wird. Das war nicht der Weg Abrahams, sagt Paulus; ansonsten hätte er etwas zu rühmen gehabt – und 1. Mose macht deutlich, dass dem nicht so war. Abraham vertraute dem Gott, der erklärt, dass der Gottlose im Recht ist – das war alles, was er tat. Entgegen der Annahme, die einige Juden zur Zeit des Paulus vorzubringen begannen, wusste Abraham nicht schon im Voraus etwas von dem jüdischen Gesetz, dem er gehorsam war. 1. Mose sagt *nicht*: „Abraham hielt die Werke des Gesetzes, und deshalb richtete Gott seinen Bund mit ihm auf." Wäre das der Fall gewesen, hätte das ganz deutlich impliziert, dass Abrahams wahre

Bundesfamilie für alle Zeiten aufgrund der Erfüllung jener „Werke" definiert werden sollte – und genau das wollten ja viele der späteren **Rabbiner** glauben.

Paulus widersteht jeglicher Schlussfolgerung in dieser Richtung. Darauf zielt er in den Versen 4 und 5. Er benutzt das Bild eines Menschen, der eine Arbeit verrichtet und daher schlicht und einfach den Lohn erhält, den er rechtmäßig verdient. Und er kontrastiert dies mit einem anderen Menschen, der nicht arbeitet, sondern einfach vertraut. Das ist meines Erachtens einfach eine Erweiterung der Metapher von den „Werken", eine neue Idee, die Paulus vielleicht an dieser Stelle hatte. Die Metapher funktioniert nicht sonderlich gut, weil Paulus im zweiten Teil davon spricht, dass jemand „dem Gott vertraut, der die Gottlosen zu Menschen erklärt, die im Recht sind"; an diesem Punkt hat er das „Arbeiten" oder „nicht Arbeiten" vergessen und kehrt direkt zur Beschreibung dessen zurück, was Abraham tatsächlich getan hat.

Doch was meint Paulus, wenn er sagt, dass Abraham einem solchen Gott vertraute, der die Gottlosen zu Menschen erklärt, die im Recht sind? Paulus könnte gut und gerne die Tatsache oder zumindest die Tradition im Kopf haben, dass Abraham ein typischer Heide war, bevor er von dem wahren Gott berufen wurde, und dass er zum Zeitpunkt seiner Berufung immer noch „gottlos" in mehrfacher Hinsicht war – er war sich nicht bewusst, wer dieser Gott sein mochte oder was es bedeuten mochte, ihm zu folgen und seinem Willen sowie seiner Führung zu entsprechen. Und dennoch berief ihn Gott in seinen Bund, einen Bund, der dazu gedacht war, das Problem der Gottlosigkeit als solches zu behandeln, die ganze menschliche Entwürdigung, allen Verfall und alle Bösartigkeit, die aus der Gottlosigkeit folgen (1,18-32). Mit anderen Worten: Abraham startete, wo wir alle starten; zugespitzter: Abraham startete, wo Heiden, Nichtjuden starten. An diesem Punkt begegnete ihm Gott. Gott beließ ihn jedoch nicht an diesem Punkt, er sagte Abraham nicht, dass er so, wie er war, in Ordnung sei. Abrahams anfängliches Vertrauen in Gottes Verheißung einer großen Familie war einfach der Beginn eines Prozesses der Prüfung, der Führung und der Verwandlung. Darauf verweist Paulus etwas später in diesem Kapitel. Doch sein Hauptpunkt lautet, dass **Heiden**, Nichtjuden, aufgrund des Glaubens zur Bundesmitgliedschaft kommen – *genau wie es bei Abraham der Fall war*. Dieser Aspekt wird im Verlaufe des Kapitels aus verschiedenen Perspektiven untermauert.

Paulus ruft einen weiteren Zeugen auf: **David**, den königlichen Autor zumindest einiger Psalmen. In Psalm 32, der hier in den Versen 7 und 8 zitiert wird, beginnt der Verfasser damit, das Glück von Menschen zu preisen, denen die Sünde nicht angerechnet wird. Das ist die negative Seite desselben Gedankens. Der Bund (wir können das nicht oft genug betonen) wurde aufgerichtet, um das Problem der Sünde zu behandeln. Zum Bund zu gehören, und zwar in dem Sinne, den Paulus hier darlegt, heißt, jemand zu sein, dessen Sünden auf die Weise behandelt worden sind, wie es 3,24-26 beschreibt. Dass man seine Sünden vergeben bekommt, dass sie einem nicht aufgerechnet oder gegen einen angerechnet werden – genau das war die Absicht Gottes, als er Abraham ursprünglich berief. Unter all den vielen großartigen Aspekten des Lebens als Christ wird dies immer ziemlich weit oben auf der Liste stehen: dass einem die Sünden vergeben worden sind, dass sie zugedeckt sind, nicht angerechnet werden. David pries das schon tausend Jahre vor den Ereignissen von Golgatha, und Ostern stellt es für alle Zeiten auf eine sichere Grundlage. Um wie viel mehr sollten wir diese Tatsache heute preisen.

Römer 4,9-12: Abraham, der Vater sowohl der Unbeschnittenen als auch der Beschnittenen

9Erhalten also nun die Beschnittenen diesen Segen oder die Unbeschnittenen? Dies ist die Passage, die wir zitiert haben: „Abraham wurde sein Glaube angerechnet, ein Hinweis, dass er im Recht war."

[10]Wann wurde er angerechnet? Als er beschnitten war, oder als er unbeschnitten war? Es geschah nicht, als er beschnitten war, sondern als er unbeschnitten war! [11]Er empfing die Beschneidung als Zeichen und Siegel des Status der Bundesmitgliedschaft, auf der Grundlage des Glaubens, den er hatte, als er noch unbeschnitten war. Das geschah, damit er der Vater aller Glaubenden sein konnte, sogar der Unbeschnittenen, sodass der Status der Bundesmitgliedschaft auch auf ihr Konto angerechnet werden kann. [12]Er ist natürlich auch der Vater der Beschnittenen, die nicht nur beschnitten sind, sondern in den Fußstapfen des Glaubens folgen, den Abraham besaß, als er noch unbeschnitten war.

Einer der feierlichsten Momente bei einer Trauung ist der Moment, in dem Braut und Bräutigam sich gegenseitig die Ringe anstecken. Ich habe in meinem Leben viele Trauungen durchgeführt. Ich war auch als stolzer Vater bei der Trauung von zwei meiner eigenen Kinder. Solche Momente sind in meinem Gedächtnis eingebrannt. Der Ring erklärt dem, der ihn trägt, dem Ehepartner und der ganzen Welt, dass eine neue Beziehung ins Leben gerufen wurde. Ein neuer **Bund** ist geschlossen worden. (Die Ehe ist tatsächlich ein „Bund", eine bindende Übereinkunft zwischen zwei Parteien. Die alttestamentlichen Propheten benutzten manchmal das Bild eines Ehebundes, einschließlich seiner Belastungen, um das Wesen des Bundes zwischen **JHWH** und Israel hervorzuheben.) Der Ring ist Zeichen und Siegel des Bundes. Er spricht von einer nie endenden Liebe. In meinem eigenen Fall ist es viele Jahre her, seit ich das letzte Mal meinen Ring abnehmen konnte – ein weiteres Zeichen, so hoffe ich, des unverbrüchlichen Bandes zwischen meiner Frau und mir.

Als Gott in den Bund mit Abraham eintrat, gab er ihm etwas Ähnliches. Es war das Kennzeichen der **Beschneidung**. Zwei Kapitel nach der Aufrichtung des Bundes, also in 1. Mose 17, befiehlt Gott Abraham, sich selbst und die Kinder, die er von der Magd Hagar hatte, zu beschneiden. Gleichzeitig verheißt er ihm, dass er und Sara, obwohl sie damals schon sehr alt sind, ein eigenes Kind haben werden. Der Schlüsselvers (1. Mose 17,11) erklärt, dass die Beschneidung „ein Zeichen des Bundes" zwischen Gott und Abraham sein soll. Wenn Paulus also auf genau diese Passage verweist und sagt, dass die Beschneidung „ein Zeichen und Siegel dafür ist, dass Abraham im Recht ist, auf der Grundlage des **Glaubens**", dann sollen wir verstehen, dass dieses „im Recht sein", diese „Gerechtigkeit" (um den alten Terminus technicus zu gebrauchen) im Wesentlichen dasselbe ist wie die „Bundesmitgliedschaft". Das ist der Grund, warum ich bei dieser Gelegenheit den Begriff mit „Bundesmitgliedschaft" übersetzt habe. (Ich wünschte, es gäbe ein deutsches Wort, dass all das leisten würde, was ein einziges griechisches Wort für Paulus leistete, doch, wie ich bereits sagte, gibt es so ein Wort nicht. Das ist Teil der Freude und der Last, ein denkender Christ zu sein: Man muss ständig den besten Weg herausfinden, in einer Kultur, die sich ständig verändert, im Wesentlichen dasselbe zu sagen.)

Es ist nicht schwer, die Hauptaussage dieses Absatzes zu entdecken. Paulus ist immer wieder auf die Frage der Beschneidung und des Unbeschnittenenseins zurückgekommen. Doch hier erwähnt er sie nun das letzte Mal in diesem Brief. Es handelte sich dabei natürlich um die große Frage, die hinter der Kontroverse in Galatien stand: Jüdische Christen versuchten, bekehrte **Heiden** zu überzeugen, dass sie beschnitten werden müssten, um vollgültige Mitglieder der Familie Abrahams zu sein. Paulus sagt unerbittlich, dass das nicht nötig ist. Im Römerbrief benutzt er einige derselben Argumente wie im Galaterbrief, doch dieses bestimmte Argument ist neu: Einfach ausgedrückt weist er darauf hin, dass 1. Mose 15 kurz vor 1. Mosel 17 kommt. Als Gott also den Bund aufrichtete und Abrahams Glauben zu seinen Gunsten anrechnete (im Sinne von „im Recht sein"), war Abraham immer noch unbeschnitten und blieb es auch noch eine Weile. Daher, so argumentiert Paulus, kann man unmöglich behaupten, Beschneidung sei notwendig für die Zugehörigkeit zur Familie Abrahams. Wäre dem so gewesen, wäre Abraham in jenen frühen Tagen selbst nicht als Bundespartner geeignet gewesen.

Das führt Paulus zur ersten von zwei entscheidenden Antworten auf die Frage in 4,1. In was für eine Familie sind wir geraten? Haben wir in Abraham unseren Vorfahren im physischen Sinne gefunden – mit anderen Worten: Müssen bekehrte Heiden beschnitten werden und sich als Teil des ethnischen Israel verstehen? Paulus' Antwort ist ein klares Nein. Abraham ist der Vater aller Glaubenden, sogar der Unbeschnittenen. Auch sie gehören zum Bund, einfach auf der Grundlage ihres Glaubens (Vers 11). Gleichzeitig beeilt er sich, dies in Vers 12 auszugleichen. Er will nicht, dass irgendjemand sich vorstellt, Mitgliedschaft in Abrahams Familie sei nun ausschließlich Heiden vorbehalten – zuallerletzt will er in der Gemeinde in Rom so etwas andeuten, wo solche Dinge zum Flächenbrand werden könnten. Nein: Abraham ist auch der Vater der Beschnittenen. Doch er fügt eine wichtige und immer noch kontroverse Fußnote hinzu: Abraham ist der Vater der Beschnittenen, die nicht bloß beschnitten sind, sondern die auch in den Fußstapfen des Glaubens Abraham folgen – des Glaubens, den er schon hatte, bevor er beschnitten wurde.

Viele Menschen sperren sich gegen diese Schlussfolgerung, aber sie ist tatsächlich unvermeidbar. Paulus hat die Familie Abrahams auf zwei Weisen neu definiert. Erstens: Er hat sie geöffnet, damit sie Heiden genauso wie Juden umfassen kann – speziell Heiden, die an das **Evangelium** glauben. Zweitens: Er hat die Familie allerdings auch eingeschränkt, sodass sie nun nicht mehr automatisch alle Juden umfasst. Juden – wie Paulus selbst und alle frühen Christen – sind natürlich willkommen, und Paulus wird später im Brief argumentieren, dass Gott viele weitere dabeihaben möchte. Doch das Kennzeichen, das auch sie nun tragen müssen, ist das des christlichen Glaubens.

Paulus muss gewusst haben, wie umstritten das damals sein würde. Und in unserer eigenen Generation ist es wieder so. Wir sind uns der Gefahr sehr deutlich bewusst, irgendetwas zu sagen, das auch nur implizit als antijüdisch, geschweige denn antisemitisch, ausgelegt werden kann. Wir müssen aber darauf bestehen, dass dieser Abschnitt und der Rest der Paulusbriefe weder antijüdisch noch antisemitisch sind. Tatsächlich gehört Paulus auf dieselbe Landkarte wie andere Anführer jüdischer Bewegungen in den zwei oder drei Jahrhunderten vor und nach Jesus. In dieser gesamten Periode scheint es ein Gespür dafür gegeben zu haben, dass Gott Israel irgendwie neu definierte, dass er Grenzen neu zog und eine Bundeserneuerung vollbrachte, bei der nichts als gegeben angenommen werden konnte. Paulus gehört auf diese (im Wesentlichen jüdische) Landkarte. Später weist er eindringlich den Vorwurf zurück, er würde seine jüdischen Geschwister außen vor lassen. Doch er bleibt eindeutig: Die Mitgliedschaft in Abrahams Familie basiert auf Glauben. Und unter diesem Glauben versteht er ganz klar den Glauben, den er am Ende des Kapitels detailliert beschreiben wird: einen Glauben, der seinen Fokus in Jesus und dessen Auferstehung findet – Auferstehung als dem großen Akt des einen wahren Gottes zur Erneuerung des Bundes. Das alles wird in den Kapiteln 9 – 11 weiter erkundet.

Heute und in jeder Generation muss die Kirche sicherstellen, dass ihre Tür weit genug offen steht, damit Menschen aus jeder ethnischen Gruppe, jeder Art von Familie, jeder geografischen Region, jedes moralischen (oder unmoralischen) Hintergrundes hereinkommen können. Doch sie muss auch sicherstellen, dass das Charakteristikum, das die Mitgliedschaft für diese multiethnische Familie definiert, mit Nachdruck verkündigt und eingehalten wird: der Glaube, dass Jesus der Herr ist und dass Gott ihn von den Toten auferweckt hat. Dieses Gleichgewicht zu halten und dies in dem richtigen Geist zu tun – das bleibt eine Hauptaufgabe für Christen im 21. Jahrhundert.

Römer 4,13-17: Abraham ist der Vater aller Glaubenden

[13]Ihr müsst wissen: Die Verheißung kam nicht durch das Gesetz zu Abraham oder seiner Familie – die Verheißung, dass er die Welt erben würde. Sie kam durch die Bundesgerechtigkeit des Glaubens. [14]Denn

wenn diejenigen, die zum Gesetz gehören, das Erbe erhalten würden, wäre der Glaube leer und die Verheißung beseitigt. [15]*Denn das Gesetz erregt Gottes Zorn; aber wo kein Gesetz ist, gibt es keinen Bruch des Gesetzes.*

[16]*Aus diesem Grund ist das Erbe „durch den Glauben": damit es im Einklang mit der Gnade sein kann und damit dadurch die Verheißung für die ganze Familie bestätigt werden kann – nicht einfach nur für diejenigen, die aus dem Gesetz sind, sondern für diejenigen, die den Glauben Abrahams teilen. Er ist der Vater von uns allen,* [17]*genau wie die Bibel sagt: „Ich habe dich zum Vater vieler Nationen gemacht." Dies geschah in der Gegenwart des Gottes, an den er glaubte, des Gottes, der den Toten das Leben schenkt und Dinge in die Existenz ruft, die nicht existieren.*

Ich bekam heute eine E-Mail von einem jüdischen Christen, der scharfen Einspruch gegen etwas einlegte, das ich sehr vorsichtig über die aktuellen Probleme im mittleren Osten gesagt hatte. (Ich habe vor einigen Jahren in Jerusalem gelebt und gearbeitet und habe immer noch Freunde dort in unterschiedlichen Teilen des verwirrenden Gemischs aus ethnischen und religiösen Gruppen.) Das Hauptargument meines Gesprächspartners bestand darin, dass Gott Israel das Land gegeben habe und dass diese Verheißung in unserer eigenen Zeit bestätigt worden sei. Der Sicherheit Israels und damit auch der Erweiterung des israelischen Staatsgebiets um das gesamte besetzte Westjordanland sollte daher nichts im Wege stehen.

Dies ist offensichtlich ein heißes Eisen, und es sieht (leider) so aus, als ob das auch noch einige Zeit so bleiben wird. Ich werfe dieses Thema hier auf, weil es direkt mit dem zu tun hat, was Paulus in Vers 13 tut (ein Vers, auf den ich meinen Gesprächspartner in meiner Antwort aufmerksam machte). Die Verheißung an Abraham und seine Familie, so sagt Paulus, bestand darin, dass er *die Welt* erben würde! Das ist atemberaubend. Im ersten Buch Mose erklärt der Verfasser immer wieder, dass Gott Abraham das Gebiet verheißen hatte, das damals

als das Land Kanaan bekannt war. Es war ungefähr das Gebiet, das wir heute als das „Heilige Land" kennen. In späteren Schriften wird dieses Gebiet manchmal erweitert, sodass es das ganze Gebiet zwischen dem roten Meer und dem Euphrat weit im Nordosten umfasste; doch Kanaan blieb das Zentrum. Selbst als Autoren, die viel näher an der Zeit von Paulus dran waren, die Vorstellung von einem „Heiligen Land" noch weiter ausdehnten, war das Zentrum immer noch das ursprüngliche Territorium.

Für Paulus und auch für das gesamte Neue Testament gilt allerdings: Die Vorstellung von einem Heiligen Land im Sinne eines Gebietes im Gegensatz zu allen anderen Gebieten ist schlicht und einfach verschwunden. An seine Stelle sind die Anfänge einer völlig verwandelten Vorstellung vom Land getreten: dass nämlich die ganze Welt – in Römer 8 die ganze Schöpfung – von Gott als „heiliges Land" in Anspruch genommen wird und dass diese ganze Welt Abraham und seiner Familie als ihr „Erbe" verheißen worden ist. Dies ist eine der atemberaubendsten Umformungen des üblichen jüdischen Denkens, die man sich vorstellen kann. Sie ist mit Sicherheit so wichtig wie die Entscheidung, von bekehrten **Heiden** keine **Beschneidung** zu verlangen. Sie ist natürlich eng mit jener dramatischen Änderung der jüdischen Erwartungen verwandt. In der neuen Welt, die von dem gekreuzigten und auferstandenen **Messias** beherrscht wird, zählt das Privileg der Geografie genau wie das der Geburt nicht mehr.

Innerhalb der Argumentation des Römerbriefes schaut diese überarbeitete Verheißung auf Römer 8 voraus, wie ich gerade erwähnte. Damit erweitert sich der Blick auf ein weiteres Hauptthema des gesamten Briefes. Gottes **Bund**esgerechtigkeit war immer dazu gedacht, die ganze Welt ins Lot zu bringen; als Schöpfer und Richter der Welt steht Gott mit Sicherheit unter der selbst auferlegten Verpflichtung, genau das zu tun. Es sollte daher keine Überraschung sein, dass in diesem Kapitel Folgendes geschieht: Wenn Paulus erklärt, wie die Familie Abrahams in eine multiethnische Größe verwandelt worden ist, dann betont er auch, dass Gottes eigentliche Absicht mit seiner Verheißung des Landes Kanaan an Abraham darin bestand, dass er die ganze Welt beanspruchen, beherrschen und erneuern wollte. Das Heilige Land war anscheinend eine Art vorgezogene Metapher für jenen größeren Zweck und jene größere Verheißung.

Der Hauptpunkt der Verse 13,14 und 15 lautet: Die Verheißungen wurden weder auf der Grundlage der Beschneidung gegeben, wie wir im vorherigen Abschnitt sahen, noch wurden sie auf der Grundlage des jüdischen **Gesetzes** gegeben. Abraham besaß das Gesetz nicht. Zu jener Zeit war es noch nicht gegeben worden. Doch Paulus benutzt dieses Argument hier nicht auf dieselbe Weise wie in Galater 3. Stattdessen warnt er vor etwas Dunklerem. Wenn man das Gesetz in die Gleichung einfügt, endet man damit, dass überhaupt niemand erbt.

Was meint er damit? Es braucht einige weitere Verweise auf dasselbe Problem (5,20; 6,14 und dann die entscheidende Passage 7,1 – 8,11), bevor wir ein vollständiges Bild davon zusammenfügen können, was Paulus über das Gesetz sagt. Und auch dann bleibt noch einiges übrig, was kommen wird, besonders in 9,30 – 10,13. Doch wir können hier schon mal beginnen, indem wir auf dem aufbauen, was in 2,17-29, 3,19-20 und 3,27-31 bereits vorausgegangen ist.

Das Hauptproblem mit dem Gesetz scheint darin zu bestehen, dass es die Funktion hat, Sünde aufzuzeigen und zu behandeln – und es gibt eine Menge Sünde aufzuzeigen und zu behandeln, nicht zuletzt innerhalb des Bundesvolkes selbst. Wenn daher das Gesetz ein entscheidendes Charakteristikum des Volkes Gottes wäre, dann hätte Gott schlicht und einfach überhaupt kein Volk. „Durch das Gesetz kommt die Erkenntnis der Sünde“, so sagt Paulus in 3,20; oder wie hier in Vers 15: „Das Gesetz erregt Gottes Zorn.“ Wenn es ein erneuertes Volk Gottes geben soll, dann muss es (in diesem Sinne) eine gesetzesfreie Zone für das Volk geben, in der es leben und aufblühen kann. Andernfalls wäre der **Glaube** (so sagt Vers 14) nutzlos – insbesondere der Glaube Abrahams –, und die Verheißung, die Gott Abraham gegeben hatte, wäre im Grunde aufgehoben.

Zugespitzt gilt wieder einmal: Wenn Heiden gleichberechtigt zu Gottes Volk hinzugekommen und dazugehören sollen, dann muss es Raum für sie geben, in dem sie dieses tun können – Raum, der nicht durch das jüdische Gesetz definiert wird. Die Verheißung muss für die ganze Familie gültig sein, nicht nur für einen Teil (Vers 16). Das bedeutet wie in 3,27-30, dass Heiden zu gleichen Bedingungen wie Juden dazustoßen können. Und all dies dient dazu, Abraham die multiethnische Familie zu geben, die Gott ihm ursprünglich verheißen hatte. Das Ende von Vers 16 und der Anfang von Vers 17 geben die eigentliche Antwort auf die Frage von Vers 1. Gott sagt: „Ich habe dich zum Vater vieler Nationen gemacht" (1. Mose 17,5). Paulus versteht dies dahingehend, dass die ultimative Familie, die Abraham verheißen war, niemals aus nur einer Nation, sondern aus vielen Völkern stammen sollte. Er ist „der Vater von uns allen".

Wie kommt dies zustande? Paulus greift frühere Hinweise auf und erklärt, dass das alles auf die schöpferische Kraft Gottes zurückzuführen ist. Gott schenkt den Toten das Leben und ruft Dinge in die Existenz, die vorher gar nicht existierten. Vielleicht denkt Paulus hier daran, auf welche Weise Juden wie er selber, die in gewissem Sinne bereits Bundesmitglieder waren, „Kinder des Zornes wie der Rest der Menschheit" waren (Epheser 2,3) und auf neue Weise lebendig gemacht werden mussten (vergleiche 11,15). Andererseits könnte er daran denken, dass die Heiden völlig außerhalb des Bundes standen (Epheser 2,12) und aus dem Nichts herbeigeholt wurden. Die Bekehrung eines Juden bedeutet „Leben aus den Toten" (11,15); die Bekehrung eines Heiden bedeutet „neue Schöpfung". Auf diese Weise hat Gott, der Schöpfer, der Lebensspender, eine neue Familie Abrahams ins Leben gerufen, gebildet aus glaubenden Juden und glaubenden Heiden, und zwar zu gleichen Bedingungen.

Nach meiner Erfahrung bedeutet vielen Christen die Tatsache, ein Kind Abrahams zu sein, nicht viel. Wir sind oft damit zufrieden, das den Juden zu überlassen, und vielleicht auch den Muslimen. Doch die Vorstellung von Abrahams multiethnischer Familie ist im Neuen

Testament wichtig (siehe z.B. Matthäus 3,8). Ist es nicht Zeit, dieses Thema aus dem Schrank zu holen, es abzustauben und wieder in Gebrauch zu nehmen?

Römer 4,18-25: Abrahams Glaube – und unserer

18 Gegen alle Hoffnung, aber immer noch in Hoffnung, glaubte Abra-
ham, dass er der Vater vieler Nationen werden würde, und zwar im
Einklang mit dem, was ihm gesagt worden war: „So wird deine Fa-
milie aussehen." 19 Er wurde nicht schwach im Glauben, als er seinen
eigenen Körper (der bereits so gut wie tot war, da er rund hundert
Jahre alt war) und die Leblosigkeit von Saras Mutterleib betrachtete.
20 Im Angesicht von Gottes Verheißung geriet er nicht ungläubig ins
Wanken. Stattdessen wurde er stark im Glauben und gab Gott die
Ehre, 21 denn er war völlig überzeugt, dass Gott die Macht hatte, das
zu vollbringen, was er verheißen hatte. 22 Das ist der Grund, warum es
ihm „im Sinne der Bundesgerechtigkeit angerechnet wurde".

23 Doch es wurde nicht nur für ihn allein aufgeschrieben, dass es
„ihm angerechnet wurde". 24 Es wurde auch für uns alle aufgeschrie-
ben! Es wird auch uns angerechnet werden, wenn wir an den glauben,
der unseren Herrn Jesus von den Toten auferweckt hat. 25 Jesus ist we-
gen unserer Übertretungen ausgeliefert worden und wegen unserer
Rechtfertigung auferweckt worden.

Als meine Familie und ich in den frühen 1980er-Jahren nach Kanada auswanderten, dachten wir oft an die frühen Pioniere: Sie kamen in ein neues und unbekanntes Land, ohne jede Vorstellung, was sie vorfinden würden, wie das Wetter sein würde, welches Getreide wohl wachsen würde oder ob es überhaupt irgendeine Zukunft oder Hoffnung gab. Wir besuchten Pionierdörfer mit noch bewirtschafteten Bauernhöfen, die zeigten, wie man damals arbeitete, und wir staunten über den unglaublichen Mut der Menschen, die drei- oder vierhundert Jahre vor uns gekommen waren.

Insbesondere dachten wir an ihren ersten Winter. Ich schreibe diese Zeilen an einem Wintertag in England. Es liegt ein wenig Schnee, aber die Temperatur bewegt sich um den Gefrierpunkt, nicht niedriger, und der Schnee wird bald geschmolzen sein. Schnee ist selten ein ernstes Problem – obwohl wir von Zeit zu Zeit plötzliche schwere Schneefälle haben und dann daran erinnert werden, wie das Leben in anderen Teilen der Welt aussehen kann. Man stelle sich jedoch vor, wie es in Kanada war, ohne Zentralheizung, heißes Wasser oder motorisierte Transportmöglichkeit. Die Familie wird krank; etliche Tiere sterben; das Getreide, das man gesät hat, ist unter meterhohem Schnee begraben, und der Boden darunter ist bis in eine Tiefe von mehreren Metern gefroren. Es wird Februar, dann März, und Schnee und Eis sind immer noch da. Wie lange wird der Winter nur dauern? Wie leicht wird es gewesen sein, sich zu wünschen, man wäre nie gekommen, wie leicht hätte man aufhören können, zu glauben und zu hoffen.

Die Pioniere hofften trotzdem, sie arbeiteten, gründeten Familien, Gemeinschaften, ein Land. Und an sie werde ich erinnert – es ist keine perfekte Illustration, aber es ist ein Anfang – wenn ich an den lächerlichen **Glauben** und die Hoffnung Abrahams denke, an den Glauben und die Hoffnung, die die **Bund**esfamilie überhaupt erst ins Leben riefen. In Abrahams Welt wusste jeder genau wie heute: Wenn ein Ehepaar jenseits der fünfzig kinderlos ist, ganz zu schweigen davon, wenn sie auf die hundert zugehen, dann ist es sehr wahrscheinlich, dass das so bleibt. Doch es war genau in dieser Lage, dass der lebendige Gott, der Schöpfer der Welt, gerade diesen Leuten seine außergewöhnliche Verheißung gab: Ihr werdet Kinder haben, die so zahlreich sein werden wie die Sterne am Himmel oder der Sand am Strand. Das ist die Verheißung, auf die in Vers 18 verwiesen wird, wo Gott sagt (1. Mose 15,5): „So wird deine Familie aussehen." Das ist die Verheißung, der Abraham glaubte, wie es im nächsten Vers in 1. Mose 15 heißt: „Das wurde ihm zu seinen Gunsten angerechnet, in dem Sinne, dass er im Recht war", oder wenn man es vorzieht: „Das wurde ihm als Grundlage seiner Bundesmitgliedschaft angerechnet." (Die ältere Sprache, „es wurde ihm zur Gerechtigkeit gerechnet", sendet so viele verschiedene Botschaften, dass es für uns beim Hören dieser Worte schwer ist, die Gedanken zu denken, die Paulus im Kopf hatte.) Dies war der Glaube im Zentrum der Familie. Glaube an den Gott, der scheinbar unmögliche Dinge verhieß und sie dann vollbrachte. Die Wendung „hoffen gegen alle Hoffnung", die wir manchmal benutzen, um anzudeuten, dass wir an etwas festhalten, auch wenn alles hoffnungslos erscheint, stammt ursprünglich aus Vers 18.

Paulus' Beschreibung von Abrahams Glauben geht allerdings tiefer als eine einfache Darstellung von heroischem Vertrauen angesichts schier unüberwindbarer Hindernisse. Es handelt sich um eine bewusste Umkehrung seiner Beschreibung der Degeneration der Menschheit in Kapitel 1. Es lohnt sich, auf 1,20 und die nachfolgenden Verse zurückzublicken. Paulus sagt, dass im Glauben von Abraham und im gleichartigen Glauben (Paulus wird am Ende des Kapitels zeigen, dass er damit grundsätzlich den christlichen Glauben meint) Menschen wiederhergestellt und befähigt werden, neu zu entdecken, wie ein wahrhaft menschliches Leben aussieht.

Die Logik funktioniert hier folgendermaßen: Die Menschen haben Gott, den Schöpfer, ignoriert (1,20.25); Abraham glaubte an Gott als den Schöpfer und Lebensspender (4,17). Die Menschen kannten Gottes Macht, aber sie beteten ihn nicht als Gott an (1,20); Abraham erkannte Gottes Macht an und vertraute darauf, dass er sie auch ausüben würde (4,21). Die Menschen gaben Gott nicht die Ehre, die ihm gebührt (1,21); Abraham gab Gott die Ehre (4,20). Die Menschen entehrten ihre eigenen Körper, indem sie Wesen anbeteten, die nicht göttlich waren (1,24); Abraham fand durch die Anbetung des Gottes, der neues **Leben** schenkt, heraus, dass sein eigener Körper seine Kraft wiedererlangte, obwohl er schon weit jenseits des Alters war, in dem man Kinder zeugt.

Das Ergebnis ist in beiden Fällen aufschlussreich. Die Menschen entehren ihre Körper, indem Frauen und Männer sich voneinander ab- und gleichgeschlechtlichen Beziehungen zuwenden (1,26-27); Abraham und Sara erhalten durch ihr Vertrauen auf Gottes Verheißungen die Kraft, ein Kind zu empfangen (4,19). Tief im Kern der Bundesverheißung Gottes liegt die Erfüllung des grundlegenden Gebotes aus 1. Mose 1, des Gebotes, das zur Schöpfung von Mann und Frau als Ebenbild Gottes gehört: Seid fruchtbar und mehret euch. Während sich Römer 4 dem Ende zuneigt, erkennen wir, dass Paulus vor diesem größeren Hintergrund sagt, dass der alte jüdische Traum in Erfüllung gegangen ist. Gott hatte Abraham berufen, das Problem der Sünde der Menschheit zu lösen, und dies ist der Weg, auf dem das geschehen ist. Gott ist der Gott der neuen Hoffnung, der neuen Fruchtbarkeit, weil er der Gott der Neuanfänge ist, der neuen Schöpfung.

Das geschah aber natürlich nicht allein durch Abraham. Er war ein Wegweiser, der in die Zukunft wies: der Anfang des langen, verschlungenen Weges, nicht das Ziel. Das Ziel selbst wurde in Jesus erreicht sowie in den Ereignissen seines Todes und seiner **Auferstehung**. Diese Ereignisse hat Paulus bisher nur sehr kurz erwähnt, in den einleitenden Worten (1,3-4) und in der dicht formulierten Beschreibung des rettenden Todes Jesu (3,24-25). Er geht jedoch davon aus, dass seine Leser wissen werden, wovon er spricht. Und während er seine Darstellung des Glaubens Abrahams abrundet, bringt er die Diskussion direkt auf den neuesten Stand.

Er hat bereits beschrieben, wie Gott diejenigen, die an Jesus glauben, mit unmittelbarer Wirkung zu Mitgliedern der Bundesfamilie erklärt und sicherstellt, dass ihre Sünden vergeben sind (3,21-31). Nun verankert er dies im ursprünglichen Bund als solchem. Abraham glaubte, dass Gott dort Leben schenken würde, wo keines war. Christen glauben, dass Gott Jesus von den Toten auferweckte. In beiden Fällen kann es sich nicht um eine raffinierte Berechnung handeln, um eine durchdachte Position, die dem Schöpfergott einfach nicht in die Augen schaut und ihm allen Widrigkeiten zum Trotz vertraut. In beiden Fällen kann es sich nur um die Anerkennung handeln, dass Gott

Gott ist, dass unser Leben und das Leben der Welt in seiner Hand sind, dass er seine neue Schöpfung bereits begonnen hat und uns einlädt, ihm zu vertrauen, dass er die ganze Sache zu Ende führt.

Der letzte Vers nimmt etwas vorweg, was Paulus durchgängig in den Kapiteln 5 bis 8 tun wird. Er rundet jedes Stadium der Argumentation in diesem langen Briefteil mit einem Verweis auf Jesus ab. Dabei handelt es sich nicht um eine bloße fromme Geste. Jesus wird nicht bloß erwähnt, weil man denken könnte, Paulus hätte ihn vergessen. Diese Erwähnungen zeigen vielmehr, worum es in der ganzen Argumentation eigentlich geht. Sie bringen uns zur Quelle und Kraft des paulinischen Denkens zurück. In diesem Fall fasst die Erwähnung Jesu alles zusammen, was im Hintergrund der gesamten vorausgegangenen vier Kapitel stand. Jesus wurde aufgrund unserer Übertretungen ausgeliefert; mit anderen Worten: Das ungeheure menschliche Böse, das die Welt entstellt hat, kam am Kreuz zusammen und wurde dort so behandelt, wie es das Böse verdient hat: Es wurde juristisch verurteilt (3,25; 8,3). Er wurde auferweckt wegen unserer **Rechtfertigung**, damit also erklärt werden konnte, dass wir „im Recht" sind, dass wir als Bundesmitglieder bestätigt sind; mit anderen Worten: Als Jesus von Gott von den Toten auferweckt wurde, sagte Gott nicht nur: „Er war und ist wirklich mein Sohn" (1,4). Er sagte auch: „Alle, die an ihn glauben, sind wirklich mein Volk."

Im Hintergrund von Paulus' eleganter Formulierung steht ein weiterer Verweis auf den leidenden Knecht aus Jesaja 53, auf den, „der viele gerecht machen und ihre Schuld tragen wird" (53,11). Der erste große Teil des Römerbriefes endet damit, dass Paulus im Grunde sagt: Die prophetischen Verheißungen sind wahr geworden; Abrahams Familie ist endlich rehabilitiert worden; das Gesetz ist erfüllt worden; Götzendienst, Sünde und Tod des Menschen sind entscheidend herausgefordert worden; Gott hat seinen eigenen Sohn als **Messias** gesandt, als Israels treuen Repräsentanten, damit er für Israel und die Welt das tut, was sie nicht für sich selbst tun konnten; denjenigen, die an das **Evangelium** glauben, an die **gute Nachricht** von seinem Sohn, wird zugesichert, dass sie das Volk des neuen Bundes sind, die eine weltweite Familie, die Abraham verheißen worden war.

All dies wirft alle möglichen Fragen auf, die Paulus nun im nächsten großen Teil des Briefes zu beantworten beginnt. Doch es sollte auch für uns Fragen aufwerfen. Teilen wir Abrahams Glauben? Schauen wir in Liebe, Dankbarkeit und Vertrauen auf den Schöpfergott, der unmögliche Dinge verheißt und sie zustande bringt? Haben wir gelernt, diesen Gott zu preisen und als eine Familie mit allen zu leben, die diesen Glauben und diese Hoffnung teilen?

Römer 5,1-5: Frieden und Hoffnung

1 Das Ergebnis lautet: Da wir aufgrund des Glaubens zu Menschen er-
klärt wurden, die „im Recht“ sind, haben wir Frieden mit Gott durch
unseren Herrn Jesus, den Messias. 2 Durch ihn ist uns ermöglicht wor-
den, uns im Glauben dieser Gnade zu nähern, in der wir stehen. Und
wir feiern die Hoffnung der Herrlichkeit Gottes.
3 Das ist aber nicht alles. Wir feiern auch in unseren Leiden, weil wir
wissen, dass Leiden Geduld hervorbringt, 4 Geduld bringt einen gut
ausgebildeten Charakter hervor, und ein derartiger Charakter bringt
Hoffnung hervor. 5 Hoffnung wiederum lässt uns nicht beschämt wer-
den, weil die Liebe Gottes durch den Heiligen Geist, der uns gegeben
worden ist, in unsere Herzen ausgegossen wurde.

Letzthin habe ich von einem berühmten Komiker gehört, der jahrelang in Radio und Fernsehen bekannt war. Seine Schlagfertigkeit und sein schier endloser Vorrat an Pointen sicherten ihm ein großes Publikum. Als er aber verstarb, berichteten die veröffentlichten Nachrufe auch die dunklere Seite seiner Geschichte. Er hatte sich mit seinem Vater entzweit, als er noch ein junger Mann war, und der Streit wurde nie beigelegt. Dann hat sich das tragische Muster wiederholt. Einer seiner eigenen Söhne hatte sich mit ihm entzweit, und der Kontakt war abgebrochen.

Da ich aus einer glücklichen Familie komme, in der man einander unterstützt, tue ich mich schwer, mir vorzustellen, wie sich so etwas anfühlen muss. Kaum vorstellbar, dass da jemand ist, nur einen Telefonanruf weit entfernt, der einer meiner nächsten Blutsverwandten ist ... und trotzdem will er nicht mit mir sprechen und ich will nicht mit ihm sprechen oder ihn sehen oder irgendetwas mit ihm zu tun haben. Kaum vorstellbar, dass das Jahr für Jahr so weitergeht. Dieses Bild hat etwas zutiefst Aufwühlendes an sich, und trotzdem weiß ich, dass nicht nur der oben erwähnte Komiker, sondern sehr viele Menschen in genau so einer Beziehung zu jemandem leben, der ihnen sehr nahesteht und mit dem sie sich überworfen haben.

Doch es gibt noch eine weit größere Tragödie. Eine große Zahl von Menschen lebt in genau so einer Beziehung zu Gott. Ich hörte gerade im Radio eine Frau, die unbekümmert darüber sprach, wie fasziniert sie von Religion sei, wie sie als Kind eine religiöse Phase hatte („Ich nehme an, jeder von uns hat so eine Phase", meinte sie gönnerhaft) und dass es trotzdem nicht den leisesten Beleg für Gott gäbe. Ich wollte sie fragen: „Von welchem Gott sprechen Sie?" Aber natürlich bekommt man nicht die Möglichkeit, das zu tun. Dann wandte ich mich wieder dem Römerbrief zu und überlegte mir: Hier, im Zentrum von allem, spricht Paulus von einer Versöhnung, durch die alle anderen Versöhnungen möglich werden.

„Da wir nun zu Menschen erklärt worden sind, die ‚im Recht' sind, haben wir" – was denn? Ein warmes Gefühl im Herzen? Einen Seufzer der Erleichterung, dass uns unsere Sünden vergeben sind? Ein neues Verständnis davon, was es heißt, zum Volk Gottes zu gehören? Ja, all das und mehr. Aber im Zentrum von allem steht, dass wir nun Frieden mit Gott haben. Nachdem Paulus in den Kapiteln 1 bis 4 das Fundament gelegt hat, beginnt er nun das eigentliche Gebäude darauf aufzurichten: ein Bild vom christlichen Leben, in dem alle alten Verheißungen Gottes wahr werden. Im Zentrum dieser Verheißungen steht die

Begründung einer liebenden, einladenden und persönlichen Beziehung zwischen einzelnen Menschen und dem Schöpfergott höchstpersönlich.

Das scheint offensichtlich für viele Menschen heute keinen Sinn zu ergeben. In der gleichen Radiosendung sagte jemand, zu glauben, dass es einen Gott gäbe, der sich tatsächlich in jedem Augenblick um jedes einzelne seiner menschlichen Geschöpfe kümmern würde, sei lächerlich. „Diese Millionen und Abermillionen von Menschen da draußen", sagte sie, „und hier soll Gott sein und mir zuschauen, wie ich mir meine Schnürsenkel zubinde!" So gesehen scheint diese Vorstellung tatsächlich absurd. Aber die eigentliche Absurdität besteht darin, sich Gott ähnlich wie einen Menschen vorzustellen, einfach ein bisschen größer und weitsichtiger. Der Gott der Bibel ist aber sehr viel geheimnisvoller. Er ist der Schöpfer der Welt, transzendent und über seiner Schöpfung stehend. Doch weil sein Wesen die Liebe selbst ist, ist es für ihn völlig normal (wie wir noch sehen werden), eine persönliche Beziehung mit jedem Einzelnen von uns aufzubauen.

Nun gut, mag es für ihn natürlich sein; uns erscheint es als alles andere als natürlich. Der Grund hierfür ist offensichtlich, jedenfalls wenn wir uns mit Römer 1,18-32 beschäftigt haben. Nicht nur unser Verhalten, sondern auch unser Denken und Fühlen wurden durch die Rebellion und Anbetung falscher Götter so verzerrt, dass wir annehmen, es sei schwierig, eine Beziehung zu Gott aufzubauen. Und sogar wenn wir das schaffen, wird es bestimmt schwierig und seltsam sein, diese Beziehung aufrechtzuerhalten – oder Gott wird sogar übergriffig und beängstigend werden. Natürlich gibt es da Probleme. Schon das Gebet ist nicht einfach. Paulus wird am Ende dieses Briefabschnittes davon schreiben (8,26-27). Dort spricht er von einem Seufzen im **Geist**, wenn man nicht weiß, was vor sich geht. Aber wir sollten nicht den Fehler machen, das für ein strukturelles Problem in der Beziehung als solcher zu halten.

Sobald wir versöhnt sind mit dem Gott, der unser Vater ist, entdecken wir, dass er nicht nur diese persönliche Beziehung zu uns genießen will, sondern uns auch für die Mitarbeit in seinem Dienst gewinnen möchte, um für sein **Reich** zu arbeiten. Und das wird alle möglichen Herausforderungen und Probleme mit sich bringen, die uns dazu bringen werden, im **Glauben** und in der Hoffnung auszuharren, auch wenn wir seine Gegenwart nicht spüren oder es sich nicht so anfühlt, als ob irgendetwas geschehen würde. Wir dürfen uns nicht vorstellen, dass unser *Gefühl*, Gott nahe zu sein, ein zutreffender Index der Realität ist. Gefühle trügen oft. Paulus fordert uns heraus, die Realität zu verstehen, die der solide Felsen unterhalb des beweglichen Sands unserer Gefühle ist.

Die ersten beiden Verse von Kapitel 5 preisen unseren Zugang zur Gegenwart Gottes. Wir haben „das Recht uns zu nähern“: Das ist die Sprache des **Tempels**, wo bestimmte Menschen Gott nahekommen konnten. „Gnade“ steht hier für die Gegenwart und Macht Gottes. Als Resultat davon, dass wir durch Glauben gerechtfertigt sind, sind wir, klassisch ausgedrückt, „im Stand der Gnade“, in einer Position, in der wir von der Liebe und Großzügigkeit Gottes umgeben und eingeladen sind, sie als unsere natürliche Luft einzuatmen. Wenn wir das tun, realisieren wir, dass wir hierfür geschaffen wurden, dass wahre menschliche Existenz so auszusehen hat und dass es der Anfang von etwas derart Großem, Massivem und so unvorstellbar Schönem und Kraftvollem ist, dass wir beinahe platzen, wenn wir darüber nachdenken. Wenn wir dort in Gottes Gegenwart stehen, nicht zitternd, aber zutiefst dankbar, und beginnen, seine Güte, seine Weisheit, seine Macht und Freude einzuatmen, dann spüren wir, dass wir eingeladen sind, den ganzen Weg zu gehen, wirkliche Abbilder Gottes zu werden, sein Bild zu tragen, so wie es ursprünglich gedacht war. Paulus sagt es so: „Wir feiern die Hoffnung der Herrlichkeit Gottes.“ Das ist die Herrlichkeit, die verloren ging durch Götzendienst und Sünde (3,23). Wenn wir schlussendlich seine Herrlichkeit erben, wird die ganze Schöpfung von der Vergänglichkeit befreit werden und wird mit uns unsere neu gefundene Freiheit teilen, die Freiheit, endlich unser wahres Selbst zu sein (8,21).

Kein Wunder, dass Paulus nun vom Feiern sprechen kann, selbst mitten im Leiden. Leiden ist der unvermeidliche Weg, auf dem wir reisen, während wir uns am Werk des Vaters mitten in dieser Welt beteiligen, die immer noch vergänglich ist. Er sagt nicht, und das gilt es zu beachten, dass wir unsere Leiden feiern (wie wir unsere Hoffnung feiern, Vers 2). Wir feiern, so sagt er, *in* unseren Leiden. Er sieht ein kontinuierliches Voranschreiten, in dem Gott unsere Leiden für den gleichen Zweck nutzt, für den er uns seine eigene Liebe und Gegenwart schenkt. Er will uns in die wahrhaft menschlichen Menschen verwandeln, die er sich ursprünglich vorgestellt hatte. Dieser Fortschritt führt von der Geduld zum Charakter und vom Charakter zur Hoffnung. Wir leben in einer Welt, die alles sofort will und die keine Stabilität des Charakters kennt, abgesehen vom hohlen Image, das die Medien erzeugen. Diese Welt wird ziellos hin- und hergerissen. Das **Evangelium** von Jesus dem **Messias** ruft uns auf, unter allen Umständen gegen den Strom zu schwimmen.

Wenn wir das tun, gibt uns das noch etwas Zusätzliches. Warum sagt Paulus, dass Hoffnung „uns nicht beschämt"? Warum sollte sie? Ich glaube, die Antwort ist, dass der Christ genau wie Abraham gerufen ist, immer und immer wieder „zu hoffen gegen alle Hoffnung" (4,18). In den Augen der Welt sehen wir lächerlich aus, weil wir auf etwas warten, das wir nicht sehen können (8,25). Wir selbst kommen uns aber nicht lächerlich vor, weil wir von etwas viel Tieferem getragen werden, von etwas, das direkt aus dem Geschenk „des Friedens mit Gott" und aus der Versöhnung erwächst, die Paulus ein paar Verse später beschreibt. Israel wurde geboten: „Liebe **JHWH**, deinen Gott, von ganzem Herzen." Paulus, der sich bewusst ist, dass die neue Familie, die er beschrieben hat, die wahre Familie Abrahams ist, erklärt jetzt, dass dies durch das Geschenk des **Heiligen Geistes** für uns zu einer Realität wird.

Viele Übersetzungen und viele Autoren, die über Paulus schreiben, verstehen Vers 5 anders. Sie meinen, es gehe hier darum, dass Gottes Liebe uns durch den Heiligen Geist auf eine neue Weise gegeben ist. Das ist bestimmt wahr, und Paulus wird so etwas Ähnliches im nächsten Abschnitt sagen. Aber ich denke nicht, dass es die Wahrheit ist, die er an dieser Stelle speziell hervorheben möchte. In diesem hier beginnenden Abschnitt macht Paulus Folgendes: Er konstituiert diejenigen, die zu Jesus gehören, als wahre Familie des **Bundes**. In ihnen erfüllen sich alle Verheißungen (und Gebote), die ursprünglich Israel galten. Er hat bereits auf das zentrale Gebot und Gebet Israels Bezug genommen, das „Schema" (3,29-30). „Höre und gehorche, o Israel: JHWH ist unser Gott, JHWH ist einer." Jetzt zeigt er, wie die, die vom Evangelium erfasst wurden, als das Volk gekennzeichnet ist, das diesem Gott „den Gehorsam des Glaubens" (1,5) bietet, in dem sie ihn von ganzem Herzen lieben.

Diese Verse sind vollgepackt mit wunderbarem Material. Wir könnten sie noch viel länger untersuchen. Aber abschließend müssen wir sagen: Diese Verse leiten den langen Abschnitt der Kapitel 5 – 8 ein und weisen darum auf verschiedene Themen hin, die wir später noch beleuchten werden. Eine der großen Herausforderungen beim Lesen des Römerbriefs besteht darin, die gesamte Argumentation im Blick zu behalten und zu sehen, wie sie wächst und sich entwickelt. Paulus schreibt nicht einfach ein paar kurze Aufsätze über verschiedene Aspekte der christlichen Wahrheit. Wenn wir lernen, dem Gedankengang zu folgen, wird es uns den Atem verschlagen angesichts der Kraft von Gottes Wahrheit.

Und natürlich angesichts der Tiefe der Liebe Gottes. Halten Sie einen Moment inne und preisen Sie im Gebet dankbar die große Tatsache, dass wir in Gottes Gegenwart willkommen sind, Frieden finden und Hoffnung haben.

Römer 5,6-11: Der Tod Jesu zeigt uns Gottes Liebe und garantiert uns die letztendliche Rettung

6All dies basiert auf dem, was der Messias getan hat: Genau in dem
Moment, als wir noch schwach waren, starb er für die Gottlosen. 6Nur
selten findet man jemanden, der für einen ehrenwerten Menschen ster-
ben würde – obwohl es wohl vorkommen kann, dass jemand für einen
guten Menschen stirbt. 8Doch Gott zeigte uns seine Liebe folgender-
maßen: Der Messias starb für uns, als wir noch Sünder waren.

9Um wie viel mehr werden wir in diesem Falle – da wir ja nun durch
sein Blut zu Menschen erklärt worden sind, die im Recht sind – durch
ihn vor dem kommenden Zorn Gottes errettet werden! 10Ihr müsst
wissen: Als wir Feinde waren, wurden wir durch den Tod seines Soh-
nes mit Gott versöhnt; wenn dem so ist, um wie viel mehr werden
wir durch sein Leben gerettet werden, nachdem wir bereits versöhnt
worden sind. 11Und das ist immer noch nicht alles. Wir feiern sogar
in Gott, durch unseren Herrn Jesus, den Messias, durch den wir diese
Versöhnung jetzt empfangen haben.

In der Kirche hört man ja alle möglichen seltsamen Dinge. So habe ich gehört, dass das **Evangelium** des Johannes von der Liebe Gottes handelt, während es in den Briefen von Paulus nur ums **Gesetz**, um Gerechtigkeit und ähnlich schwierige, schwer verdauliche Dinge geht. Dieser Abschnitt entzieht einer solchen Theorie komplett den Boden, und dasselbe gilt im Grunde genommen auch für das Johannesevangelium: Johannes' Vision von der Liebe Gottes glüht wie Stahl im Ofen der bitteren Ablehnung, die Jesus erfährt. Er trifft auf allen Seiten auf Unverständnis, angefangen bei seinen **Jüngern** über die Volksmenge bis zu den Hauptpriestern und zu Pilatus. Aber Paulus' Vision von der Liebe Gottes, die wie die Sonne an einem klaren Sommermorgen aufgeht, scheint durch alle Details hindurch, die wir uns bereits angesehen haben. Es gilt, früh aufzustehen, aus dem Bett zu kommen und die Vorhänge zur Seite zu ziehen, um diese Vision zu sehen. Darum ging es in den ersten vier Kapiteln. Aber da wir das nun alles getan haben, können wir die Aussicht genießen.

Und von ihr fasziniert sein. Gottes Liebe hat alles getan, was wir brauchen und brauchen werden. Während Paulus weiter die Bedeutung der Versöhnung untersucht, die zwischen Gott und Mensch stattgefunden hat, taucht er ein in die Tiefen dessen, was Gott tun musste, um das zu erreichen. Aber bevor wir uns das anschauen können, gibt es etwas Seltsames und Kraftvolles in diesem Abschnitt, das Paulus bis jetzt noch nicht explizit erwähnt hat, das uns aber beinahe unbewusst klar wird. Es ist Folgendes: Wenn wir auf Jesus schauen, den **Messias**, dann sehen wir den, der Gottes Liebe verkörpert, wir sehen Gottes Liebe in Aktion.

Nehmen wir Vers 8. Was Paulus hier sagt, ergibt keinen Sinn – es sei denn, Jesus war in seinem Leben und Tod die Inkarnation, die Fleischwerdung (das bedeutet „Inkarnation“) des lebendigen, liebenden Gottes. Letztendlich ergibt es keinen Sinn, wenn ich zu Ihnen sage: „Ich sehe, dass Ihr Leben komplett durcheinander ist. Ich liebe aber so sehr, dass ich ... *jemand anders* schicken werde, der Ihnen hilft, da rauszukommen.“ Wenn der Tod des Messias zeigt, wie sehr Gott uns liebt, dann kann das nur deshalb der Fall sein, weil der Messias der wahre, im umfassenden Sinn menschliche Mensch ist (wie viel menschlicher kann man werden, als dass man gekreuzigt wird?), in dem der lebendige Gott ganz und gar anwesend ist. Paulus hat in seinem Brief nicht erklärt, wie das geschehen kann. Er geht einfach davon aus. An anderen Stellen in seinen Briefen sagt er darüber etwas mehr, aber dennoch nicht so viel, wie wir es wohl gerne gehabt hätten. Aber es ist klar, dass er fest daran glaubte, dass Jesus (wie wir sagen) wahrer Gott war und dass das kein abseitiger Glaube war, der von außen seinem Denken übergestülpt wurde. Vielmehr war es eines der Schlüsselelemente, die alle anderen zusammenbinden.

Im Speziellen verbindet dieser Glaube seine Sicht der Liebe Gottes mit der christlichen Hoffnung. In Römer 5 – 8 geht es, aus einem Blickwinkel betrachtet, immer um Hoffnung: die solide, sichere Hoffnung, dass alle, die durch den **Glauben** an seine Tat in Jesus zu Gott gehören, der schlussendlichen Rettung versichert sein können. Wie diese Rettung aussehen wird, ist im Moment nicht Paulus' Thema. Er wird in Kapitel 8 mehr darüber sagen. Im Moment betont er, was seine Leser seit 2,1-16 wissen müssten: Wenn das letzte Gericht kommen wird, werden sie gerettet werden.

Wir sollten nicht vergessen, wie sich das Bild von der **Rechtfertigung** in der Praxis auswirkt. Paulus hält sich immer die Vergangenheit, die Gegenwart und die Zukunft von Gottes Werk vor Augen. Er hat die ultimative Zukunft in Kapitel 2 skizziert. Es wird der Tag kommen, an dem Gott alle menschlichen Geheimnisse richten wird. Dieses Gericht wird absolut gerecht, fair und unparteiisch sein. Wenn uns das erschaudern lässt, dann ist das nur recht so. Aber dann hat er in 3,21 – 4,25 detailliert dargelegt: Wenn Menschen an Gottes **gute Nachricht** von Jesus glauben, wird ihnen in der Gegenwart zugesichert, dass sie bereits zur Familie des **Bundes** gehören. Diesen Menschen sind die Sünden bereits vergeben, und sie haben bereits das Urteil „im Recht" in Gottes Gerichtssaal erhalten. Wir müssen fragen, wie Gott das wissen kann. Wie kann es sein, dass Menschen, die noch ihr ganzes restliches Leben vor sich haben und jede Menge Übles zustande bringen könnten, bereits jetzt zugesichert bekommen, dass das zukünftige Urteil bereits bekannt ist?

Ein Gutteil von Römer 5 – 8 wurde als Antwort auf diese Frage geschrieben (wenn es auch noch andere wichtige Themen gibt, wie wir gleich sehen werden). Aber die Antwort beginnt hier. Damit das Urteil der Gegenwart in der Zukunft bestätigt werden kann, muss es seine Grundlage in dem haben, was Gott durch den Tod von Jesus bereits getan hat. (Paulus kehrt in 8,31-39 mit großer Begeisterung zu diesem Thema zurück.) Der Tod des Messias zu unseren Gunsten, als wir schwache und hilflose Sünder waren (Verse 6 und 8), zeigt, wie sehr Gott uns liebt. Und wenn er uns so sehr liebt, können wir ihm vertrauen, dass er uns vor dem kommenden Tag des Gerichts retten wird (Vers 9). Gott hat bereits das Undenkbare getan, indem er seinen Sohn sandte, um für uns zu sterben, als es nichts gab, das wir Gott hätten vorweisen können. Tatsächlich hatten wir alles getan, um ihn gegen uns aufzubringen. Kurz, wir waren seine Feinde (Vers 10). Jetzt, da wir seine Freunde sind, versöhnt mit ihm in der Art, wie es in den Versen 1 und 2 beschrieben wird, wird uns Gott demnächst nicht einfach verlassen.

Das Argument, das Paulus hier gebraucht, ist mit dem Ausdruck „wie viel mehr" gekennzeichnet und aus jüdischen und anderen Logiksystemen bekannt. Wenn Gott den schwierigen Teil vollbracht hat, wie viel mehr wird er die Aufgabe erledigen, indem er den leichten Teil tut. Wenn jemand eine blanke Felswand bezwungen hat, um den Gipfel eines Berges zu erreichen, wird er sich nicht abhalten lassen, wenn am Ende noch ein einfacher Grashügel zu überqueren ist, um zum eigentlichen Gipfel zu gelangen. Wenn jemand ans andere Ende des Landes gefahren ist, durch Regen, Schnee und eisigen Nebel, um dort einen Freund zu treffen, dann wird er seine Reise nicht in dem Moment aufgeben, in dem er bei schönstem Wetter beim Haus ankommt und er nur noch den Weg durch den Garten zum Haus gehen und auf die Klingel drücken muss. Das ist die Stoßkraft der paulinischen Argumentation in den Versen 9 und 10.

Vers 11 kommt etwas überraschend. Das Schlüsselwort, das hier mit „feiern" übersetzt wird, ist entscheidend. Es schaut auf das zurück, was Paulus in den Versen 2,17 und 3,27 gesagt hat. Alle, die unter dem Gesetz des Mose lebten, wie es Paulus selbst getan hat, „feierten" die Tatsache, dass der Schöpfergott ihr Gott war. Sie „rühmten sich" (dieses Wort kann gleichzeitig eine positive und eine negative Bedeutung haben), dass ihr Besitz des Gesetzes ihnen einen speziellen Status garantierte. Paulus hat aufgezeigt, dass dieses Feiern hohl ist, dass dieses Rühmen leer ist. Aber durch das Evangelium von Jesus, gerade weil es allen menschlichen Stolz an den Wurzeln abgehauen hat und weil es mitten im Leiden angenommen wird, gibt es einen Grund, dass wir einmal mehr mit dem Psalmisten sagen können: „Dieser Gott ist unser Gott für immer und ewig" (Psalm 48,15). Und mit Paulus können wir sagen: „Wenn Gott für uns ist, wer kann gegen uns sein?" (8,31). Die Tatsache, dass diese Aussage mitten im Relativismus unserer Zeit unwahrscheinlich arrogant klingen mag, sollte uns nicht davon abhalten, sie aus ganzem Herzen anzunehmen. Es ist die persönliche Liebe Gottes, die es uns erlaubt, solche Aussagen zu machen, und darüber können wir uns freuen.

Der Widerstand gegenüber solchen Aussagen kommt wohl vom bleibenden Impuls, sich gegen die Herrschaft von Jesus zu wehren, durch den alles bewerkstelligt wurde. Paulus lebte in einer Welt, in der andere „Herren" regierten und sich gegen alternative Kandidaten für diese Position wehrten. In einer solchen Welt leben auch wir.

Römer 5,12-17: Das große Bild in aller Kürze: Adam und der Messias

[12]*Daher gilt: Genau wie die Sünde durch einen einzigen Menschen in
die Welt kam, und der Tod durch die Sünde, und wie auf diese Weise
der Tod sich auf alle Menschen ausbreitete, indem alle sündigten …*
[13]*Ihr müsst wissen: Die Sünde war sogar in der Welt, als das Gesetz
nicht vorhanden war, obwohl die Sünde nicht angerechnet wird, wenn
kein Gesetz vorhanden ist.* [14]*Doch der Tod regierte von Adam bis
Mose, selbst über die Menschen, die nicht sündigten, indem sie wie
Adam ein Gebot brachen – Adam, der ein Vorläufer dessen war, der
kommen sollte.*

[15]*Es ist jedoch nicht wie in dem Spruch: „Wie die Übertretung, so
auch das Geschenk." Denn wenn durch die Übertretung des einen
Menschen viele gestorben sind, um wie viel mehr ist Gottes Gnade und das Gnadengeschenk durch den einen Menschen Jesus, den
Messias, für viele im Übermaß vorhanden.* [16]*Es ist auch nicht so wie
in dem Spruch: „Wie durch die Sünde des einen, so auch das Geschenk." Denn das Gericht, das der einen Übertretung folgte, resul-*

tierte in einem negativen Urteil, doch das freie Geschenk, das vielen
Übertretungen folgte, resultierte in einem positiven Urteil. 17*Denn*
wenn durch die Übertretung des einen der Tod durch diesen einen
regierte, um wie viel mehr werden dann diejenigen, die das Übermaß
der Gnade sowie das Geschenk der Bundesmitgliedschaft empfangen,
die also „im Recht" sind, im Leben durch den einen Mann Jesus re-
gieren, den Messias.

Der Bildhauer war zufrieden mit seinem Werk. Es war eine schöne Statue, die auf dem zentralen Platz der Stadt gut aussah. Der dargestellte Mann hatte sein ganzes Leben in dem kleinen Seehafen verbracht und war bekannt geworden, weil er die Rettungsstation aufgebaut hatte. Seine Bekanntheit wurde zu Ruhm, als er unter Einsatz seines Lebens beinahe eigenhändig eine ganze Bootsbesatzung gerettet hatte, die während eines Wintersturms auf Grund gelaufen war. Die ganze Stadt war dankbar, und darum hatte man dem Bildhauer den Auftrag erteilt, eine Statue von ihm anzufertigen.

Aber es dauerte nicht lange, bis die Probleme begannen. Im nächsten Sommer kam eine Gruppe von lärmenden Jugendlichen in die Stadt, um sich zu amüsieren. Sie verwüsteten die kleine Hauptstraße, zerbrachen ein paar Fensterscheiben und beschimpften die Passanten. Als sie die Statue erreichten, entschieden sie, dass sie nun wirklich Spaß haben wollten. Zuerst verschmierten sie sie mit roter Farbe. Dann warfen sie mit Steinen nach ihr. Als Nächstes sprang einer nach dem anderen mit Anlauf an der Statue hoch und trat nach ihr. Nach einigen Minuten brach die Statue, die für eine solche Misshandlungen nicht geschaffen war, von ihrem Sockel, krachte auf die Straße und zerbarst in Stücke. Die Jugendlichen flohen, immer noch lachend.

Der Stadtrat beriet über das weitere Vorgehen und ließ den Bildhauer holen. Sie waren entschlossen, sich nicht geschlagen zu geben. Sie wollten eine erneuerte Statue, genau wie die erste. Aber der Bildhauer hatte eine bessere Idee. Er würde sie wiederherstellen, aber aus viel robusterem Material. Zudem würde sie auch noch besser aussehen. Er würde die Dinge nicht einfach wieder in Ordnung bringen, wie sie gewesen waren. Nein, nun hatte er die Gelegenheit, etwas wirklich Spektakuläres zu schaffen.

Die Story könnte weitergesponnen werden. Ich stelle mir vor, wie die Jugendlichen in einem Boot in Schwierigkeiten geraten, wie die Küstenwache sie daraufhin rettet und sie endlich zur Vernunft kommen. Aber wir sind weit genug gegangen, um den Hauptaspekt klarzumachen, der uns mitten in Paulus' kompaktem und schwierigem Abschnitt vielleicht entgangen wäre. Der Hauptaspekt ist folgender: Was Gott in dem einen Menschen Jesus, dem **Messias,** getan hat, ist weitaus mehr, als die menschliche Rasse einfach wieder an den Punkt zu bringen, an dem sie vor dem Sündenfall gewesen war. Die Statue wurde erneuert, aber sie ist viel prachtvoller als zuvor. Es geht nicht darum, dass „Gott in Ordnung bringt, was wir verbockt haben". Noch ist es ein Fall von „was wir in böser Absicht getan haben, erwidert Gott in Gnade". Gott hat weitaus mehr getan. Das ist der Gedanke, der den Versen 15, 16 und 17 zugrunde liegt.

Paulus kommt zu diesem Punkt in seinem Brief, weil er endlich etwas Abstand nimmt und einen Überblick über seine bisherige Argumentation gibt. Das heißt, dass er die Story von Adam und vom Messias erzählen muss. Das eigentliche Ziel beim **Bund** mit Abraham besteht, wie wir schon oft betont haben, darin, die erste Sünde der Menschheit zunichtezumachen, den grundlegenden Götzendienst, der zur Auflösung und zum Zerfall des echten Menschseins führte und schließlich im Tod endete. Paulus hat nun gezeigt, dass die Verheißungen an Abraham in und durch Jesus, den Messias, erfüllt wurden, und er hat darüber hinaus einen flüchtigen Blick darauf geworfen, wie das im Sinne der zukünftigen Hoffnung zu verstehen ist (5,1-11). Jetzt ist er an einem Punkt, an dem er das große Bild, das nun erscheint, skizzieren kann. Es ist das Bild, von dem aus er seine Beschreibung von Gottes erneuertem Volk in den Kapiteln 6 und 8 entwickeln wird.

„Skizze" ist hier allerdings der genau passende Ausdruck. Mehr als irgendwo sonst in seinen Briefen erlaubt Paulus seinem Denken ein solches Tempo, dass er scheinbar nur ein Wort schreibt, wenn es eigentlich vier oder fünf brauchen würde, um klarzumachen, was er genau meint. Wir hinken hinterher und versuchen so gut es geht zu verstehen, während langsam das folgende Bild auftaucht.

Er beginnt in Vers 12, als ob er ein ausgewogenes Bild entwerfen möchte. Wie durch einen Menschen die Sünde in die Welt kam, so wurde Gott auch durch einen Menschen damit fertig. Aber er hält auf halbem Weg inne, dort wo die drei Punkte am Ende des Verses stehen. Er bemerkt, dass es zunächst noch zwei verschiedene Dinge zu sagen gibt, bevor er diese direkte Gegenüberstellung entfalten kann. Der erste zusätzliche Punkt wird in den Versen 13 und 14 beschrieben. Der zweite ist Thema der Verse 15, 16 und 17, die wir bereits kurz angeschaut haben.

Die Verse 13 und 14 erklären ein Rätsel, das sonst im Wege stehen würde. Eine lange Zeit verging zwischen Adam und Mose. Adam bekam einen direkten Befehl und missachtete ihn. Gott gab Israel eine ganze Reihe von direkten Befehlen durch Mose, und sie missachteten sie. Aber zwischen diesen beiden, im Schnelldurchlauf durch die frühe Geschichte, haben Menschen weiter gesündigt und sind gestorben, obwohl es kein Gesetz gab, das kontrollierte, was sie taten. Der Platz und die Rolle des mosaischen Gesetzes innerhalb der umfassenden Herrschaft der Sünde sind für Paulus sehr wichtig, wie wir in Kapitel 7 noch genauer sehen werden. Darum ist es wichtig für ihn, potenzielle Missverständnisse in diesem Bereich von Beginn aus dem Weg zu räumen.

Wir sahen bereits, dass die Verse 15,16 und 17 zeigen, dass das Projekt, die Menschheit wieder ins Lot zu bringen, viel mehr umfasst als einfach die Sünde von Adam und ihre Konsequenzen rückgängig zu machen. Die „Übertretung" und das „Geschenk" sind nicht einfach einander entsprechende Gegenkräfte. Der Tod ist völlig negativ. Gottes Geschenk des **Lebens** kann nicht einfach damit verglichen werden, als ob Tod und neues Leben einfach ebenbürtige Gegensätze wären. Das „negative Urteil" und die „Verdammnis", die der ursprünglichen

Übertretung folgten, waren die direkten Resultate der Taten. Aber Gott ergriff die Initiative in einer Situation, in der nichts anderes als Sünde zu sehen war. Die Menschheit lag in Trümmern, und Gott kam und machte aus seinen menschlichen Geschöpfen etwas viel Besseres, als sie ursprünglich gewesen waren.

In Vers 17 wird dieser Kontrast noch stärker hervorgehoben. Das Resultat der Sünde war die „Herrschaft der Sünde“: Der Tod, der ultimative Ausdruck von Vergänglichkeit und Auflösung, herrscht in der Gegenwart über die ganze Welt und über alles, was darin ist. Doch während wir „die Herrschaft des Lebens“ als andere Hälfte des Gegensatzpaares hätten erwarten können, geht Paulus noch einen Schritt weiter. Jetzt warten wir ebenfalls auf eine Herrschaft – aber nun auf die Herrschaft derjenigen, die das Geschenk der Bundeszugehörigkeit von Gott erhalten haben, also den Status: „im Recht“. Paulus spricht nicht oft von der kommenden „Herrschaft“ derjenigen, die zu Jesus gehören (ein Thema, das wir in anderen frühchristlichen Texten finden, z.B. in Offenbarung 20,4.6; 22,5). Doch hier ist er ziemlich deutlich, ähnlich wie in 1. Korinther 6,2. Das „Reich Gottes“, also Gottes souveräne und rettende Herrschaft über die Welt, wird in der Gegenwart durch Jesus, den auferstandenen Herrn, ausgeführt. Aber es scheint so, als würde diese Herrschaft in der Zukunft durch die erlöste Menschheit ausgeübt werden, durch die, die in der Gegenwart den Status „im Recht“ erhalten haben, also die Bundesmitgliedschaft.

Paulus ist nun bereit, auf Vers 12 zurückzukommen, mit dem er begann. Noch einmal stellt er seinen direkten Vergleich dar: Wie durch einen Menschen ..., so durch einen Menschen. Aber bevor wir zum nächsten Abschnitt kommen, sollten wir einen Moment innehalten und über die überwältigende Großzügigkeit der Gnade Gottes nachdenken. Wenn man die Verse 15, 16 und 17 anschaut, fällt auf, wie oft das Wort Geschenk vorkommt. Haben wir das ungeheure Ausmaß der Großzügigkeit Gottes wirklich begriffen?

Römer 5,18-21: Die triumphale Herrschaft der Gnade

[18]So gilt also: Genau wie das Ergebnis der Übertretung eines Men-
schen die Verdammnis aller Menschen war, so ist das Ergebnis der
rechtschaffenen Tat eines Menschen die Rechtfertigung und das Le-
ben aller Menschen. [19]Denn wie durch den Ungehorsam eines Men-
schen viele den Status „Sünder“ erhielten, so werden viele durch den
Gehorsam eines Menschen den Status „im Recht“ erhalten.

[20]Das Gesetz trat hinzu, damit die Übertretung das volle Maß er-
reichte. Doch wo die Sünde zunahm, da war die Gnade im Überfluß
vorhanden, [21]damit gelten konnte: Wie die Sünde im Tod regierte, so
sollte auch durch Gottes treue Bundesgerechtigkeit die Gnade regie-
ren, zum Leben des kommenden Zeitalters, durch Jesus, den Messias,
unseren Herrn.

Gott hat es getan; Gott wird es wieder tun. Das ist die dramatische Aussage dieses kleinen Abschnitts, der die Story des gesamten Briefes bis hierhin zusammenfasst.

Das mag seltsam klingen, weil das Wort „Gott“ in diesem Abschnitt im griechischen Text gar nicht vorkommt. Aber was Paulus hier tut, ist noch eindrücklicher. Er spricht in den Versen 18 und 19 vom Resultat der Tat Jesu und in den Versen 20 und 21 von Gnade. Dadurch weist er auf den Gott hin, dessen rettender Plan nun in die Tat umgesetzt wurde. Wie ein guter Geschichtenerzähler überlässt er es dem Zuhörer, sich den vorzustellen, der sich einen solchen Plan überlegen und ihn in die Tat umsetzen konnte. Er trägt das Pseudonym „Gnade“.

Anstelle einer Statue, die ramponiert ist und ersetzt wird, stellen wir uns nun zwei verschiedene Statuen vor, die sich auf dem zentralen Platz einer Kleinstadt gegenüberstehen. Die erste ist eine traurige und grimmige Figur. Es ist die Totenmaske eines ehemals noblen Menschen, der nach einem Leben voller Torheit und Verschwendung nun die unübersehbaren Zeichen des Verfalls auf seinem Gesicht trägt. Die zweite Statue strotzt nur so vor **Leben** und Begeisterung, als ob sie jeden Moment von ihrem Sockel springen und aus schierer Ausgelassenheit akrobatische Tricks vorführen würde. Dieses Bild spiegelt etwas vom Kontrast wider, der in diesem Vers zwischen den beiden Typen von Menschen herrscht. Paulus wird in den kommenden Kapiteln noch viel mehr über diese beiden Typen sagen, darum ist es wichtig, sie möglichst schnell kennenzulernen.

Der erste Typ ist die Menschheit im Stile Adams, die Menschheit, die den „einen Menschen" Adam widerspiegelt, der Gottes Gebot übertrat und dadurch Sünde und Tod in die Welt gebracht hat. (Paulus diskutiert nicht über die Frage, welche tatsächlichen Geschehnisse hinter den Ereignissen aus Genesis 3 stecken, und darum sollten auch wir es nicht tun. Es reicht zu sagen, dass die Vorstellung von einer schönen und guten Welt, die an einem Punkt in der Geschichte durch menschliche Rebellion zerstört wurde, für alles frühchristliche wie auch für alles frühjüdische Denken grundlegend bleibt.) Das Bild einer Menschheit im Zustand der Sünde ist allerdings ein klägliches Bild. Sünde bringt Verdammnis (Vers 18), also das letzte Gericht, das in 2,1-16 beschrieben wird. Das bedeutet, dass diejenigen, die im Zustand der Sünde leben, den Status „Sünder" haben (Vers 19). Sie sind also nicht grundsätzlich gute Menschen, die einfach ab und zu etwas Böses tun. Vielmehr sind sie von Grund auf mit Makeln behaftet. Diese zeigen sich immer wieder in spezifischen sündigen Taten.

Im Gegensatz dazu wurde durch die „rechtschaffene Tat" des einen Menschen Jesus, des **Messias**, ein neuer Typ Mensch in dieser Welt freigesetzt. Das Wort, das ich mit „rechtschaffen" übersetzt habe, lässt alle Resonanzen der „Gerechtigkeit" und der „Bundestreue" anklingen, die eine wichtige Rolle in der bisherigen Argumentation von Paulus gespielt haben. Jesus war die Verkörperung von beidem, von Gottes Bundestreue und vom treuen Gehorsam, den Israel (3,2) Gott hätte erweisen sollen, aber schuldig blieb. Hier fasst Paulus zusammen, was er über die Treue des Messias in 3,22 gesagt hat. Seine „Rechtschaffenheit" (Vers 18) und sein „Gehorsam" (Vers 19; vergleiche dazu Philipper 2,8) beschreiben, worum es beim Tod Jesu im Kern ging. Es wird deutlich, dass Paulus zutiefst überzeugt ist, dass dies der Höhepunkt von Gottes Rettungsplan war. Als Gott den Bund mit Israel einging, war Israel als Mittel Gottes gedacht, um mit dem Bösen fertigzuwerden, das Gottes Welt infiziert hatte. Jetzt, im Messias, wurde diese Absicht erfüllt.

Die erneuerten Menschen, die aus dieser Tat hervorgehen, werden also zu solchen erklärt, die „im Recht" sind – und zwar bereits jetzt in der Gegenwart, wie wir gesehen haben. Zudem wird ihnen „Leben" in der Zukunft zugesichert. Das ist die Bedeutung von „**Rechtfertigung** und Leben" in Vers 18 und des Status „im Recht" in Vers 19. Diese Verse betonen zudem die Universalität von Adams Sünde und von Jesu Rettungstat. Diese Dinge wurden nicht nur zugunsten eines Teils der Menschheit getan, vielmehr gelten sie allen, Juden und **Heiden** gleichermaßen. Paulus hat dies in den vorhergehenden Kapiteln mehrmals betont.

Vers 20 allerdings bringt noch einen anderen Hinweis, im Einklang mit einem Thema, das in den vorhergehenden Kapiteln oft erwähnt wurde. Ein zusätzlicher, verstörender Faktor kam in einem Teil der Menschheit dazu, der Menschheit nach dem Modell Adams. „Das **Gesetz** ist hinzugekommen." Warum hat Paulus das jüdische Gesetz hier eingeführt und was sagt er dazu?

Es ist ein aufschlussreicher Moment. Viele Juden seiner Zeit, der „alte" Paulus eingeschlossen, hätten das Gesetz als den Beginn des neuen Modells der Menschheit angesehen. Israel war berufen, sich vom Rest der Welt zu unterscheiden. Gott gab seinem Volk sein Gesetz, um diese Absicht Wirklichkeit werden zu lassen. Wir werden sehen, dass dies in einem gewissen Sinne immer noch stimmt. Wenn wir uns mit dem Gesetz bei Paulus beschäftigen, stellen wir fest, dass hier nichts unkompliziert ist.

Aber der Punkt, den Paulus betonen will, betrifft die Ankunft der **Tora**, des Gesetzes, im Volk Israel. Das war keineswegs der Startschuss eines neuen Typs von Menschheit; vielmehr *verstärkte es nur* *noch die bereits vorhandenen Probleme.* „Das Gesetz trat hinzu, damit die Übertretung das volle Maß erreichte" (Vers 20). Paulus wird das halbe siebte Kapitel brauchen, um zu erklären, was er damit meint. Aber wir können es im Voraus zusammenfassen, indem wir 5,13-14 und den vorliegenden Abschnitt zurate ziehen. Sünde, im Sinne eines einfachen menschlichen Fehlverhaltens, ist für sich genommen wie ein kleines Farbdia oder ein Foto oder das Stück eines Filmes, das man mit bloßem Auge kaum erkennen kann. Das Gesetz nimmt dieses kleine Stück und steckt es in einen Projektor mit einem hellen Licht dahinter und einer großen Leinwand davor. Das Gesetz *lenkt die Aufmerksamkeit auf die Sünde; es ist aber selbst machtlos, die Sünde auf irgendeine Art zu stoppen.*

Kehren wir zurück zu unseren beiden Statuen. Die düstere Statue mit der Totenmaske trägt in der Hand ein Buch, in dem alle Fehler und Versagen aufgeschrieben sind, derer sich diese Person schuldig gemacht hat. Das Gesicht ist mit einem Ausdruck vergeblichen Entsetzens nach unten auf das Buch gerichtet. Aber Paulus sagt: „Wo die Sünde größer wurde, da ist die Gnade im Überfluss vorhanden." (Paulus verwendet hier ein Wort, das nirgends sonst in der griechischen Sprache zu finden ist – abgesehen von einer weiteren Verwendung durch Paulus in 2. Korinther 7,4. Vielleicht hat er den Ausdruck selbst geprägt.) Dies beinhaltet hier nicht, dass Gott gesagt habe, dass das Gesetz keine Rolle spielt. Vielmehr hat Gott einen Weg gefunden, um auch mit dem Gesetz fertigzuwerden. Er hat eine neue Art der Erfüllung des Gesetzes gezeigt. Auch dies wird später noch näher ausgelegt werden, in 8,1-11 und 10,5-9. Es ist, als ob die zweite Statue ebenfalls ein Buch tragen würde; dessen Seiten aber sind gefüllt mit Leben und Farbe. Paulus wird uns später sagen, wie das geschehen konnte.

Das letzte Bild, in Vers 21, drückt genau dieses Gefühl des Gegensatzes aus. „Die Sünde regierte durch den Tod": „Sünde", jetzt als abstrakte Macht verstanden, hat die Herrschaft über die Welt übernommen. Sie hat die Welt regiert wie ein brutaler Tyrann, der ein Land beherrscht und es Stück für Stück zerstört und jeden Aufstand niederschlägt, bis das ganze Land öde daliegt. Aber aus dem zweiten Teil des Verses sprudeln uns die Energie und das neue Leben eines alternativen Modells der Menschheit entgegen. Anstelle der Herrschaft der Sünde – einer kalten und statischen Sache – sehen wir hier die Herrschaft der Gnade, eine energiegeladene Herrschaft voller neuer Möglichkeiten. Die Herrschaft der Gnade geht mit voller Kraft auf das Ziel zu: das Leben des **kommenden Zeitalters**, die Zeit, in der Gott die neue Schöpfung in Gang bringen wird, in der alles Unrecht zurechtgebracht wird (siehe 8,18-25).

(Wir sollten zur Kenntnis nehmen, dass die normale Übersetzung „**ewiges Leben**" für das, was ich „das Leben des kommenden Zeitalters" genannt habe, den meisten modernen Lesern die falsche Vorstellung vermittelt, Paulus spreche davon, die „Ewigkeit" in einer Welt außerhalb von Raum, Zeit und Materie zu verbringen, die wir „**Himmel**" nennen. Paulus erwähnt eine solche Vorstellung nie. Was er hier und an anderen Stellen meint, ist die körperliche **Auferstehung** des Volkes Gottes auf einer neuen Erde und einem neuen Himmel, die daraus hervorgehen werden, dass Gott die gegenwärtige Welt von Verfall und Vergänglichkeit befreit. Wenn es hierüber irgendwelche Zweifel gibt, wird Kapitel 8 sie zerstreuen.)

Diesem abschließenden Statement zur Herrschaft der Gnade und somit zum zweiten Modell menschlicher Existenz fügt Paulus zwei Sätze an, die anzeigen, wie dieses überraschende neue Leben erlangt wurde. Einerseits geschah dies „durch Gottes treue Bundesgerechtigkeit". Einmal mehr ist dieses Wort schwer zu übersetzen, aber wenn wir die vorhergehenden Kapitel rückblickend überfliegen, wird deutlich, was Paulus hier meint. Die neue Welt, die neue Art menschlicher Existenz, wurde hervorgebracht, weil der lebendige Gott seinem Bund treu geblieben ist, dem Bund, der geschlossen wurde, um die Welt wieder in Ordnung zu bringen. Andererseits wurde dies möglich „durch Jesus, den Messias, unseren Herrn". Das Kapitel endet, wie beinahe alle Abschnitte in diesem Teil des Briefes, mit der Erinnerung: Die entscheidende Kraft in allem bleibt das, was Gott durch Jesus vollbracht hat. Im vorliegenden Kapitel wird der Tod Jesu verstanden als die in die Tat umgesetzte Liebe Gottes (5,8) und vor allem als der gehorsame Akt, durch den Sünde und Tod besiegt und Gnade und Leben an ihrer Stelle enthüllt wurden. Das war schon immer das eigentliche Ziel des Bundes.

Das neue Modell des Menschseins sprudelt hervor. Die Frage, die nun vor uns liegt, lautet: Auf welcher Seite des zentralen Platzes der Stadt leben wir?

Römer 6,1-5: Durch die Taufe den Zustand der Sünde verlassen

1 *Was sollen wir also sagen? Sollen wir im Zustand der Sünde verhar-*
ren, damit die Gnade zunehmen kann?

2 *Mit Sicherheit nicht! Wir sind der Sünde gestorben; wie können*
wir da noch in ihr leben? 3 *Wisst ihr nicht, dass alle von uns, die wir in*
den Messias, Jesus, hineingetauft wurden, in seinen Tod hineingetauft
wurden? 4 *Das bedeutet, dass wir mit ihm durch die Taufe in den Tod*
begraben wurden, sodass gilt: Genau wie der Messias durch die Herr-
lichkeit des Vaters von den Toten auferweckt worden ist, können nun
auch wir mit einer neuen Lebensqualität leben. 5 *Denn wenn wir wie*
er in seinen Tod gepflanzt worden sind, dann werden wir auch wie er
in seine Auferstehung verpflanzt werden.

Jeder kennt Jesu spektakuläre Story vom verlorenen Sohn (Lukas 15,11-32). Der jüngere Sohn bedrängt seinen Vater, sodass dieser ihm seinen Anteil des Besitzes aushändigt. Dann haut er ab, verjubelt alles und kommt wieder nach Hause – in Scham und Schande, so denkt er jedenfalls. Zu seiner Überraschung erlebt er jedoch, wie sein Vater ihm auf der Straße entgegenläuft und dann eine große Party zu Ehren seines Sohnes schmeißt. Er wird als Sohn wieder willkommen geheißen, obwohl er es nicht verdient hatte (und obwohl sein älterer Bruder grollt).

Nun gehen wir zwei Jahre weiter und stellen uns vor, wie ein Gedanke sich ungefragt in den Kopf des jungen Mannes einschleicht. Das Leben verläuft mittlerweile wieder in einigermaßen alltäglichen Bahnen. Sein älterer Bruder toleriert mehr oder weniger, dass er wieder im Haus ist. Sein Vater wird älter. Er erinnert sich mit einem glücklichen Seufzer an den Tag, als er die Straße hinaufkam und ihm sein Vater entgegenlief, um ihn zu begrüßen ... Und plötzlich denkt er: Mal angenommen, ich mache das noch mal? Warum sollte ich mir nicht einfach genug mitnehmen, dass es zum Überleben reicht, für ein paar Wochen verschwinden und dann wieder den Bußfertigen spielen und wieder zurückkommen? Vielleicht bekomme ich noch eine Party!

Absurd! Undenkbar? Wohl kaum. Genau das denken ziemlich viele Leute. „Gott wird mir vergeben; das ist schließlich sein Job!" So sagte es ein berühmter Philosoph vor zwei Jahrhunderten. Und viele Leute scheinen heute zu glauben, dass das *einzige* **Wort**, das die Kirche an irgendjemand richten sollte, die **Botschaft** von der Vergebung ist. Erst vor ein paar Tagen wurde ich im Radio gefragt: „Für eine Kirche, die an Toleranz glaubt, ist es doch sicherlich schwierig, ein Moralgesetz festzuschreiben, oder?" Wir müssen doch, so wird gesagt, umfassend integrativ sein, wir müssen den Leuten sagen, dass Gott sie genau so akzeptiert, wie sie sind. Manchmal wird das mit einer Version dessen untermauert, was Paulus gerade gesagt hat: Wo die Sünde ausuferte, da ist die Gnade umso größer. Das Einzige, was man nach dieser Auffassung zu jemandem sagen kann, der sündigt, ist: „Das ist o. k., Gott liebt dich!"

Ich vermute, dass Paulus auf genau diese Art von Argumentation gestoßen sein wird – wahrscheinlich immer wieder. Mit einem Unterschied: Ich bezweifle, dass irgendjemand ihm ernsthaft folgenden Vorschlag unterbreitet hätte: Da uns Gottes Liebe erreicht hat, als wir noch Sünder waren, sollten wir doch Sünder bleiben, damit Gottes Liebe uns weiterhin erreichen kann. Ich vermute, dass Paulus auf diese Art von Argumentation in Gestalt von Menschen gestoßen war, die gegen seine Lehre von Gottes freier Gnade Einwände erhoben: „Das kannst du doch so nicht verbreiten! Die Leute werden denken, dass sie tun können, was sie wollen!" Wir sahen in 3,8, dass einige Leute ihn anscheinend tatsächlich mehr oder weniger mit dieser Argumentation angriffen.

Kapitel 6 ist (zumindest auf einer Ebene) geschrieben worden, um diesen Gedanken zu entkräften. Dabei handelt es sich jedoch nicht bloß um eine Nebenbemerkung, als würde Paulus seinen Hauptgedankengang kurz mal unterbrechen, um ein bestimmtes Problem abzuhandeln. Er benutzt die Frage wie ein Ringer, der die Stoßkraft seines Gegners benutzt, um die Hauptsache voranzutreiben, die er sagen will. An dieser Stelle gehen wir nicht zu einer von der Storys von Jesus zurück, sondern zu einer viel größeren und älteren. Denken wir an das zweite Buch der Bibel, das Buch Exodus (2. Mose).

Exodus erzählt die Story von der Versklavung der Israeliten in Ägypten. Gott hörte ihr Schreien im Elend der Sklaverei und Unterdrückung, und er sandte Mose, um sie dort herauszuholen und in die Freiheit des Verheißenen Landes zu führen. Sie kamen durch das Rote Meer, ließen das Land der Sklaverei hinter sich und entdeckten eine neue Freiheit. Gott führte sie zum Berg Sinai, wo ihnen das **Gesetz** gegeben wurde. Danach verbrachten sie ... nun, sagen wir: etwas länger als gedacht damit, in der Wüste herumzuwandern und gegen Gott zu murren. Doch er leitete sie weiterhin mit seiner Gegenwart, in der Wolkensäule und in der Feuersäule, bis sie letztlich in das Land einzogen, dass ihnen als Erbe gegeben worden war.

Diese Story ist sehr bekannt. Normalerweise wird allerdings nicht erkannt, dass Paulus an dieser Stelle im Römerbrief damit beginnt, eine Version von genau dieser Story zu erzählen. Römer 6 beschreibt, wie Christen durch das Wasser der **Taufe** (wie durch das Rote Meer) hindurchgehen und dadurch das Land der Sklaverei hinter sich lassen und in eine neue Freiheit eintreten (wie beim Verlassen Ägyptens und auf dem Weg ins Verheißene Land). Römer 7 ringt mit der Frage, was am Berg Sinai geschah, und mit den Problemen, die daraus resultierten und zu einer seltsamen neuen Erfüllung des Gesetzes führten. Römer 8 beschreibt das christliche Leben im Blick auf Gott, der sein Volk in das verheißene Erbe führt, das, wie sich herausstellt, die gesamte erlöste Schöpfung ist – und Paulus warnt vor genau dem Murren, dessen sich die Israeliten schuldig gemacht hatten (in 8,15 fragt er: „Ihr wollt doch nicht etwa wieder in die Sklaverei zurückgehen, oder?").

Warum hat Paulus diese Texte auf diese Weise verfasst? Meines Erachtens gibt es drei Gründe, die dabei zusammenwirken.

Erstens: Er hat nicht vergessen (selbst wenn wir es vergessen haben sollten!): Was Gott in Jesus vollbracht hat, ist die Erfüllung der Verheißungen, die Abraham gegeben worden waren. Aber in 1. Mose 15, dem Kapitel, das Paulus in Römer 4 erläuterte, verhieß Gott Abraham, dass er Israel nach einer Zeit der Versklavung herausführen und in ihr eigenes Land führen würde. In Römer 6,7 und 8 wird auf gewisse Weise gesagt: Dies ist nun wirklich die Erfüllung dessen, was Gott Abraham verheißen hatte. Dies ist die ultimative Erfüllung des **Bundes**. Dies ist der Weg, auf dem die Welt ins Lot gebracht wird, und das hatte Gott ja immer beabsichtigt.

Zweitens: Zur Zeit des Paulus bildete ein neuer **Exodus**, ein neues großes Handeln Gottes, durch das Israel von der Unterdrückung befreit werden würde, den Rahmen, in dem viele Juden dachten. Paulus stimmt dieser Erwartung zu. Doch statt diese Freiheit einfach nur im Sinne von politischer Freiheit von Rom zu verstehen, übersetzt er diese Erwartung in die ultimative Freiheit: die Freiheit des gesamten Kosmos von Sünde, Vergänglichkeit und Tod.

Drittens: Er hebt damit bewusst die Tatsache hervor, dass das, was Gott in und durch Jesus, den **Messias**, getan hat, die wahre Erfüllung der Hoffnung Israels ist. Dabei verhält es sich nicht so, dass Israel und Israels Hoffnung als ein früheres Stadium des Planes nun keine Bedeutung mehr hätten. Im Gegenteil: Die Erlösung, die Gott im Messias vollbracht hat, die Erlösung, die er durch den **Geist** vervollständigen wird, ist das Ziel alles dessen, was vorausgegangen war. Wir werden sehen, dass genau dies zu Beginn von Kapitel 9 in aller Schärfe die weitere Frage aufwirft, die Paulus spätestens seit dem Beginn von Kapitel 3 beschäftigte: Was sollen wir dann dazu sagen, dass Israel als Nation weiterhin existiert? Daher sind Kapitel 6, 7 und 8 zum einen als eindrucksvolle Darstellung des christlichen Lebens an sich konzipiert; zum anderen führen sie die Stoßrichtung des ganzen Briefes fort, in dem diese Kapitel eine zentrale Rolle spielen.

Wie lautet also Paulus' Antwort auf die bemerkenswerte Anregung im ersten Vers? Was hätte er jemandem gesagt, der erklärte: Wenn Gott uns akzeptiert, wie wir sind, ist es dann nicht besser, nicht zu ändern, wie wir sind, da Gott dies als gut bestätigt hat?

Seine Antwort lautet: Wenn man Christ wird, dann siedelt man von einem Typ Menschsein um zu einem anderen, und man sollte sich nie wieder in dem ursprünglichen Modus verstehen. Spezifischer ausgedrückt: Wenn man Christ wird, dann *stirbt man mit dem Messias und wird mit ihm wieder auferweckt*. Hier stoßen wir zum ersten Mal im Römerbrief auf eine zentrale Überzeugung von Paulus: Da der Messias sein Volk repräsentiert, gilt das, was für ihn gilt, auch für das Volk. Daher redet er davon, dass Menschen „in den Messias" hineinkommen oder „im Messias" sind, oder dass ihnen Dinge „mit dem Messias" widerfahren. Das sind keine zufälligen verbalen Tricks. In Sätzen wie diesen kann man nicht den Namen „Jesus" für „Messias" einsetzen. (Natürlich glaubt Paulus, dass Jesus der Messias war und ist. Es geht mir jedoch um Folgendes: Die Logik seiner Worte funktioniert aufgrund der Annahme, dass Jesus als Messias nicht nur eine Privatperson ist; er ist der „Gesalbte", der, der sein Volk in sich zusammenfasst.)

Insbesondere die Handlung der Taufe, die Paulus zufolge der praktische und physische Beginn des christlichen Lebens ist, beinhaltet das Sterben und Auferstehen des Christen mit dem Messias. Hier und anderswo versteht Paulus die Taufe zum Teil im Blick auf den Exodus, auf den die Johannestaufe sich bezog, und zum Teil im Blick auf Jesu eigene Taufe durch Johannes. Insbesondere versteht er die Taufe aber im Sinn der „Taufe“, von der Jesus selbst gesprochen hatte (Markus 10,38) – will heißen: seinen Tod. Wenn Menschen sich der christlichen Taufe unterziehen, dann sterben sie mit dem Messias und werden mit ihm in ein neues **Leben** hinein auferweckt.

Das bedeutet zuerst und vor allem eine Veränderung des Status. Wir werden nicht länger „in Sünde“ verortet. Dort ist uns die Gnade begegnet (5,8; 5,20), aber nicht, um uns zu sagen, dass wir so, wie wir sind, in Ordnung sind, sondern um uns zu retten und uns an einen anderen Ort zu versetzen. Paulus benutzt hier das Bild vom Pflanzen, wie bei einem Baum oder Busch. Sobald jemand an einen bestimmten Ort gepflanzt wurde, muss er dort nun wachsen. In der Taufe wird der Mensch in den Tod Jesu eingepflanzt, damit er nun als neuer Mensch lebt, der auch in sein **Auferstehung**sleben eingepflanzt wurde.

Das Leben im Einklang mit einer Veränderung des Status erfordert, dass man diese Statusänderung erkennt und Schritte unternimmt, um das tatsächliche Leben in Einklang mit der Person zu bringen, die man geworden ist. Wenn Menschen heiraten, fühlen sie sich vielleicht nicht völlig anders, doch es hat eine Veränderung stattgefunden, der sie jetzt entsprechen müssen. Man hat sich Versprechungen gemacht; diese Versprechungen können gebrochen werden, aber sie können nicht ungeschehen gemacht werden. In vielen Kulturen ist es so, dass beim Tod des Vaters einer Familie der älteste Sohn die Verantwortung als Haupt der Familie übernehmen muss, ob er das will oder sich der Aufgabe gewachsen fühlt oder nicht. Das ist sein neuer Status, und er muss ihm gerecht werden, so gut er kann.

Sobald man getauft ist, kann man natürlich versuchen, sich vor der neuen Verantwortung zu drücken oder sie abzutun. Man kann vorgeben, man hätte überhaupt keinen neuen Status. Paulus behandelt dieses Problem in 1. Korinther 10. Aber man kann die Taufe als solche nicht ungeschehen machen. Denk nicht mal dran, wieder nach Ägypten zurückzugehen. Denk lieber sorgfältig darüber nach, wer du nun bist, und brich auf ins Verheißene Land.

Das ist mehr oder weniger das, was Paulus uns nun sagen wird.

Vertiefen wir aber zunächst noch ein wenig den Gedanken dieses Abschnitts. Wenn Sie getauft sind, was bedeutet Ihnen das? Sollten Sie vielleicht ein wenig tiefer über die Bedeutung der Taufe nachforschen? Und wenn Sie nicht getauft sind: Ist es Zeit, darüber nachzudenken?

Römer 6,6-11: Tot für die Sünde, lebendig für Gott

6 Das wissen wir: Unser altes Menschsein wurde mit dem Messias ge-
kreuzigt, sodass die Solidarität mit der Sünde beseitigt werden konnte
und wir nicht länger der Sünde versklavt sein sollten. 7 Ihr müsst wis-
sen: Ein Mensch, der gestorben ist, ist von jedem Vorwurf der Sünde
freigesprochen worden.

8 Doch wenn wir mit dem Messias gestorben sind, glauben wir auch,
dass wir mit ihm leben werden. 9 Wir wissen, dass der Messias niemals
wieder sterben wird, nachdem er nun bereits von den Toten aufer-
weckt worden ist. Der Tod hat keine Macht mehr über ihn. 10 Ihr müsst
wissen: Der Tod, den er gestorben ist, den ist er ein für alle Mal der
Sünde gestorben. Doch das Leben, das er lebt, lebt er für Gott. 11 Auf
dieselbe Weise müsst auch ihr euch als Menschen erachten, die für die
Sünde gestorben sind und im Messias, in Jesus, lebendig für Gott sind.

Von Zeit zu Zeit höre ich davon, dass jemand einen schweren Unfall hatte oder eine bestimmte Krankheit und sich nicht mehr erinnern kann, wer er ist. Das muss extrem verstörend sein – sowohl für den Betreffenden selbst als auch für alle, die versuchen, ihm zu helfen. Wir sind so sehr daran gewöhnt, dass Menschen ihren eigenen Namen kennen, dass sie wissen, wo sie wohnen, welchen Job sie haben, wer zu ihrer Familie gehört etc., dass uns der Gedanke aufschrecken lässt, dass jemand sich an nichts von alldem erinnern kann. Man kann noch einen Schritt weitergehen. Es gibt noch seltenere Gelegenheiten, die ins Legendenhafte gehen: Da geht ein Kind nach der Geburt verloren, wird Jahre später wiedergefunden, nachdem es vielleicht von Tieren großgezogen wurde, und hat keine Vorstellung davon, was ein Mensch überhaupt ist – ganz zu schweigen davon, dass die betreffende Person weiß, dass sie selbst ein Mensch ist.

Angesichts so einer Situation würden wir dem Betreffenden gern helfen zu entdecken, wer er wirklich ist, sodass er sein Leben wieder in Einklang mit seiner tatsächlichen Identität bringen kann. Man kann Menschen, die das Gedächtnis verloren haben, oft Schritt für Schritt ins normale Leben zurückführen, sodass sie sich wieder zurechtfinden können. Das Kind, das im Dschungel aufgewachsen ist, kann über Nacht alle möglichen menschlichen Fähigkeiten entdecken, von denen es bisher nicht geträumt hat, zum Beispiel die Fähigkeit, artikuliert zu sprechen. In diesem Abschnitt verfolgt Paulus die Absicht, etwas Ähnliches mit Menschen zu tun, die lernen müssen, oder zumindest daran erinnert werden müssen, worin ihre neue Identität besteht, die ihnen als getauften Christen zukommt.

Der grundlegende Schachzug, den er hier macht, besteht darin, dass er sie auf der Landkarte platziert, die er gegen Ende von Kapitel 5 skizziert hat. Er besteht darauf, dass sie auf eine bestimmte Seite der Landkarte gehören, nicht auf eine andere. Wir erinnern uns an diese Landkarte: Es gibt zwei Arten von Menschen, die in Adam und die im **Messias**. Wir alle begannen unser Leben „in Adam", und wenn wir ehrlich sind, fühlt es sich oft so an, als ob wir immer noch dort sind (insbesondere wenn man schon eine gewisse Zeit Christ ist und vergessen hat, wie es sich tatsächlich anfühlte, von Gottes Liebe und Vergebung nichts zu wissen). Paulus beharrt jedoch darauf, dass wir nicht mehr „in Adam" sind. Manchmal sagen Christen, sie hätten etwas Falsches getan, weil der „alte Adam" oder „der alte Mensch" immer noch in ihnen am Werk sei. Das widerspricht dem, was Paulus in dieser Passage explizit feststellt: dass der „alte Mensch" mit Jesus gekreuzigt worden ist. Dem adamitischen Leben kam eine eigene Solidarität zu, gefangen in einem Netz der Sünde, die alle Menschen, die in ihren Fängen sind, genau so versklavt, wie der Pharao die Israeliten versklavte. Entscheidend an der Aussage, dass man gekreuzigt worden ist, ist dies: Wenn man tot ist, dann kann man nicht mehr auf diese Weise versklavt werden. Paulus erklärt das in Vers 7: Sobald du tot bist, kann die Sünde keinen Anspruch mehr auf dich erheben. Du bist von allen Vorwürfen befreit.

Wo stehen wir damit? In einer Art Niemandsland, auf halbem Weg zwischen Adam und dem Messias, weder tot noch lebendig? Nein. Paulus legt Nachdruck darauf, dass wir nun „im Messias" sind. Was für ihn gilt, gilt für uns – so unwahrscheinlich sich das auch anhört und wie wenig zutreffend es sich auch noch anfühlt. Und was gilt seit dem Glanz des Ostertags für den Messias? Er ist wieder lebendig, und zwar in einem **Leben**, das der Tod nicht anrühren kann. Er ist nicht in dasselbe Leben zurückgekommen, wie die Tochter von Jairus, wie Lazarus und andere Menschen, die von Jesus auferweckt wurden (und von Elia und Elisa). Er ist durch den Tod hindurchgegangen und auf der anderen Seite in ein neues körperliches Leben eingetreten, das der Tod nicht mehr erreichen kann – eine Vorstellung, die wir nur schwer begreifen können, die uns die frühen Christen jedoch sehr deutlich vor Augen stellen. Paulus' Punkt lautet: Wenn wir „im Messias" sind, dann sind auch wir in einem neuen Leben.

Natürlich sind wir noch nicht körperlich auferstanden. Das wird zwar eines Tages der Fall sein, ist aber eben noch Zukunftsmusik. In 8,11 und in der gesamten Argumentation von 1. Korinther 15 sagt Paulus, dass jene Zukunft gesichert und gewiss ist, aber trotzdem bleibt es Zukunftsmusik. Es gehört jedoch zum Leben als Christ, dass jene Zukunft in die Gegenwart eingetreten ist – in der Person von Jesus und in dem, was er vollbracht hat. Somit können seine Nachfolger bereits einen Vorgeschmack auf die Wirklichkeit jener Zukunft bekommen, während sie in der Gegenwart leben. Der Christ steht auf dem Boden der **Auferstehung**. Wir sind nicht „in Adam", wir sind „im Messias", in dem, der gestorben ist und nun ewig lebt.

Paulus erklärt in Vers 11, dass wir damit „rechnen" müssen, oder in der vertrauten Übersetzung, dass wir uns „dafür halten" müssen.

Das ist oft gravierend falsch verstanden worden. Man hat manchmal angenommen, Paulus würde hier auf einen neuen Sprung des **Glaubens** verweisen, auf einen Sprung, der uns eine neue Art von Heiligkeit verschafft, sodass uns Versuchung und Sünde nicht mehr erreichen können. Das mag für alle – man hofft zumindest, für die meisten Christen – erstrebenswert sein, die immer noch von der Sünde beunruhigt und erpicht darauf sind, sie hinter sich zu lassen. Doch davon spricht Paulus hier nicht.

Das Wort, das er hier benutzt, stammt aus dem Feld der Buchführung und wird bei der Errechnung von Kontoständen zur Berechnung von Profiten und Verlusten verwendet. Nun ist es in gewisser Weise natürlich so: Wenn man so eine Berechnung durchführt, erhält man ein Ergebnis, das vorher noch nicht existierte. Doch in einem anderen Sinne macht einem die Berechnung nur bewusst, was die ganze Zeit über schon der Fall war. Die Berechnung schafft keine neue Wirklichkeit. Bevor man das Geld in der Tageskasse nicht gezählt hat, weiß man nicht, wie viel man an diesem Tag eingenommen hast. Doch das Zählen des Geldes hat nicht zur Folge, dass der bestehenden Tageseinnahme auch nur ein Cent hinzugefügt oder abgezogen wird.

Paulus sagt uns, dass wir die Summe berechnen sollen; dass wir sozusagen die Tageseinnahmen zusammenrechnen sollen. Er sagt uns nicht, dass wir unseren geistlichen Mut für einen neuen Sprung des Glaubens zusammennehmen sollen, der uns angeblich tatsächlich sündlos macht. Und das ist genau der Punkt. Es ist oft schwer, das Ergebnis der Berechnung zu glauben. Der Glaube besteht an dieser Stelle aber nicht darin, die Augen zu schließen und das Unmögliche zu glauben, sondern die Augen zu öffnen: für die Wirklichkeit Jesu und seines repräsentativen Todes und seiner repräsentativen Auferstehung – und für die Wirklichkeit unseres eigenen Status als getaufte und glaubende Mitglieder des Volkes Jesu, also der Gruppe von Menschen, die „im Messias" sind. Das ist die Herausforderung von Vers 11. Wir müssen uns daran erinnern, wer wir wirklich sind, damit wir im Einklang damit handeln können.

Ein bekanntes Beispiel stellt genau diesen Punkt heraus. Ich kenne dieses Beispiel schon seit Langem; aber kürzlich wurde es im Leben eines Bekannten sozusagen Realität. Stellen Sie sich vor, Sie mieten ein Haus von einem Vermieter, der sich als Tyrann entpuppt. Er kommt ständig mit zusätzlichen Kosten an, betritt Ihr Haus unangemeldet, bedroht Sie mit juristischen Maßnahmen oder mit Gewalt, wenn Sie seinen Forderungen nicht nachkommen. Aus Angst gewöhnen Sie sich daran, zu tun, was er sagt. Es scheint einfach keinen Ausweg zu geben.

Doch zu Ihrer Erleichterung finden Sie ein anderes Haus. Jemand anderes übernimmt Ihre ausstehende Miete, und Sie können das alte Haus verlassen. Sie ziehen aus und in das neue Haus ein. Doch zu Ihrem Erschrecken steht ein paar Tage später Ihr alter Vermieter vor der Tür und drängt sich ins Haus. Er ist verärgert und fordert mehr Geld. Er droht, Sie vor Gericht zu ziehen. Die alte Gewohnheit kehrt zurück: Sie stehen in der großen Versuchung, zu bezahlen, was er fordert, nur um ihn loszuwerden. Doch Sie wissen, dass Sie nicht mehr sein Mieter sind. Sie haben den Vertrag gesehen. Die letzte Rechnung ist bezahlt worden. Sie schulden nichts mehr. Mit weichen Knien zeigen Sie Rückgrat und sagen ihm, dass er gehen muss. Er kann Ihnen gegenüber keine Ansprüche mehr geltend machen.

Je nachdem, was für ein unangenehmer Zeitgenosse der alte Vermieter ist, müssen Sie vielleicht die Polizei rufen. Doch Paulus zielt in Vers 11 gerade auf Folgendes: Erinnere dich an die schriftlichen Unterlagen, sagt er. Erinnere dich daran, wer du wirklich bist. Gib nicht den Stimmen nach, die dir sagen, dass du immer noch in Adam bist und dich immer noch so verhalten sollst, wie du es gewohnt bist. Der Versuchung widerstehen heißt nicht, so zu tun, als ob das einem leichter fällt als nachzugeben. Es geht vielmehr darum, klar zu denken und auf der Grundlage dessen zu handeln, was man als wahr erkannt hat.

Römer 6,12-14: Der Ruf zum heiligen Leben

12 Daher: Erlaubt es der Sünde also nicht, in eurem sterblichen Körper zu herrschen und ihn dazu zu bringen, seinen Bedürfnissen zu gehorchen. 13 Stellt auch eure Glieder und Organe nicht der Sünde zur Verfügung, damit sie diese für ihre bösen Absichten benutzen kann. Präsentiert euch Gott vielmehr als Menschen, die von den Toten lebendig geworden sind, und eure Glieder und Organe als Instrumente zum Gebrauch für die gerechten Zwecke seines Bundes. 14 Ihr müsst wissen: Die Sünde wird nicht wirklich über euch herrschen, denn ihr nicht unter dem Gesetz, sondern unter der Gnade.

Wir beendeten den letzten Abschnitt mit dem Bild, dass jemand umzieht und von einem Vermieter zu einem anderen wechselt. Wir wollen das nun ein wenig erweitern: Ich stelle mir vor, ich bin ein Kleinbauer auf dem Land, vor etwa tausend Jahren. Meine kleine Farm befindet sich auf der Grenze zwischen zwei großen Landgütern. Seit Jahren stehe ich unter der Knute des einen Gutsherrn, auf dessen Land sich mein Hof tatsächlich befindet. Immer, wenn er einen Krieg führen oder auch nur ein kleines Scharmützel anzetteln wollte, hat er damit gerechnet, dass ich auf seiner Seite kämpfen würde, und hat mir alle möglichen Unannehmlichkeiten angedroht, wenn ich nicht mitmache (z. B. würde er mein Haus niederbrennen). Außerdem hat er mir mehrmals Arbeitsgeräte weggenommen, schöne friedliche Dinge wie Hacken und Spaten. Er brachte sie zum Schmied, der sie in Schwerter und Schilde verwandelte. Also machen wir uns mal wieder auf und ziehen in einen seiner Kriege, auch wenn ich mich besser um die Farm kümmern sollte.

Irgendwann sah ich dann Licht am Ende des Tunnels und zog um – einfach auf die andere Seite des Flusses auf ein Grundstück, das zu dem anderen Landgut gehört. Wir bauten ein neues Haus, brachten alle unsere Sachen mit und lebten uns ein (glücklicherweise war mein alter Vermieter zu der Zeit nicht vor Ort, sonst hätte er wahrscheinlich versucht, mich zurückzuhalten). Der Adelige, dem das Land gehört, auf dem ich nun wohne, hieß uns herzlich willkommen und verlangt nun viel weniger Miete als der alte. Der ist ein paarmal vorbeigekommen und hat angedroht, dass er seine Schergen zu mir schicken und, was soll ich sagen, mir wieder alle möglichen unangenehmen Dinge antun lassen wird. Ich habe allerdings den Eindruck, dass er insgeheim Angst vor meinem neuen Vermieter hat. Ich mache einfach meine Arbeit und kümmere mich um meine Farm. Ich helfe meinem neuen Herrn bei seiner Arbeit, die sich von den Schlachten meines alten Bosses deutlich unterscheidet, zu denen ich gezwungen wurde. Mein neuer Herr baut Schulen und Krankenhäuser, besonders für die ganz Armen, und manchmal bittet er mich, mein Werkzeug mitzubringen und ihm dabei zu helfen. Und wenn jemand in einer besonderen Notlage ist – ein Todesfall in der Familie, ein Feuer, ein krankes Tier, was auch immer –, dann bittet er mich, auf die eine oder andere Weise auszuhelfen. Manchmal ist das natürlich anstrengend, aber im Grunde bin ich froh, nun diese Dinge zu tun – vor allem, da ich sie für ihn tue.

Dies ist eine harmlose Fantasie (auf dem Papier lebe ich ganz gerne im Mittelalter, aber ich bin mir sicher, dass es in der Realität anders wäre). Sie illustriert jedoch, worauf diese Verse hinauslaufen. Wenn man Christ wird und dann das Leben eines von Gott erneuerten Menschen lebt, dann beinhaltet das einen Wechsel des Herrn.

Dies kommt einigen Leuten vermutlich recht seltsam vor. Viele Menschen heute – wie vermutlich auch zur Zeit des Paulus, da er es für nötig hält, diesen Punkt zu betonen – denken einfach nicht in solchen Kategorien. Viele behandeln das christliche **Evangelium** als eine besondere Ausprägung von Religiosität, ohne die radikalen Forderungen zu sehen, die es an jeden Lebensbereich stellt. Doch es gibt hier keinen neutralen Boden. Bob Dylan erklärte (ich nehme an, in seiner christlichen Phase): „You've gotta serve somebody" („Irgendwem musst du dienen"). Nun, Paulus erwähnt an dieser Stelle nicht den Teufel, aber wenn er von „Sünde" spricht, dann schwingt da ein

Gespür für eine übermenschliche Macht mit, für eine Kraft oder Energie, die mehr ist als die Summe von nicht hilfreichen Instinkten und falschen Taten.

Diese Kraft kann wie ein tyrannischer Vermieter handeln, und sie tut das auch. Sie stellt Forderungen und untermauert sie mit Drohungen. Du *musst* folgendermaßen leben: du *musst* ausgehen und dich betrinken; du *musst* so ausschweifend wie möglich in deinen sexuellen Bedürfnissen schwelgen; du *musst* versuchen, an den Besitz anderer Leute zu kommen; du *musst* neuartige Waffen entwickeln, um immer mehr Menschen zu töten; du *musst* dein Geschäft so groß wie möglich aufziehen ... Die Liste ist endlos, und das war sie schon zu Paulus' Zeiten. Und dann sind da die Drohungen: Wenn du nicht so lebst, verpasst du das wahre Leben; du wirst nie zufrieden sein, wenn du nicht nachgibst; du wirst krank oder fade; man wird dich auslachen; du wirst wirtschaftlich Rückschritte machen; deine Feinde werden dich übervorteilen. Wenn Menschen sagen: „Ich könnte dies oder jenes *niemals* aufgeben", dann könnte das einen nüchternen und realistischen Blick auf die Notwendigkeiten des Lebens offenbaren, aber es ist auch recht wahrscheinlich, dass sie schlicht und einfach Angst haben vor den Drohungen des alten Vermieters.

Vielleicht ist das wichtigste Wort in diesem kleinen Abschnitt das erste: „Daher". Diese Passage schließt an die vorherige an, in der Paulus seine Leser eindringlich gebeten hatte, sie mögen sich erinnern, ausrechnen und herausfinden, wo sie jetzt leben. Sie haben den Fluss überquert..Sie gehören nicht mehr auf das alte Gebiet. Sie sind nicht mehr verpflichtet, dem alten Vermieter zu gehorchen; sie sind jetzt verpflichtet, nicht mehr ihm, sondern stattdessen dem neuen Vermieter zu gehorchen. Die wichtigste Waffe, die ihnen in dieser konkreten Schlacht zur Verfügung steht, ist die Erinnerung daran, wer sie durch **Taufe** und **Glaube** sind. Wenn sich Martin Luther Versuchungen und Prüfungen ausgesetzt sah, rief er gewöhnlich laut aus: *Baptizatus sum!* „Ich bin getauft!" Das ist die ultimative Basis für den neuen Standort (auch wenn das viele Christen überrascht, die annehmen,

Paulus und auch Luther wären so einer Behauptung gegenüber skeptisch gewesen).

Insbesondere stellt sich Paulus vor, dass die verschiedenen Teile des menschlichen Körpers im Dienste des einen oder des anderen Herrn eingesetzt werden können. Unsere Gliedmaßen und Organe, und, wenn wir schon dabei sind, auch unser Denken, unsere Erinnerung, unsere Vorstellungskraft, unsere Emotionen und unser Wille werden am besten nicht der Sünde, sondern Gott zur Verfügung gestellt. Wir sollen als Menschen denken und handeln, die den Fluss überquert haben und auf der anderen Seite angekommen sind; also als Menschen, die gestorben sind und zu neuem **Leben** auferweckt worden sind. Das beinhaltet deutlich einige Dinge, die uns nicht entgehen sollten und die an mehreren Punkten im 1. Korintherbrief untermauert werden. Das, was wir in der Gegenwart tun, wenn wir uns ganz dem Dienst für Gott hingeben, ist der Anfang des Auferstehungslebens. Wenn die **Auferstehung** stattfindet, wird es natürlich noch mal eine ganz große Veränderung geben (das sichert uns Paulus in 8,11 und anderswo zu). Unser gegenwärtiger Körper wird verfallen und sterben. Doch wenn wir auferstehen, wird sich (zweifellos zu unserer großen Überraschung) herausstellen, dass das Werk, das wir in der Gegenwart im Dienst für unseren neuen Herren getan haben, nicht nur etwas davon zeigt, wer wir wirklich sind, sondern auch Teil der neuen Welt ist, die er dann ins Leben gerufen hat. Präsentiert euch Gott als Menschen, sagt Paulus, die von den Toten lebendig geworden sind.

Vers 14 fügt dem eine andere Note hinzu und erinnert uns an ein Thema, das wir, wie so oft, vielleicht vergessen haben, aber nicht Paulus. Einer der Gründe, warum die Sünde nicht über euch herrschen wird – einer der Gründe, warum der alte Vermieter keine Macht mehr über euch hat –, lautet: Als ihr sein Gebiet verlassen habt, habt ihr auch den Ort hinter euch gelassen, an dem das Gesetz herrscht. Wir denken zurück an 5,20-21. Es gibt zwei Bereiche, zwei Wohnorte, die Menschheit in Adam und die Menschheit im Messias. Das Schockierende besteht darin, dass Gottes Gesetz auf der Seite der Adam-

Menschheit auftaucht, nicht auf der Seite der **Messias**-Menschheit. Paulus wird das gesamte siebte Kapitel brauchen, um zu erklären, wie das sein kann. Doch im Moment schließt Paulus das Gesetz aus – nur für den Fall, irgendjemand könnte denken, dass ein Akzeptieren des jüdischen Gesetzes dabei helfen würde, dem neuen Herrn zu dienen. Ihr steht unter der Herrschaft der Gnade, nicht des Gesetzes; also unter der direkten und großzügigen Herrschaft Gottes, und zwar durch den Tod und die Auferstehung seines Sohnes.

Eine der Lügen des alten Herrn besteht natürlich darin, dass der neue Herr angeblich selbst ein Tyrann ist, nur darauf aus, einzuengen und uns dazu zu bringen, ein eingeschränktes und sinnloses Leben zu führen. Alle diese Regeln nach dem Motto: „Dies darfst du nicht, jenes darfst du nicht!" Eine der wichtigsten Erinnerungen daran, wer wir sind und wo wir als Christen hingehören, lautet: Der Gott, dem wir nun dienen, ist der Gott, dessen zweiter Name Jesus lautet – mit anderen Worten: der Gott, dessen tiefstes Wesen Gnade ist, verschwenderische Liebe.

Römer 6,15-19: Die beiden Arten von Sklaverei

[15]Was soll das nun heißen? Sollen wir sündigen, weil wir nicht unter dem Gesetz sind, sondern unter der Gnade? Mit Sicherheit nicht!
[16]Wisst ihr nicht: Wenn ihr euch jemandem als gehorsame Sklaven präsentiert, dann seid ihr tatsächlich Sklaven dessen, dem ihr gehorcht, ob das nun die Sünde ist, die zum Tod führt, oder der Gehorsam, der zur endgültigen Rehabilitierung führt. [17]Seid Gott dankbar, denn obwohl ihr einst Sklaven der Sünde wart, seid ihr von Herzen der Lehre gehorsam geworden, auf die ihr verpflichtet worden seid.
[18]Ihr wurdet von der Sünde befreit und seid nun den Bundesabsichten Gottes versklavt worden. ([19]Ich benutze ein menschliches Bild – wegen eurer menschlichen Schwachheit!) Denn wie ihr eure Gliedmaßen

und Organe zu Sklaven der Unreinheit und einer Gesetzlosigkeit nach der anderen gemacht habt, so macht eure Gliedmaßen und Organe nun zu Sklaven der Bundesgerechtigkeit, die zur Heiligkeit führt.

Einer unserer Zeitungskolumnisten hatte eine clevere Idee, um zwei Fliegen mit einer Klappe zu schlagen.

Die britische Gesellschaft (wie auch viele andere in der westlichen Welt) steht vor einem beunruhigenden Anstieg der Jugendkriminalität. Viele junge Leute haben keine Arbeit, keinen Lebenssinn. Sie haben reichlich Energie, doch nicht viel Geld und keine Chance, die Dinge zu tun und zu genießen, die sie im Fernsehen sehen. Also werden sie kriminell – und werden zu schwer arbeitenden Experten, was alle möglichen physischen und mentalen Fähigkeiten angeht. Es scheint so, als ob wir als Gesellschaft nicht wirklich wissen, wie wir mit diesem Problem umgehen sollen. Es scheint ja nicht viel Gutes zu bewirken, wenn man diese Leute als Kriminelle bezeichnet und wegsperrt.

Gleichzeitig beklagen viele in England die Tatsache, dass unsere Cricketmannschaft nie wirklich den Erwartungen gerecht wird. Von Zeit zu Zeit sind wir in anderen Sportarten erfolgreich, doch es ist schon lange her, dass das englische Cricket so gut war, wie es sein sollte. Einst war es der Stolz und die Freude des Landes.

Nun gut, hier ist die Antwort, schrieb der Kolumnist. Holt jene energiegeladenen, aber gefährlichen jungen Männer von der Straße. Steckt sie meinetwegen in eine Art Haftanstalt. Doch lasst sie einfach trainieren, um auf dem Spielfeld zu zeigen, was sie können. Ein verpflichtendes physisches Training, bei dem man alle Fähigkeiten dieses Sportes erlernt. Endlos Zeit zum Üben. Es wird nicht lange dauern und wir werden eine neue Generation von Cricketspielern haben, die bereit sind, es mit der Welt aufzunehmen. Er fügte nicht hinzu, was er hätte hinzufügen können: Da Australien Englands größter Feind ist, was Cricket betrifft, wäre diese Art der Auswahl der Spieler in gewisser Weise angemessen. Immerhin merken die Australier selber oft an, dass ihre Vorfahren – deportierte Kriminelle – von den besten Richtern Londons ausgewählt worden waren.

Doch Spaß beiseite: Das Beispiel zielt darauf ab, dass all die Energie und Initiative, die gegenwärtig in die Kriminalität fließen, nicht unterdrückt, sondern vielmehr in eine gute Richtung kanalisiert werden muss. „Denn wie ihr eure Gliedmaßen und Organe zu Sklaven der Unreinheit und einer Gesetzlosigkeit nach der anderen gemacht habt, so macht eure Gliedmaßen und Organe nun zu Sklaven der Bundesgerechtigkeit, die zur Heiligkeit führt“ (Vers 19). Hier haben wir eine große Herausforderung für Christen jeden Alters und jeder Generation vor uns, nicht zuletzt für die, die als Erwachsene zum Glauben gekommen sind. Denken Sie zurück daran, wie Sie in Ihrem früheren Leben sehr viel Energie in das Streben nach Dingen gesteckt haben, die Sie heute als falsch ansehen. Setzen Sie diese Energie, Vorstellungskraft und Initiative heute in der Arbeit für das **Reich** Gottes ein, für die Ausbreitung seiner Bundesabsichten in der Welt?

An dieser Herausforderung scheiden sich die beiden gegensätzlichen Arten von „Sklaverei“ in diesem Abschnitt. Paulus will unbedingt auch nur den leisesten Eindruck vermeiden, dass Christen die „Freiheit“ hätten, alles zu tun, was ihnen in den Kopf kommt, weil sie ja von der Sklaverei der Sünde befreit sind. Auch das ist wohl wieder ein Vorwurf, der ihm recht oft begegnet sein wird, nicht zuletzt von Juden und Judenchristen, die gehört hatten, er halte Christen für Leute, die vom Gesetz frei sind, und die sich daher ganz natürlich Sorgen machten, dass diese Christen dann alle moralische Zurückhaltung aufgeben würden. (Es ist amüsant, sich vorzustellen, dass Paulus sich diesem Vorwurf ausgesetzt sah, während er doch heute oft als strenger Moralist angesehen wird.) Paulus weiß, dass die Freiheit, die Christen genießen, nicht von dieser Art ist – genau wie die Freiheit, die Sie genießen, wenn Sie die Führerscheinprüfung bestanden haben und die „Freiheit der Straße“ genießen dürfen, nicht darin besteht, dass Sie nun durch Städte und Dörfer so schnell fahren dürfen, wie es Ihnen gefällt, oder dass Sie auf der falschen Sraßenseite oder auf

Eisenbahnschienen oder über umgepflügte Felder fahren dürfen. Mit neuen Freiheiten gehen immer auch neue Rahmenbedingungen einher; diese schränken eine Art von Freiheit ein (die Freiheit, einfach alles zu tun), um eine andere Art von Freiheit zu erweitern (wenn jeder fahren würde, wo er oder sie will, wäre niemand frei, überhaupt irgendwo zu fahren).

Paulus drückt dieses Gespür für neue Rahmenbedingungen dadurch aus, dass er, recht dramatisch, von einer neuen „Sklaverei" spricht. Freiheit ist kein moralisches Vakuum; sie ist für uns durch den Tod unseres Herrn, Jesus selbst, erkauft worden. Gerade als freies Volk und gerade, um diese Freiheit zu erhalten, schulden wir ihm Gefolgschaft. Wir sollten uns nicht vorstellen, dass beide Arten von „Sklaverei" dasselbe sind; doch man kann zunächst einmal beide Welten durchaus im Hinblick auf den Gehorsam gegenüber einem Herrn verstehen. (Mit dem Satz in Klammern zu Beginn von Vers 19 gibt Paulus wahrscheinlich auf seine Art zu, dass es etwas verwirrend klingt, wenn man das neue Leben eine Form von „Sklaverei" nennt, dass er das aber tun muss, um sein Argument auf den Punkt zu bringen.)

Paulus stellt also die beiden Arten von „Sklaverei" nebeneinander. Dabei benutzt er ständig etwas andere Begriffe. Wenn wir also nicht aufpassen, kann der Textabschnitt etwas verwirrend aussehen. In Vers 16 spricht er davon, dass man entweder der Sünde oder dem „Gehorsam" selbst gehorsam sein kann – es ist etwas seltsam, von Gehorsam gegenüber dem Gehorsam zu sprechen, aber er benötigte etwas als Gegensatz zu „Sünde", und für den Moment ist dieser Gegensatz akzeptabel. Gehorsam gegenüber der Sünde führt zum Tod, das hat Paulus schon viele Male gesagt. Gehorsam gegenüber dem „Gehorsam" führt zur „Rehabilitierung", zum Urteil: „im Recht" beim letzten Gericht wie in 2,1-16.

Das Wort für „das Urteil: ‚im Recht'" ist unser alter Freund „Gerechtigkeit". Weil dies ein so schwieriges Wort ist, im heutigen Deutsch wie auch in der theologischen Diskussion, habe ich mein Bestes gegeben, um es in diesem Buch zu vermeiden. Es taucht wieder in

Vers 18 und 19 auf, wo ich es mit „Bundesabsicht“ oder „Bundesgerechtigkeit“ übersetzt habe. Es ist ein Begriff, der (wie man sieht) mehrere unterschiedliche Bedeutungsschattierungen abdecken kann. Unterschwellig betont er die guten Absichten des Schöpfers, die Welt vom Chaos zurück zur angemessenen Ordnung zu rufen und die Menschen in die richtige Form und Beziehung zu ihm selbst zu bringen. An dieser Stelle benutzt Paulus das Wort, um darauf hinzuweisen, dass der Zweck des neuen Lebens, der Grund, warum neue Verhaltensstandards erforderlich sind, darin besteht, dass Gott die Welt ins Lot bringt. Er möchte, dass seine neugeborenen Kinder an diesem Werk beteiligt sind, und er braucht sie auch dazu, sowohl im Blick auf ihr eigenes Leben als auch im Dienst für sein Reich.

Im Zentrum des Bildes erhaschen wir einen flüchtigen Blick darauf, wie die neue Sklaverei praktisch funktioniert. Es geht dabei nicht darum, dass uns neue Gebote um die Ohren gehauen werden und dass wir irgendwie versuchen müssen, sie zu befolgen. Eine Herzensveränderung hat stattgefunden (Vers 17). Paulus hat schon viel früher davon gesprochen, dass das Problem mit dem adamitischen Menschen nicht zuletzt im Herzen zu lokalisieren ist (1,21.24). Obwohl er es in diesem Brief noch nicht erklärt hat, stellt er sich Christen nun als Menschen vor, die von innen her verwandelt worden sind. Es gibt eine grundlegende Bereitschaft, „der Lehre zu entsprechen, auf die ihr verpflichtet worden seid“. Die frühen Christen entwickelten bestimmte grundlegende Traditionen, zum **Evangelium** als solchem (1. Korinther 15,3-8), zum Abendmahl (1. Korinther 11,23-26), zum Verhalten (1. Thessalonicher 4,1 und unsere vorliegende Passage) und vermutlich auch zu mehreren anderen Dingen. Diese Faustregeln stellten einen Rahmen für den Glauben und das Verhalten dar, sozusagen einen Familienkodex. Als Pastor hatte Paulus zweifellos oft beobachtet, dass mit den Menschen etwas geschah, wenn sie Mitglied der Familie wurden. Tief im Inneren veränderten sie sich, und das führte dazu, dass sie im Einklang mit dieser Gemeinschaft leben wollten, zu der sie nun gehörten. Natürlich würde es der Unterweisung und moralischer Anstrengung bedürfen. Aber der Wille war vorhanden, und dafür dankt Paulus Gott.

Es ist ernüchternd, wenn man sich vorstellt, was Paulus wohl sagen würde, wenn er für einen Moment vom Verfassen dieses Briefes aufschauen und sich kurz in der Kirche zu Beginn des 21. Jahrhunderts umsehen würde.

Römer 6,20-23: Wohin die Wege führen

20*Als ihr Sklaven der Sünde wart, wart ihr frei im Blick auf die Bun-*
desgerechtigkeit. 21*Welche Frucht habt ihr je durch die Dinge hervor-*
gebracht, für die ihr euch jetzt schämt? Ihre Bestimmung ist der Tod.
22*Doch da ihr nun von der Sünde befreit und an Gott versklavt wor-*
den seid, bringt ihr Frucht für die Heiligkeit. Ihre Bestimmung ist das
Leben des neuen Zeitalters. 23*Ihr müsst wissen: Der Lohn, den die*
Sünde zahlt, ist der Tod; aber Gottes freies Geschenk ist das Leben des
neuen Zeitalters im Messias Jesus, unserem Herrn.

Wenn man umzieht, muss man sich unter anderem damit vertraut machen, welche Wege wohin führen. Neulich habe ich in der Stadt, in die wir gerade gezogen sind, Weihnachtseinkäufe erledigt. Als ich von einem Parkplatz fuhr, sah ich eine lange Autoschlange auf der Hauptstraße. Ich wollte schnell nach Hause, sah eine Seitenstraße und nahm an, dass sie in die Richtung führte, in die ich fahren wollte. Ich bog in diese Straße und endete in einer Sackgasse. Doch dann gab es doch noch eine ganz kleine Straße, die ganz am Ende aus der Sackgasse herausführte. Ich nahm diese Straße, die sich als Schleife entpuppte und mich dahin zurückbrachte, wo ich gestartet war.

Es hätte allerdings noch schlimmer kommen können. Ich nahm einmal eine verheißungsvolle Landstraße, nur um nach zig Meilen mitten auf dem Land in einem Bach steckenzubleiben, der über die Ufer getreten war und einen Teil der Straßenoberfläche weggeschwemmt hatte. Ich war manchmal versucht, Schilder mit der Aufschrift „Gefahr“ zu ignorieren, wenn ich in der Nähe von militärischen Sperrgebieten fuhr, und die offensichtliche Route durch das Moor zu nehmen. Und natürlich könnte man sich noch schlimmere Situationen vorstellen, beispielsweise wenn man versucht, den Verkehr auszutricksen, indem man eine von Leitkegeln abgesperrte Linie durchbricht, nur um herauszufinden, dass die Brücke, auf der man sich wiederfindet, noch nicht fertig ist und man kurz vor dem Absturz in den Fluss steht.

Der Punkt ist offensichtlich, aber wenn es um christliche Ethik geht, entgeht er vielen. Die Regeln und Leitlinien des christlichen Lebens gibt es nicht, weil es Gott gefällt, Menschen in eine bestimmte Form zu pressen, ob sie nun gut für sie ist oder nicht, ob sie die Menschen glücklich macht oder nicht. Es gibt diese Regeln, weil es sozusagen die Straßenordnung ist und es nicht egal ist, welche Straße man wählt. Die eine Straße wird dich letztlich nicht nur in eine Sackgasse führen, sondern in die Katastrophe. Die andere Straße führt dich ins **Leben,** Leben von einer neuen Dimension, Leben in seiner ganzen Fülle.

Auch das kann man leicht missverstehen. Man hat oft angenommen, dass die Androhung des ultimativen Todes und die Verheißung des ultimativen Lebens schlicht und einfach nach dem Prinzip von Zuckerbrot und Peitsche funktionieren. In diesem Modell behandelt uns Gott wie unwissende Esel, denen Möhren vor die Nase gehalten werden („**Ewiges Leben**! Wie wär's damit? Also los, mach einen Schritt nach vorne!“). Wenn wir störrisch sind, gibt es einen Hieb mit der Peitsche („Du wirst dich schämen! Du wirst sterben! Mach das nicht!“). Vielleicht fühlt es sich manchmal so an, doch wenn dem so ist, dann liegt das vielleicht daran, dass wir die Sache falsch aufziehen. Es geht aber um etwas ganz anderes. Wir sahen in Kapitel 1: Wenn man sich für bestimmte Lebensweisen entscheidet, dann wählt man ein Verhalten, dass in sich zerstörerisch ist – sowohl für die, die es praktizieren, als auch für die, deren Leben davon betroffen wird. Um ein offensichtliches Beispiel zu geben: Wenn Menschen sich regelmäßig betrinken und alkoholisiert randalieren, schaden sie sich und ihrem Umfeld. Dabei geht es nicht darum, dass ein willkürlicher Maßstab erklären würde, dass solches Verhalten falsch ist und Bestrafung verdient. Das Verhalten trägt schon die Anzeichen seiner Bestimmung in sich. Es hat bereits den Geruch des Todes an sich. Die ultimative Bestrafung ist nicht willkürlich, wie es zum Beispiel der Fall ist, wenn man jemanden ins Gefängnis steckt, der seine Steuern nicht bezahlt hat. Die Strafe ist vielmehr eine unausweichliche Folge, so wie wenn jemand leichtsinnig über ein Kliff hinausfährt und dann in den Tod stürzt.

Umgekehrt gilt: Wenn sich Menschen nach den Mustern richten, die im **Evangelium** und in der frühchristlichen Lehre dargelegt sind, dann sind dabei bereits Anzeichen des Lebens am Werk. Das Leben des **kommenden Zeitalters** ist keine willkürliche Belohnung, wie man jemandem einen Orden verleiht, weil er ein Kind vor dem Ertrinken gerettet hat. Es ist vielmehr wie die Belohnung, die ein Vater erfährt, wenn das Kind, das er gerettet hat, seine eigene geliebte Tochter ist.

Bleiben wir einen Moment bei der Wendung: „das Leben des kommenden Zeitalters". Wir stießen bereits zuvor auf diese Formulierung, am Ende von Kapitel 5. Sie wird oft mit „ewiges Leben" übersetzt, und sie fasst ganz klar Paulus' Auffassung von der ultimativen Bestimmung des Gottesvolkes zusammen. Doch sie wird oft missverstanden. Viele Leute tragen an das Neue Testament eine vorgefertigte Sicht von der letzten Bestimmung heran, also vom „**Himmel**". Sie denken vielleicht daran, dass man auf einer Wolke sitzt und Harfe spielt; und obwohl sie vielleicht wissen, dass das nur ein Bild ist, stellen sie sich diese Wirklichkeit trotzdem als eine Existenz außerhalb von Raum, Zeit und Materie vor. Das ist jedoch mit Sicherheit nicht das neutestamentliche Bild, und es ist mit Sicherheit nicht Paulus' Vorstellung von der ultimativen Bestimmung. Als guter Jude des ersten Jahrhunderts – und seine christliche Theologie hat diesen Punkt nicht verändert, nur vertieft und ausgemalt – glaubte er, dass es zwei „Zeitalter" gibt: das „**gegenwärtige**" und das „kommende". Das gegenwärtige Zeitalter (siehe z. B. Galater 1,4) ist eine Zeit, in der die Bosheit nach wie vor Gottes Welt beherrscht. Im kommenden Zeitalter würde Gottes Herrschaft letztendlich triumphieren. Das, was Jesus, der Messias, vollbracht hat, hat dieses „kommende Zeitalter" in die Mitte des gegenwärtigen Zeitalters hereingeholt. Christen sind gerufen, in der Gegenwart im Licht jener Zukunft zu leben, einer Zukunft, der sie in Jesus bereits begegnet sind. Wenn Sie wissen wollen, wie Paulus' Vision von der ultimativen Zukunft aussieht, schauen Sie kurz auf Römer 8,18-25 voraus. Es ist diese Vision von der neuen Schöpfung, nicht irgendeine Erwartung eines unkörperlichen und zeitlosen „Himmels", wohin authentisches christliches Verhalten führen wird.

Dennoch bleibt die Zukunft Gottes Geschenk (Vers 23). Paulus ist sorgfältig darauf bedacht, das Gleichgewicht zu halten. Wenn man sündigt, erhält man einen Lohn, und dieser Lohn ist der Tod. Doch wenn man im Einklang mit Gottes Art von Heiligkeit lebt, *verdient* man sich nicht das Leben des kommenden Zeitalters. Das bleibt ein freies Geschenk, viel größer als alles, was wir verdient hätten. Das Endgericht wird dem Leben entsprechen, das wir geführt haben (2,1-16). Doch es wird ein „Entsprechen" von der Art sein, auf die ein Orchester, das mit voller Dynamik Beethoven spielt, meinen müden Versuchen, die Melodie zu pfeifen, „entspricht".

Römer 6 ist ein erfrischendes, anregendes Kapitel. Die heutige Kirche hat es äußerst nötig, dieses Kapitel in unserer Zeit zu hören. Es gibt uns keine spezifischen ethischen Anweisungen. Die finden wir an anderen Stellen in diesem Brief und in anderen frühchristlichen Schriften. Das Kapitel gibt uns den Rahmen, um darüber nachzudenken, warum das christliche Verhalten eine Rolle spielt und wie man es in der Praxis lebt. Sowohl innerhalb als auch außerhalb der Kirche nehmen viele Menschen immer noch an, dass es beim Christentum schlicht um ein paar seltsame und restriktive moralische Regeln, verbunden mit ein paar seltsamen und veralteten Glaubensüberzeugungen und -praktiken, geht. Ein paar Zeilen von Paulus reichen, um diesen Unsinn abzuweisen und uns wieder auf den Weg der gewichtigen und notwendigen Frage nach der echten christlichen Heiligkeit zurückzubringen.

Römer 7,1-6: Dem Gesetz sterben

[1]Meine liebe Familie, ihr wisst ja wohl – schließlich spreche ich zu
Menschen, die das Gesetz kennen! –, dass das Gesetz über eine Person
herrscht, solange sie lebt. [2]Das Gesetz bindet eine verheiratete Frau an
ihren Mann, solange dieser lebt; doch wenn er stirbt, ist sie vom Ge-
setz befreit, was ihren Mann angeht. [3]Sie wird also eine Ehebrecherin
genannt, wenn sie sich mit einem anderen Mann einlässt, während ihr
Ehemann noch lebt; doch wenn der Ehemann stirbt, ist sie frei vom
Gesetz, sodass sie keine Ehebrecherin ist, wenn sie sich dann mit ei-
nem anderen Mann einlässt.

[4]So seid auch ihr, meine liebe Familie, durch den Körper des Messi-
as dem Gesetz gestorben, damit ihr jemand anderem gehören könnt –
nämlich dem, der von den Toten auferweckt wurde –, damit wir Gott
Frucht bringen können. [5]Denn als wir ein sterbliches menschliches
Leben führten, waren die Leidenschaften der Sünden, die durch das
Gesetz bestanden, in unseren Gliedern und Organen am Werk und
bewirkten, dass wir dem Tod Frucht brachten. [6]Doch nun sind wir
vom Gesetz losgebunden worden; wir sind der Sache gestorben, die
uns festhielt. Das Ziel besteht nun darin, dass wir Sklaven des neuen
Lebens des Heiligen Geistes sein sollen, keine Sklaven des alten Le-
bens des Buchstabens.

Ich habe in diesem und in den anderen Kommentaren dieser Reihe mein Bestes gegeben, Beispiele zu verwenden, die meinen Lesern helfen sollen, zum Kern jedes Abschnitts vorzudringen. Einige Rezensenten haben die Weisheit dieses Bemühens und auch meine Fähigkeit infrage gestellt, es erfolgreich umzusetzen. Doch ich bleibe dabei. Wenn wir allerdings zu einem Abschnitt wie dem vorliegenden kommen, haben wir ein anderes Problem. Paulus hat hier selber das getan, was ich jeweils versucht habe, und auf den ersten Blick funktioniert sein Beispiel nicht so gut, wie es sollte (dasselbe gilt zweifellos für einige meiner eigenen Illustrationen).

In dem Beispiel geht es um eine verheiratete Frau, die durch das Gesetz an ihren Mann gebunden ist – besser gesagt durch „das **Gesetz**“, denn im gesamten Kapitel geht es um das mosaische Gesetz, nicht um irgendein anderes oder eher allgemeines Gesetz. Der Punkt, den Paulus hier anscheinend betonen will, lautet: Wo der Tod eintritt, entlässt er die Menschen aus den Verpflichtungen gegenüber dem Gesetz, wie im Falle einer Ehefrau, die nach dem Tod ihres Mannes nicht mehr an das Gesetz gebunden ist, andere Partner abzuweisen. Doch im zweiten Absatz, in den Versen 4-6, überträgt Paulus dieses Prinzip auf Christen. Er sagt einerseits, dass *sie* gestorben sind, und andererseits, dass *sie* nun frei sind, wieder zu heiraten! Was hat er dabei bloß im Sinn?

Warum spricht er überhaupt vom Gesetz? Man könnte annehmen: Nach einem Kapitel über das christliche Verhalten wäre es für ihn ganz natürlich, anschließend vom Gesetz als einer Quelle ethischer Regeln zu sprechen. Schließlich sind die Zehn Gebote noch heute an den Wänden vieler Kirchen zu finden; vielleicht (so könnten wir meinen) bewegt sich Paulus in diese Richtung. Nun stimmt es zwar, dass er die Gebote immer noch für wichtig hält. Dazu wird er in 13,8-10 kommen, auch wenn er sie dann nicht einfach wiederholen und auf Gehorsam beharren wird. Aber im Moment ist sein Punkt ein ganz anderer. An dieser Stelle ist das Gesetz Teil des Problems, nicht der Lösung.

Wenn man der Argumentation des Briefes sorgfältig gefolgt ist, könnte man annehmen, dass er dieses Kapitel schreibt, weil er uns früher oder später sagen muss, was er unter all den beiläufigen Verweisen auf „das Gesetz“ eigentlich versteht (z. B. 3,20; 3,27-31; 4,13-15; 5,13-14; 5,20 und 6,14-15). Er hat wiederholt darauf hingewiesen: Obwohl er glaubt, dass das Gesetz von Gott gegeben war und Zeugnis für das **Evangelium** ablegte (3,21), spielt es nichtsdestotrotz eine negative Rolle in Gottes Gesamtabsichten (5,20). Der Christ ist nicht „unter dem Gesetz“ (6,14-15). Warum nicht? Dieser Auffassung zufolge wurde Kapitel 7 geschrieben, um diese ungeklärten Fragen zu beantworten. Und es stimmt, dass Paulus sie hier zumindest etwas ausführlicher anspricht. Doch das ist nicht alles.

Einige Leute lesen Römer 5 – 8 schlicht als Beschreibung des christlichen Lebens. Das führt sie zu der Annahme, dass das Bild vom moralischen Ringen in 7,14-25 ein Bild dafür ist, wie sich der Versuch anfühlt, ein christliches Leben zu führen, (sozusagen) auf halbem Wege zwischen den anspornenden Geboten in Kapitel 6 und dem letztendlichen Ziel, das in Kapitel 8 dargelegt wird. Diese Perspektive weist dem Kapitel zwar eine gewisse Rolle innerhalb der Gesamtdeutung des Briefes zu, doch sie scheint die Tatsache zu ignorieren, dass der Hauptgegenstand des Kapitels nicht das christliche Leben ist, sondern das Gesetz als solches – und dass Paulus immer wieder sagt, dass der Christ nicht „unter dem Gesetz" ist.

Meines Erachtens besteht Paulus' Hauptgrund, aus dem er Römer 7 geschrieben hat, darin, dass er insbesondere zwei Dinge sagen wollte. Er wollte erklären, wozu das Gesetz gegeben worden war und wie es in einem seltsamen Sinne tatsächlich tat, wozu Gott es eingerichtet hatte, und dass es jetzt in einem neuen Sinne erfüllt ist – durch das Werk des **Messias** und durch den **Geist** (zum Geist kommt er in Kapitel 8). Und im Gegenüber zu allen jüdischen oder judenchristlichen gegenteiligen Versuchen wollte er gleichzeitig erklären, dass das Gesetz als solches nicht das Leben schenken konnte, das es verheißen hatte, sondern dass es stattdessen zwangsläufig auf der anderen Seite der Gleichung stand. Wenn das kompliziert klingt, und das ist es natürlich auch, dann dient das schlicht zur Erklärung, warum Römer 7 sich als so schwer verständlich erwiesen hat – schließlich zwängt dieses Kapitel all diese Dinge in einen Text, der einem typischen jüdischen Klagegedicht ähnlich ist.

Dieses Kapitel ist Teil der Gesamtstrategie von Paulus, und die besteht in einer Erklärung, die an die römischen Christen gerichtet ist. Viele von diesen Christen hatten einen jüdischen Hintergrund, weshalb sie „das Gesetz kennen", wie Vers 1 sagt. Die Erklärung betrifft den tiefgreifenden Übergang, der durch das Evangelium vollbracht wurde, den Übergang von der **Bund**esfamilie, die durch das Gesetz definiert war, zur Bundesfamilie, die durch den Messias und den Geist definiert wurde. Nur wenn sie – und wir! – diesen Punkt begreifen, wird die Gemeinde verstehen können, was Gott getan hat und was es nun bedeutet, Anteil am christlichen **Glauben**, an der christlichen Hoffung und am christlichen **Leben** zu haben.

Der Schlüssel zur vorliegenden Passage, die die lange Diskussion des Gesetzes einleitet, besteht in der Kombination von 5,20 mit 6,6. Paulus denkt immer noch im Raster der zwei Arten von Menschheit, der Menschheit in Adam und der Menschheit im Messias; und er versteht den Christen als einen, dessen „alter Mensch" (6,6) mit dem Messias gekreuzigt wurde. Jeder Mensch ist daher als ein Doppelwesen anzusehen, wie eine Frau, die mit einem Mann verheiratet ist und daher (zumindest in der damaligen Welt!) mit ihm identifiziert wurde. Die Rolle des Gesetzes besteht darin, das Band zwischen der Person, die „in Adam" ist, und dem „alten Menschen" oder dem „alten Adam", mit dem die Person „verheiratet" ist, unlösbar festzuzurren.

Das erklärt Vers 4, das Zentrum des Abschnitts. „Ihr seid dem Gesetz gestorben" verweist auf dasselbe Ereignis, das in 6,6 erwähnt wird, wo „der alte Mensch" mit dem Messias gekreuzigt wurde, damit „wir" von der Solidarität mit der Sünde gerettet werden konnten. Paulus stellt die bemerkenswerte und umstrittene Behauptung auf, dass das Gesetz, als es Israel gegeben wurde, ein Band bildete, und zwar nicht zwischen Israel und ... Gott, wie man annehmen sollte, sondern vielmehr zwischen Israel und ... Adam. Das erklärt die ansonsten rätselhafte Aussage in Vers 5, die im Rest des Kapitels mehrfach wiederholt wird, dass die Leidenschaften der Sünden „durch das Gesetz" bestanden (er meint vermutlich „durch das Gesetz erregt wurden", doch ich habe die Übersetzung bewusst so belassen, dass das etwas abgekürzte Griechisch durchscheint).

Das Gesetz scheint also zu den Dingen zu gehören, die falsch laufen. Es wurde Israel zwar von Gott gegeben, aber es erinnert Israel ständig daran, dass auch Israel selbst „in Adam" ist. Das Gesetz holt Israel nicht aus der Misere heraus. Es informiert Israel schlicht und einfach, dass es sich ebenfalls in der Misere befindet. Was das praktisch heißt, wird im Hauptteil des Kapitels gesagt werden.

Doch in Vers 6 gibt Paulus auch einen Hinweis auf die Antwort. „Wir" – das sind natürlich diejenigen, die durch **Taufe** und Glauben in die Familie aufgenommen wurden, die durch den gekreuzigten und auferstandenen Messias definiert wird – „wir" sind dem Gesetz gestorben (siehe Galater 2,19). Damit sind wir von den Fesseln losgebunden worden, mit denen das Gesetz uns an die Solidarität mit dem alten Adam kettete, was dazu führte, dass wir wie die Frau, die an ihren Mann gebunden ist, die Kinder Adams gebären mussten, was in diesem Falle bedeutet: den Tod. Stattdessen sind wir nun an den Messias in seinem neuen, auferstandenen Leben gebunden, sodass wir nun eine andere Frucht bringen können, Frucht für Gott. Hier bezieht sich Paulus auf die Vorstellung vom Messias als dem Bräutigam seines Volkes, eine Vorstellung, die beispielsweise in 2. Korinther 11,2-3 und Epheser 5,25-27 wieder auftaucht.

Er weist auch auf den Kontrast hin, den er bereits früher am Ende des zweiten Kapitels erwähnt hatte. In der alten adamitischen Solidarität zu leben, und innerhalb dieser Solidarität auch noch in Israel unter dem Gesetz, heißt, das alte Leben unter dem „Buchstaben" des Gesetzes zu leben. Das neue Leben in Solidarität mit dem Messias zu leben heißt, jeden Aspekt des Lebens in Adam hinter sich zu lassen und auf eine neue Weise vom Geist Gottes angetrieben zu werden. Den Geist hat Paulus bisher kaum erwähnt (er taucht nur in 1,4; 2,29 und 5,5 auf), doch am Ende der vorliegenden Argumentation wird er eine der großartigsten Darstellungen des Wirkens des Geistes schreiben, die je verfasst worden sind. Vielleicht besteht der tiefste Grund dafür, dass er Kapitel 7 geschrieben hat, in Folgendem: Da Gott durch den Geist das tut, „was das Gesetz nicht tun konnte" (8,3), ist es entscheidend wichtig, ganz genau zu erkennen, was das Gesetz zu erreichen versuchte und warum es das nicht schaffen konnte. Das vorliegende Kapitel ist also zwar schwierig, aber ganz wesentlich, wenn wir das Ausmaß des Problems des Menschen begreifen wollen – und damit auch das Wunder der Lösung, die Gott dafür fand.

Römer 7,7-12: Als das Gesetz kam: Der Sinai schaut auf den Fall zurück

7 Was sollen wir also sagen? Dass das Gesetz Sünde ist? Mit Sicherheit
nicht. Doch ich hätte die Sünde nicht gekannt, außer durch das Ge-
setz. Ich hätte das Begehren nicht gekannt, wenn das Gesetz nicht ge-
sagt hätte: „Du sollst nicht begehren." 8 Doch die Sünde ergriff durch
das Gebot die Gelegenheit beim Schopf und brachte alle möglichen
Formen des Begehrens in mir hervor.

Ohne das Gesetz ist die Sünde tot. 9 Ich lebte einst ohne das Gesetz;
doch als das Gebot kam, kam die Sünde zum Leben 10 und ich starb.
Das Gebot, das auf das Leben hinwies, entpuppte sich in meinem Fall
als Todesbote. 11 Denn die Sünde ergriff die Gelegenheit durch das Ge-
bot. Sie betrog mich und tötete mich durch das Gesetz.

12 So ist das Gesetz also heilig; und das Gebot ist heilig, ehrenwert
und gut.

Das Haus war still, als die Handwerker ankamen, und als jemand zur Tür kam, nahmen sie an, es sei der Hauseigentümer. Sie sollten eine neue Alarmanlage an den Türen und Fenstern anbringen. Der Eigentümer hatte Angst vor Einbrechern, nachdem in der Nachbarschaft mehrfach eingebrochen worden war. Er hatte die Firma beauftragt, ein System einzubauen, das besser war als das alte.

Doch an dem Tag, an dem die Arbeit ausgeführt werden sollte, war der Eigentümer krank, und er hatte einen Nachbarn angerufen und ihn gebeten, auf das Haus aufzupassen, solange er außer Gefecht war. Der Nachbar führte die Handwerker ums Haus, und man erklärte ihm genau, wie die Anlage funktionieren würde. Das brachte ihn auf einen Gedanken … und versetzte ihn natürlich in die beste Lage, das Haus selbst auszurauben. Mit der Alarmanlage war alles in Ordnung. Sie war sogar hervorragend. Doch sie hatte den Nachbarn auf dumme Gedanken gebracht, und er wusste, wie man sie ausschaltet.

Auch dies ist wieder ein Beispiel, das bis zu einem gewissen Punkt funktioniert, aber eben auch nicht in jeder Hinsicht. Das Bild vom Nachbarn in dieser Story ist tatsächlich eine Verbindung der „Sünde“ mit dem „Ich“ in Römer 7. Doch das Bild hebt den Aspekt hervor, der in der gesamten Argumentation von Paulus zentral ist: Das **Gesetz** als solches ist Gottes Gesetz, und es ist heilig, gerecht und gut. Wie die Alarmanlage ist es eine hervorragende Sache und funktioniert sehr gut. Doch wenn man an einer anderen Stelle einen Fehler einbaut – wenn man einen Nachbarn bei der Installation helfen lässt, der nicht vertrauenswürdig ist –, dann wird die Anlage gegen den Eigentümer arbeiten, nicht für ihn.

Hier müssen wir allerdings ein Wort zu diesem „Ich“ sagen, dass in Römer 7 eine Hauptrolle spielt. Viele Leser haben sich vorgestellt, dass Paulus hier schlicht einen Teil seiner Autobiografie erzählt und dass die einzige Frage lautet: Welchen Teil? Beschreibt er die Zeit, bevor er Christ wurde? (Einige haben etwa vorgeschlagen, dass uns diese Verse sagen, wie es sich anfühlte, als er in die Pubertät eintrat und gleichzeitig ein „Sohn des Gebotes“ wurde, sich also seiner Bar-Mizwa unterzog, der jüdischen Zeremonie zum Eintritt ins Erwachsenenalter.) Oder beschreibt er, wie das Leben nun als Christ aussieht? Oder bewegt sich das Kapitel von seinem vorchristlichen Leben zu seinem christlichen Leben? Oder was wäre sonst noch denkbar?

Dieser ganze Ansatz ist auf dem Holzweg. In der Antike schrieb man oft in der „Ich“-Form, wenn man etwas recht Allgemeines sagen wollte. Im Deutschen verwendet man dazu auch das „Wir“ oder eben „man“ („Man hat manchmal das Gefühl …“). Paulus tut dasselbe in Galater 2,15-21, wo er sowohl „ich“ als auch „wir“ verwendet. Es gibt mehrere gute Gründe für die Annahme, dass er auch hier diesem Wortgebrauch folgt und nicht sein eigenes Ringen mit dem Gesetz beschreibt. Er spricht nicht von der Menschheit im Allgemeinen. Er spricht von Israel im Besonderen – Israel als Empfänger des Gesetzes, das ein Geschenk von Gott war. Doch Israel fand heraus, dass jemand auf der Lauer lag, wie der nicht vertrauenswürdige Nachbar, der darauf wartete, das neue Geschenk auszunutzen.

Dieser „jemand“ war die Sünde. Auch Israel war „in Adam“. Im Kern des Problems der biblischen Theologie steht die Tatsache: Als Gott sich entschied, die Welt zu erlösen, berief er als seine Vermittler eine Familie, die selber erlösungsbedürftig war (wie alle anderen auch). Wir sind in der einen oder anderen Form mehrfach in diesem Brief auf dieses Problem gestoßen. Nun steht es direkt vor uns.

Das deutet auf einen anderen Grund hin, warum Paulus wohl „Ich“ sagen wollte, nicht „Israel“ oder „die Juden“. Es handelte sich immerhin auch um seine eigene Story. Er hätte sie mit Sicherheit nicht so erzählen wollen, als ob er damit nichts zu tun hätte, als ob er nicht immer noch über diese Story trauern würde. Tatsächlich besteht eine direkte Verbindung zwischen dem „Ich“ in dieser Passage, das ratlos und erschüttert ist angesichts der Auswirkungen der Sünde im Volk Gottes, und Paulus persönlich in Römer 9 – 11, wo er angesichts der weiter andauernden Auswirkungen der Sünde im erwählten Volk, unter seinen Landsleuten nach dem Fleisch, Tränen vergießt. Die Querverbindungen zwischen den verschiedenen Briefteilen sind wichtig, wenn wir ihn als Ganzes verstehen wollen, nicht als bloße Sammlung kurzer Essays. Wir werden später darauf zurückkommen.

Die vorliegende Passage tut zwei Dinge gleichzeitig. Wenn ich aus dem Fenster meines Arbeitszimmers schaue, kann ich nicht nur sehen, was draußen im Garten vor sich geht, sondern ich sehe auch eine Reflexion der Lampe auf der Fensterbank. Wenn ich aus diesem Blickwinkel ein Foto machen würde, würde es beides festhalten, als ob beides Teil derselben Ansicht wäre. So beschreibt auch Paulus die Zeit, in der das Gesetz in Israel ankam, auf eine Weise, die zusätzlich die Zeit widerspiegelt, als Adam im Garten das Gebot gegeben wurde (siehe wiederum 5,13-14 und 5,20). Der Punkt, um den es ihm geht, lautet: *Als Gott Israel die **Tora** gab, ahmte Israel Adam nach und brach das Gesetz*. Dieser Aussage liegt zugrunde, dass „Sünde“ die ganze Zeit schon latent in Israel vorhanden war, sodass die Auswirkung des heiligen und guten Gesetzes keine andere sein konnte, als dass Israel es brach. Der Schluss, den Paulus daraus zieht, mag uns vielleicht überraschen, doch er ist in voller Übereinstimmung mit seinem eigenen Programm und lautet: „Das Gesetz ist heilig, und das Gebot ist heilig, ehrenwert und gut“ (Vers 12). Dieses Kapitel sorgt grundsätzlich dafür, dass das Gesetz von der Schuld an Israels Debakel befreit wird, während es gleichzeitig zeigt, dass das Gesetz nicht in der Lage war, das zu schenken, was es verheißen hatte.

Was hatte das Gesetz verheißen? Vers 10 zufolge „das **Leben**“. Immer wieder, aber besonders in Passagen wie 3. Mose 18,5 und 5. Mose 30,15-20, stellte die Tora Israel in Aussicht, dass die, die das Gesetz gewissenhaft halten würden, das Leben genießen würden, während die, die es brachen, den Tod erleiden würden. Bereits im Alten Testament taucht eine Parallele auf zwischen Israel, dem das Gesetz gegeben und das Land verheißen worden war, und Adam und Eva, die in den Garten gesetzt wurden und denen ein Gebot mit einer angehängten Warnung gegeben wurde: Der Bruch des Gebots bedeutet Tod. Der fragliche „Tod“ beinhaltete Vertreibung aus dem Garten, wie auch Israels Strafe im **Exil** endete. Das war jedoch nicht der Fehler des Gebotes im Garten oder des Gesetzes, das Israel gegeben worden war. Es war das Resultat der Sünde.

Kurzum: Die Sünde ergriff beide Male die Gelegenheit beim Schopf. Wie der Nachbar, der wahrscheinlich nicht an Einbruch gedacht hätte, wenn er nicht Zeuge geworden wäre, wie die neue Alarmanlage eingebaut wurde, entdeckt Israel die Macht des Begehrens, indem es davor gewarnt wird (Verse 7 und 8). Es gab eine Zeit, als das Gesetz noch nicht angekommen war (jene seltsame Zeit zwischen Adam und Mose, von der Paulus in 5,13-14 sprach). Doch sobald das Gesetz am Berg Sinai gegeben worden war, zeigte sich Israels Sündhaftigkeit als das, was sie war. Wie sehr die Tora auch das Leben versprach, die Gegenwart und Macht der Sünde bedeutete, dass sie nur den Tod liefern konnte (Verse 8-11).

All dies wirft für uns eine Frage auf, die Paulus zumindest zum Teil etwas später beantworten wird. Was genau ist „Sünde“? Wenn sie das ultimative Problem hinter allen anderen Problemen ist, wie kann sie dann besiegt werden? Zugespitzt: Was hat Gott gegen die Sünde unternommen? Momentan können wir nur sagen, dass „Sünde" eine Macht zu sein scheint, die wesenhaft gegen Gottes Schöpfung gerichtet ist. Sie ist darauf aus, zu zerstören: die Welt, die Gott erschaffen hat; die Menschen, die sein Ebenbild widerspiegeln; und das erwählte Volk, das berufen ist, Vermittler der Erlösung zu sein.

So faszinierend diese Diskussion an sich und innerhalb der Argumentation des Paulus auch sein mag: Ein Großteil dieser Darlegungen erscheint vielen modernen Christen ziemlich abseitig. Viele von uns machen sich wohl kaum häufiger Gedanken über die Situation Israels unter dem Gesetz – obwohl wir das vielleicht tun sollten. Doch die Passage hat eine Relevanz für uns, die uns nicht entgehen sollte. Wenn wir mit Sünde konfrontiert werden, sei es in unserem eigenen Leben oder in der großen weiten Welt, sollten wir sie nicht unterschätzen. Das Böse ist real und mächtig. Es richtet sich gegen Gott, gegen seine Welt, gegen seine Menschen und nicht zuletzt gegen die, die berufen sind, seinem Sohn zu folgen. Wir sollten es nicht riskieren, damit zu spaßen. Es ist hinterhältig. Es ist tödlich.

Römer 7,13-20: Ein Blick zurück auf das Leben unter dem Gesetz

13 *Hat mir also das Gesetz, diese gute Sache, den Tod gebracht? Mit*
Sicherheit nicht! Im Gegenteil: Es war die Sünde, damit sie als Sün-
de ans Licht kommt. Sie wirkte durch die gute Sache und brachte in
mir den Tod hervor. Das geschah, damit Sünde äußerst sündig wurde,
durch das Gebot.

14 *Es ist nämlich so: Wir wissen, dass das Gesetz geistlich ist. Ich bin*
jedoch aus Fleisch erschaffen und als Sklave unter die Vollmacht der
Sünde verkauft. 15 *Ich weiß nicht, was ich tue. Ich tue nicht das, was*

ich will, sondern ich tue, was ich hasse. [16]*Wenn ich also tue, was ich*
nicht tun will, stimme ich zu, dass das Gesetz gut ist.
[17]*Doch ich bin es gar nicht mehr, der das tut, sondern es ist die*
Sünde, die in mir lebt. [18]*Es ist nämlich so: Ich weiß, dass in mir nichts*
Gutes lebt, also in meinem menschlichen Fleisch. Denn ich kann das
Gute zwar wollen, aber vollbringen kann ich es nicht. [19]*Denn das*
Gute, das ich tun will, tue ich nicht, sondern letztlich tue ich das Böse,
das ich nicht tun will. [20]*Wenn ich also tue, was ich nicht tun will, dann*
tue nicht mehr „Ich" es; die Sünde tut es, die in mir lebt.

Versuchen Sie mal, diese Passage so schnell wie möglich laut zu lesen. Falls Sie nicht äußerst redegewandt sind, werden Sie sich garantiert irgendwo verhaspeln. Ich erinnere mich, dass dieser Abschnitt einmal einem Chorknaben gegeben wurde; er sollte ihn im Advent in der Kirche vorlesen. Armer Junge. Gegen so etwas sollte es Kinderschutzgesetze geben.

Man kann nicht leugnen, dass die Passage äußerst verschachtelt ist. Sie geht auf eine Weise hin und her, die auf den ersten Blick ziemlich verwirrend erscheint. Einige haben diesen Text als eine tiefgründige Einsicht in den Urgrund des Menschseins gepriesen; andere haben sie als unklares Geschwafel abgetan. Meines Erachtens ist sie weder das eine noch das andere. Sie ist nicht gedacht als exakte Beschreibung der tatsächlichen Erfahrung von Paulus oder von sonst jemandem, obwohl es Echos dieser Passage an vielen Punkten sowohl im menschlichen Leben als auch in der antiken und modernen Literatur gibt. Doch das ist nicht der Punkt. Paulus versucht hier nicht zum ersten Mal, mindestens zwei Dinge gleichzeitig zu tun.

Nachdem er im vorherigen Absatz beschrieben hatte, was passierte, als die **Tora** in Israel ankam (es bedeutete, dass Israel die Sünde Adams nachahmte und rekapitulierte und damit zeigte, dass Israel in der Tat sündig war), kommt Paulus nun in die Gegenwart (auch von den Verbformen her) und beschreibt die tatsächliche Situation Israels unter dem **Gesetz** (im Gegensatz zur gefühlten Erfahrung). Was passiert, wenn Israel, nachdem es das Gesetz bekommen hatte, sein Bestes gibt, darunter zu leben?

Einige haben diese Passage als Anklage gegen Israel verstanden, gegen „die Juden“, die versuchen, **Rechtfertigung** oder Errettung durch Werkgerechtigkeit zu erlangen, um also durch das Einhalten des Gesetzes Gottes Wohlwollen zu verdienen. Diese Ausleger haben versucht vorzuschlagen, dass Paulus hier zeige, was für ein törichter Versuch das war. Doch auch das ist nicht der Punkt. Paulus entlastet nicht nur das Gesetz, sondern interessanterweise auch das „Ich“: Nicht mehr „Ich“ tue das, sagt er (Verse 17, 20), sondern „die Sünde, die in mir lebt“. Nicht nur das Gesetz, sondern auch Israel selbst scheint in eine größere Sache verwickelt zu sein, zu deren Zweck Israel momentan anscheinend in einer Negativspirale gefangen ist. Je mehr Israel das Richtige tut, je mehr man also Gottes heiliges, gerechtes und gutes Gesetz positiv aufnimmt (die „gute Sache“ von Vers 13, ein Rückverweis auf Vers 12, wo das Gesetz auf diese Weise beschrieben wird), umso mehr sagt das Gesetz selbst: Ihr habt mich gebrochen.

Das ist das Erste, was Paulus hier tut. Er sagt im Grunde, dass Israel richtiglag, als es die Tora positiv aufnehmen und zu seinem Lebensstil machen wollte. Während das Gesetz jedoch „geistlich“ war, bestand Israel, das „Ich“ in dieser Passage, aus Fleisch und war Sklave der Sünde (Vers 14). Mit anderen Worten: Israel gehört auf die „Adam“-Seite der Gleichung. Das Gesetz versetzt Israel nicht in die Lage, diesem Problem zu entkommen; es macht das Problem nur noch schlimmer. So weit, so gut. Wir stehen hier auf genau demselben Boden wie in Römer 2,17-24. (In der Tat sieht es so aus: Wer einen klaren Blick für die sinfonische Struktur des gesamten Briefes hat, erkennt in Römer 7 eine längere Version von 2,17-24, während Römer 8, zumindest aus einer bestimmten Perspektive gesehen, eine stark ausgedehnte Version von 2,28-29 ist – was wiederum der Grund ist, warum Paulus in Römer 9 dieselbe Frage stellen muss wie zu Beginn von Kapitel 3.)

Wir erinnern uns: Der Punkt, um den es in 2,17-24 ging, lautete, dass Israel nicht zuletzt aufgrund des Besitzes des Gesetzes zwar behauptete, vor Gott besser dazustehen als der Rest der Welt, tatsächlich aber auf denselben Zustand reduziert war wie der Rest der Welt (1,18 – 2,16); auch Israel war vor Gott der Sünde angeklagt. Nun beginnen wir, den zweiten Hauptgedanken zu erkennen, um den es Paulus geht. Dieser Punkt ist subtil, doch für das Publikum, das ihm vor Augen steht, ist er aussagekräftig. Er hat das Problem von Israel unter dem Gesetz dergestalt beschrieben, dass es genauso aussieht wie das Problem, das jeder ratlose heidnische Moralist mindestens seit Aristoteles beobachtet hatte. In der griechischen und römischen Philosophie und Dichtkunst gab es eine lange Tradition, in der man sich angesichts folgender Sachlage am Kopf kratzte und sie beklagte: Man konnte erkennen, was das Richtige ist, das man tun sollte, doch aus dem einen oder anderen Grund bekam man es nicht hin, das Richtige auch zu tun. Umgekehrt konnte man verstandesmäßig erkennen, dass eine bestimmte Handlungsweise falsch war, und dann schritt man dennoch zur falschen Tat. Paulus hatte viele Jahre in den Debattierclubs der antiken heidnischen Welt verbracht. Er hatte den Menschen auf der Straße zugehört, wie sie Bruchstücke aus den Gedichten und der Populärphilosophie zitierten. Nun folgt hier ein Textabschnitt, der zu den verheerendsten und cleversten gehört, die Paulus je geschrieben hat – ein Text, der so clever ist, dass vielen Menschen bis heute schlicht entgeht, was er sagen will: Er bietet eine Analyse der Misere, in der sich Israel unter dem Gesetz befand, und er sagt schließlich: Das ist also die Höhe, zu der sich Gottes erwähltes Volk durch den Besitz des Gesetzes aufgeschwungen hat – dieselbe Höhe, die auch der ratlose heidnische Moralist erlangt! Wenn irgendetwas das Problem verdeutlichen könnte, dem Israel gegenüberstand, dann dies: Wie sehr sich Gottes Volk auch bemühte, das Gesetz Gottes zu halten, es endete, wie der Rest der Welt, in einem Zustand moralischer Unfähigkeit.

Im letzten Abschnitt des Kapitels schreibt Paulus selbst eine Schlussfolgerung zu dieser ganzen Argumentation. Doch momentan sollten wir erst noch festhalten, wohin er bisher gelangt ist. Er hat das Gesetz von der Schuld an der Katastrophe freigesprochen, die Israel getroffen hat. Er hat sogar das „Ich" freigesprochen; Israel zu sein war nicht falsch; der Wunsch, Gottes Gesetz zu halten, war nicht falsch (man denke an Psalm 19 und 119 mit ihrer fast mystischen Sehnsucht nach dem und ihrer Liebe für das Gesetz). Das eigentliche Problem war die Sünde.

In der seltsamen kleinen Passage in Vers 13 hat Paulus bereits angedeutet, was mit der Sünde passieren wird. Die Sünde war dafür verantwortlich, „mir" den Tod zu bringen, „damit sie als Sünde ans Licht kommt" und „damit die Sünde äußerst sündig wurde". Dieses wiederholte „damit" ist selber ein wenig rätselhaft. Warum würde Gott (der oft im Spiel ist, wenn Paulus Satzteile mit „damit" einleitet) wollen, dass die Sünde zur vollen Blüte gelangte?

Man kann zu diesem Gedankenmix noch die ähnliche Wendung aus 5,20 hinzufügen: das Gesetz kam dazu, *damit* die Übertretungen ihr volles Maß erreichten; und obendrein Galater 3,22: Die Schrift (also das Gesetz) hat alles der Sünde unterworfen. Was führte Gott im Schilde, als er das Gesetz nicht nur *in dem Wissen* gab, dass es der Sünde die Gelegenheit geben würde, zur vollen Blüte zu kommen, sondern dass er es *mit dieser ausdrücklichen Absicht* gab?

Wir werden die Antwort in 8,3 entdecken, doch wir müssen jenen Moment vorwegnehmen, wenn wir den tiefsten Grund erkennen wollen, warum Paulus dieses Kapitel so schrieb, wie er es tat – ein Grund, der von bleibender und sogar schockierender Bedeutung für Christen aller Zeiten Christen ist. *Gott wollte, dass die Sünde zur vollen Blüte gelangte, damit er dann mit ihr abrechnen konnte, sie verdammen konnte, sie ein für alle Mal bestrafen konnte.* Doch wo sollte die Sünde zur vollen Blüte gelangen? Paradoxerweise in Israel, in genau dem Volk, das Gott berufen hatte, das Licht der Welt zu sein. Warum? Damit die Sünde in der Person des **Messias** auf einen Punkt konzentriert und ein für alle Mal verdammt werden konnte. Was auf den ersten Blick wie eine gequälte und weitschweifende Darstellung persönlicher moralischer Unfähigkeit aussieht, bereitet die Darstellung dessen vor, was am Kreuz vollbracht wurde; und diese Darstellung gehört zum Eindrucksvollsten, was Paulus je geschrieben hat.

Römer 7,21-25: Das doppelte „Gesetz“ und das elende „Ich“

21 Das ist also mein Befund zum Gesetz: Wenn ich das Richtige tun will, ist das Böse nicht weit! 22 Ihr müsst wissen: Ich freue mich an Gottes Gesetz, was den innersten Kern meiner Persönlichkeit angeht; 23 doch in meinen Gliedern und Organen sehe ich ein anderes „Gesetz“ am Werk, das einen Kampf gegen das Gesetz meines Verstandes austrägt und mich zum Gefangenen im Gesetz der Sünde macht, das in meinen Gliedern und Organen steckt.

24 Was bin ich für ein elender Mensch! Wer wird mich vom Körper dieses Todes befreien? 25 Dank sei Gott – durch Jesus, unseren König und Herrn! Es sieht also folgendermaßen aus: Auf mich selbst zurückgeworfen bin ich mit meinem Verstand ein Sklave des Gesetzes Gottes, aber mit meinem menschlichen Fleisch ein Sklave des Gesetzes der Sünde.

Wenn man eine komplizierte mathematische Aufgabe löst, wird man schließlich einen Strich auf dem Blatt Papier ziehen und darunter das Ergebnis oder wenn man so will den „Befund“ schreiben. Dasselbe gilt am Ende eines langen juristischen Berichtes zu irgendeiner komplexen Frage. Der Richter schreibt einen Bericht und schließt mit der Zusammenfassung des „Befundes“.

Genau das tut auch Paulus hier in diesen abschließenden Versen des Kapitels. „Das ist also mein Befund zum **Gesetz**“: Er benutzt die Sprache, die man in der Mathematik oder in der Juristerei verwendet. Das ist der Grund, warum ich trotz einer weitverbreiteten Übersetzungs- und Kommentartradition es gänzlich unmöglich finde, „Gesetz“ in Vers 21 mit „ein Prinzip“ oder „ein Gesetz“ im Sinne einer allgemeinen Wahrheit zu übersetzen. Die gesamte Argumentation hat sich sehr explizit um *das* Gesetz gedreht, Gottes Gesetz, das Gesetz des Mose; dem Wort „Gesetz“ geht in diesem Vers der bestimmte Artikel voraus. Wir können diese Passage nur anders deuten (also nicht in Bezug auf das mosaische Gesetz), wenn wir uns entschließen, sie zu missdeuten; wenn wir uns entscheiden, dass wir Paulus zu einem abschließenden Statement über etwas zwingen, das sich vom Rest des Kapitels unterscheidet.

Doch wie lautet sein „Befund“ zum Gesetz? Er hat herausgefunden, dass das Gesetz in zwei Teile aufgespalten ist – und dass dieser Befund in einer großen Spannung innerhalb des „Ich“ resultiert, von dem er gesprochen hat, also innerhalb Israels nach dem Fleisch, Israel unter dem Gesetz.

Er nennt zunächst den zweiten Teil. Ich will das Richtige tun – doch das Böse ist nicht weit! Paulus lässt hier die Sprache anklingen, die in 1. Mose 4,7 in Bezug auf Kain verwendet wird. Es kann sein, dass er über folgende Tatsache nachsinnt: So, wie Israel in 7,7-12 die Sünde Adams ausführte, so sieht die moralische Unfähigkeit, die in 7,14-20 offenbart wird, dem traditionellen jüdischen Bild von Kain ziemlich ähnlich. Ob dies der Fall ist oder nicht – der Punkt, um den es hier und in Vers 22 geht, lautet: Das „Ich“ freut sich völlig zu Recht über das Gesetz Gottes. Man stelle sich vor, wie Paulus als junger Mann Psalm 19 oder Psalm 119 betete, Tag und Nacht die **Tora** im Geist des Gebets studierte, sich danach sehnte, sich in das Gesetz wie in einen Mantel einzuhüllen, es zu seinem Lebensstil zu machen, es mit jedem Atemzug auszuleben. Daran ist nicht nur nichts falsch; es ist genau das, was Israel tun sollte.

Doch je enger man das Gesetz an sein Herz zieht, während man immer noch „in Adam“ ist, umso mehr wird das Gesetz sagen: „Doch, du bist ein Sünder!“ Schlimmer noch: Es wird nicht nur beschuldigen, es wird in Versuchung führen, wie wir in Vers 8 und 10 sahen. Es sieht so aus, als ob das Gesetz eine schattenhafte Kopie seiner selbst herausgebildet hat, eine negative Identität, die auf der Seite der Sünde gegen das zu kämpfen scheint, was „Ich“ eigentlich sehnlichst tun will. Das ist eine ganz außergewöhnliche Aussage über Gottes Gesetz, doch es passt gut zu allem, was Paulus im gesamten Brief bisher angedeutet hat.

Wie halten wir ein derartiges Paradox zusammen? Das ist niemals ganz klar – genauso wenig wie viele andere Paradoxe ganz klar sind, z.B. das Paradox, das Licht als Welle und auch als Partikel befriedigend erklärt werden kann, aber nicht gleichzeitig. Vielleicht scheinen die Dinge immer von dieser Art zu sein, wenn man nah an den Kern eines Geheimnisses herankommt. Wir sollten jedenfalls mit Sicherheit nicht uns oder Paulus das Leben dadurch einfacher machen, dass wir unter „Gesetz“ hier etwas anderes verstehen als das Gesetz Gottes, das Gesetz, das Israel gegeben wurde. Wenn es sich nicht um dieses Gesetz handeln würde, wäre das Problem bei Weitem nicht so akut.

Das Ergebnis der Analyse lautet, dass das „Ich“ sich als Kriegsgefangener wiederfindet (Vers 23). Es tobt eine Schlacht. Der Verstand des gläubigen Israeliten (angesichts von 1,28 ein interessanter Aspekt) war mit dem Verlangen beschäftigt, das Gesetz Gottes zu halten, doch das Gesetz hat mit Macht auf der Gegenseite gekämpft, und zwar durch die adamitische Menschheit, an der Israel wie alle anderen auch Anteil hat. Es scheint so, als ob Israel berufen worden sei, die ungeheure Spannung auszuhalten, auf der einen Seite zum Licht der Welt berufen zu sein, und auf der anderen Seite zu entdecken, dass man wie alle anderen auch von Sünde durchtränkt ist. Das ist die Spannung, in der sich Paulus in einem späteren Stadium der Argumentation in Römer 9 wiederfindet. Und das ist der Grund, warum Paulus' Auffassung von Jesus so entscheidend wichtig ist, und warum die Antwort auf die Frage „Wer wird mich retten?“ (Vers 24) lautet: Gott wird das tun, durch Jesus, den **Messias**, unseren Herrn. Der Messias umfasst in sich *sowohl* Israel nach dem Fleisch *als auch* den Gott, der zur Rettung kommt. Das wird die Kernaussage von 8,3-4 und auch von 9,5 sein.

Mittlerweile könnte jemand versucht sein zu fragen: Wozu müssen wir all diese Dinge wissen? Worum geht es letztlich, wenn Paulus hier so ausführlich über die Probleme schreibt, die Israel unter dem Gesetz hatte? Wir leben im 21. Jahrhundert, nicht im ersten; die meisten von uns Christen waren nie Juden und haben nur wenig oder gar keinen

Kontakt zu Juden. In einer so zentralen Passage wie dieser in einem derart wichtigen Brief wird es doch wohl mit Sicherheit um relevantere Dinge gehen?

Das ist eine gute Frage. Es ist tatsächlich möglich, Abschnitte der Bibel auf eine Weise auszulegen, die sie für heutige christliche Leser völlig irrelevant erscheinen lässt. Wissenschaftler müssen davor immer auf der Hut sein. Doch auf der Grundlage langjähriger, sorgfältiger Studien behaupte ich nicht nur, dass dies die richtige Deutung dieser Passage ist, sondern dass sie in genau diesem Sinne eine wichtige Bedeutung für christliche Leser in jeder Generation und Kultur behält. Paulus sagt ziemlich deutlich: Christ zu sein heißt, ein Kind Abrahams zu sein (Römer 4; Galater 3). Er spricht zu Christen, die ehemals Heiden waren, über „unsere Vorfahren“, wenn er die Israeliten meint, die aus Ägypten auszogen (1. Korinther 10,1). Wenn moderne Christen vergessen, dass sie Teil dieser größeren Familie sind, die rund zweitausend Jahre hinter Jesus zurückgeht, dann schneiden sie sich von der Wurzel des Baumes ab – von der Wurzel, von der sie behaupten, dass sie als neue Zweige daraus das **Leben** erhalten (siehe 11,15-24). Es ist daher unverzichtbar, dass wir zum einen wissen, in welchem Sinne es eine direkte Kontinuität zwischen dem Israel v. Chr. und der christlichen Kirche gibt, als auch zum anderen, in welchem Sinne es eine klare Diskontinuität gibt. Viele Christen haben sich den Kopf zerbrochen über den Ort des alttestamentlichen Gesetzes im Leben sowohl des einzelnen Christen als auch von Ländern, die behaupten oder versuchen, „offiziell“ christlich zu sein. Sobald eine Frage dieser Art aufkommt, wird man erkennen, dass Römer 7 höchst relevant, wenn auch unbequem ist.

Dieses Kapitel besteht insbesondere auf folgender Feststellung: Als Gott das Gesetz gab, war das nicht so etwas wie ein „erster Versuch“, der Menschheit im Allgemeinen die ersten Prinzipien der Moralität beizubringen – als ob die Menschheit ein paar Grundregeln brauchte, um in Gang zu kommen, die dann letztlich von der Bergpredigt übertroffen würden. Gottes Absicht war weitaus subtiler. Das Problem des Bösen, das eigentliche Problem, dass der Frage nach der Rettung wie als auch der nach der Ethik zugrunde liegt, ist weitaus radikaler. Als Gott die Tora gab, bestand seine Absicht darin, die Zwecke zu fördern, für die er Israel berufen hatte. Diese Zwecke drehten sich nicht einfach darum, der Welt einen besseren moralischen Standard beizubringen. Es ging darum, die Welt von der Sünde und vom Tod zu erretten.

Um dieses Ziel zu erreichen, sandte Gott nicht nur seine Tora, sondern auch seinen Sohn und seinen **Geist**, damit diese endlich das tun konnten, was das Gesetz aus eigener Kraft tun wollte, aber nicht konnte. An diesem Punkt schlagen wir nun eine neue Seite auf und sind endlich bereit für eines der großartigsten Kapitel, das jemals von Paulus oder sonst irgendjemand geschrieben worden ist.

Römer 8,1-4: Gottes Tat im Messias und im Geist

1 Es gibt daher keine Verdammnis für die, die im Messias sind, in Je-
sus! 2 Warum nicht? Weil das Gesetz des Geistes – der Geist, der im Messias, in Jesus Leben schenkt – euch vom Gesetz der Sünde und des Todes befreite.

3 Denn Gott hat das getan, was das Gesetz nicht tun konnte (da es aufgrund des menschlichen Fleisches schwach war). Gott sandte seinen eigenen Sohn im Ebenbild des sündigen Fleisches und als Sünd-
opfer; und genau dort, im Fleisch, verdammte er die Sünde. 4 Das ge-
schah, damit das richtige und angemessene Urteil des Gesetzes in uns erfüllt werden könnte, wenn wir nicht nach dem Fleisch, sondern nach dem Geist leben.

Als wir in England in den Midlands lebten, bekam ich einmal von zwei Männern Besuch, die Recherchen für eine potenzielle Fernsehsendung machten. Es sei in letzter Zeit oft von der „Mitte Englands“

die Rede gewesen, sagten sie. Da ich mehr oder weniger in der Mitte Englands leben würde, wollten sie wissen, was ich davon halte.

Das Ganze war eine ziemlich lächerliche Idee. Wir hatten zwar ein kurzes Gespräch, aber ich habe nie erfahren, was aus der Sache wurde. Tatsächlich gab es ein paar Meilen südlich von meinem Wohnort einen Kreisel, der sich „Mittelpunkt" oder so ähnlich nannte und damit den Anspruch erhob, das Zentrum des Landes zu sein. In einem Land mit der seltsamen Form Englands können allerdings ziemlich viele Orte diesen Anspruch erheben.

Als ich Studenten unterrichtete, bat ich sie manchmal, eine Passage zu nennen, die man als Zentrum des paulinischen Denkens bezeichnen könnte. Wie die geografische Frage ist auch diese Frage unbeantwortbar, und zwar aufgrund der Vielschichtigkeit seiner Schriften. Doch die vor uns liegenden Verse können so gut wie irgendwelche anderen den Anspruch erheben, im Mittelpunkt zu stehen. Sie enthalten ein großes, durch und durch paulinisches Bild von Gott, dem Vater, dem Sohn und dem Heiligen **Geist**. Sie enthalten eine der deutlichsten Aussagen von Paulus zur Frage, was am Kreuz vollbracht wurde. Sie ziehen sowohl seine Kritik am jüdischen **Gesetz** als auch die Grundelemente seiner Ansicht zu der Frage zusammen, wie das Gesetz auf eigentümliche Weise in und durch das **Evangelium** erfüllt wurde. Und sie halten uns die herrliche und typisch paulinische Hoffnung vor Augen, dass es tatsächlich für die, die im Messias sind, keine Verdammnis gibt. Dies ist in der Tat ein Fest mit guten paulinischen Themen.

Angesichts dieses ganzen Reichtums – ganz zu schweigen von der Tatsache, dass dieser Abschnitt seit vielen Jahren eine Lieblingsstelle vieler Prediger gewesen ist, die Quelle zahlreicher Predigten und Lieder, und dass sie von J. S. Bach in eine ganze Kantate verwandelt wurde – könnte man uns nachsehen, wenn wir ein wenig überwältigt sind und es versäumen, die Rolle zu registrieren, die dieser Text in der tatsächlichen Argumentation des Briefes spielt – doch genau das sollte natürlich das Erste sein, was man tut, bevor man sich den Einzelheiten widmet. Obwohl die Stimmung und die Tonlage seit dem

Ende von Kapitel 7 drastisch umgeschlagen sind, geht dieselbe Argumentation hier immer noch weiter. Wir können das an der fortgesetzten Erwähnung des Gesetzes in den Versen 1-4 erkennen und auch noch im nächsten Abschnitt bis Vers 7. Die größere Argumentation, deren erster Teil Kapitel 7 ist, geht in Kapitel 8 bis Vers 11 weiter. Dort entdecken wir, wie die Absicht des Gesetzes (**Leben** zu schenken) letztendlich und auf faszinierende Weise erreicht wird, wenn Gott durch den Geist all denen **Auferstehung**sleben schenkt, die zum Messias gehören, zu Jesus. In unserer vorliegenden Passage wird die feste Grundlage für jene Schlussfolgerung gelegt, indem Paulus (recht ähnlich wie in 3,21) das „Aber jetzt" des Evangeliums enthüllt, der **guten Nachricht**, die sich den Problemen und Rätseln zuwendet, mit denen sich die ganze Menschheit inklusive Israel andernfalls immer noch konfrontiert sehen würde.

Der Abschnitt eröffnet auch eine ganze Reihe weiterer Diskussionen, und es braucht den ganzen Rest des Kapitels, um diese anzusprechen, insbesondere die Diskussion über das Wirken des Geistes. All dies trägt wiederum zu dem großen Thema der Gewissheit bei, das Paulus im abschließenden großartigen Absatz zusammenfasst (8,31-39). Dies wird schon in Vers 1 mit seinem großen Jubelruf antizipiert, der wiederum auf 5,1-11 zurückblickt, besonders auf 5,1-2. Der gegenwärtige und der nächste Abschnitt (8,1-4 und 8,5-11) bilden zusammen gleichzeitig die Schlussfolgerung der Argumentation von Römer 7 und die Einleitung der Argumentation von Römer 8. Kein Wunder, dass sie so dicht formuliert und vollgepackt sind – auch wenn sie glücklicherweise nicht so schwierig sind wie einige andere von Paulus' Texten.

Ich habe oft angemerkt, dass es zu Paulus' üblichen stilistischen Eigenheiten bei der Entwicklung von Argumenten gehört, dass er wie beim Öffnen einer Blüte vorgeht. Durch mein Fenster kann ich Rosen sehen. Es ist Winter; sie sind von Schnee bedeckt. Hier und da kann man jedoch winzig kleine Triebe ausmachen. Irgendwann im Spätfrühling werden sie sich in Rosenknospen verwandeln. Dann werden sich die Knospen öffnen und wundervolle Blüten offenbaren. Und ich werde an die kleinen Triebe zurückdenken und darüber nachsinnen, dass die ganze Knospe im Trieb enthalten war, wenn ich sie nur hätte sehen können.

Der vorliegende Absatz ist ein hervorragendes Beispiel für diese stilistische Eigenheit. Vers 1 verkündet die Hauptaussage, die Paulus ab hier bis zum Ende des Kapitels herausstellen wird: Es gibt keine Verdammnis für die, die im Messias sind. Vers 2 bietet den Anfang einer Erklärung, aber er ist derart komprimiert, dass man ihn recht genau unter dem Mikroskop untersuchen muss, bevor wir erkennen können, was genau der Vers sagen will. Das macht nichts; wir warten einfach, bis die Knospe sich entwickelt und wächst. Die Verse 3 und 4 öffnen sie ein wenig weiter, sodass wir sie schon besser sehen können. Die Verse 5-7 setzen die Öffnung dann fort. In den Versen 9-11 ist die Blüte dann ganz geöffnet und strahlt ihren Duft für alle aus, die in ihrer Reichweite sind. Das kann uns eine Lehre sein, wie man Paulus deutet: Man sollte nie bei einem einzelnen Vers stehen bleiben und sich wundern, warum der so dicht formuliert ist. Man sollte ihn als Teil einer größeren, wachsenden Aussage verstehen und als Feier.

Keine Verdammnis! Diese Zusicherung kann natürlich nur für jemanden die volle Schlagkraft entfalten, der sorgfältig über den Ernst der Sünde und über die Wirklichkeit des Gerichtes Gottes nachgedacht hat. Wer sich vorgaukelt, dass Sünde nicht so schwer wiegt oder dass Gott sie sowieso nicht richten wird, wird angesichts von Römer 8,1 vermutlich nur mit den Achseln zucken. Doch so jemand wird wahrscheinlich eh nicht bis hierher gelesen haben. Die interessantere Frage zu dem Vers lautet: Warum sagt Paulus zu Beginn „daher"? Der Punkt, an dem er die Argumentation am Ende von Kapitel 7 stehen gelassen hatte, ermutigt wohl kaum zu so einem Jubelruf. Man hätte eher erwarten können, dass er sagt: „Daher kommt ein ziemliches Untergangsszenario auf uns zu."

Die Antwort liegt nicht weit entfernt in der Kette von „weil"-Sätzen, die in den nächsten Versen folgen. Im Griechischen enthalten die

Verse 2, 3, 5 und 6 alle das kleine Wort, das „weil“ oder „denn“ bedeutet und darauf hinweist, dass jeder Schritt in der Argumentation erklärt, was vorausgegangen war. Es gibt keine Verdammnis, *weil* das Gesetz des Geistes euch vom Gesetz der Sünde befreit hat, *weil* Gott in seinem Sohn und seinem Geist gehandelt hat, um die Sünde zu verdammen und Leben zu schenken, *weil* es zwei Typen von Menschen gibt und ihr der Geist-Typ seid, *weil* diese beiden Typen jeweils auf den Tod beziehungsweise auf das Leben zugehen. *Weil* alle diese Dinge gelten, gibt es keine Verdammnis.

Wir sollten nicht davon ausgehen, dass das Wort „Gesetz“ in diesen Versen irgendetwas anderes bedeutet als „Gottes Gesetz“. Genau wie in den abschließenden Versen von Kapitel 3 und 7 ist das „Gesetz“ kein „allgemeines Prinzip“ oder „System“. Paulus schwelgt geradezu im Paradox dieses ganzen Zusammenhangs. Der Geist ist am Werk gewesen, um das zu tun, was das Gesetz tun wollte – Leben schenken, moralisches Leben in der Gegenwart und Auferstehungsleben in der Zukunft. Das Gesetz schaut sich an, was Gott tut, und weiß, dass es selbst nicht in der Lage war, das zu tun, aber es feiert die Tatsache, dass Gott es getan hat. Das Gesetz ist erfüllt (Vers 4).

Doch wie kann Gott dies tun? Wird die Sünde, der alte Feind, nicht zurückschlagen? Nun, das bleibt eine Möglichkeit, und Paulus wusste das nur zu gut. Doch der Sünde wurde ihre tödliche Wunde zugefügt. Bevor der Geist entfesselt werden kann, um wie ein Frühlingssturm durch den toten Wald der Welt zu fegen, muss die Macht der Sünde gebrochen werden. Der Weg, auf dem das geschehen muss, ist der Weg der Verdammnis der Sünde – nicht nur das Verhängen der Strafe, sondern auch deren Vollzug. Paulus erklärt, dass genau das im Tod des Sohnes Gottes, des Messias, geschehen ist. Das ist einer der Punkte, an denen wir Echos aus fast allen Kapiteln des Briefes hören, nicht zuletzt aus dem einleitenden Statement über das Evangelium in 1,3-4.

Wie funktioniert nun diese „Sühnetheologie“ tatsächlich? Paulus schreibt voller Begeisterung, aber auch mit äußerster Präzision. Zunächst sandte Gott seinen Sohn. Wir sahen in 5,8, dass das bedeutet, dass Gott nicht jemand anders gesandt hat, sondern persönlich gekommen ist. Damit die gesamte Passage Sinn ergibt, müssen wir davon ausgehen, dass Paulus unter „Gottes Sohn“ an dieser Stelle nicht nur Jesus als Messias versteht (obwohl er auch das meint, denn das ist entscheidend in seiner Argumentation), sondern auch als Gottes zweites Selbst. Außerdem kam der Sohn „im Ebenbild des sündigen Fleisches“; mit anderen Worten: Er ging bis an genau den Punkt, an dem das Problem von Kapitel 7 identifiziert worden war (siehe besonders 7,14 und 7,25). Wir sahen in 5,20 und 7,13, dass die Sünde durch das Gesetz „äußerst sündig“ geworden war und dass Gott das genau so beabsichtigt hatte. Nun war Israel, wo jene Zunahme der Sünde stattgefunden hatte, in einem einzigen Menschen zusammengefasst worden, im repräsentativen König, dem Messias. Das Gewicht der Sünde der Welt war auf Israel konzentriert worden; das Gewicht der Sünde Israels war auf den Messias konzentriert worden. Und der Messias starb den Tod eines Kriminellen, mit dem Schild „König der Juden“ über seinem Haupt. In jenem Moment verdammte Gott die Sünde. Er verdammte die Sünde „in seinem Fleisch“. Er hatte sie in die Ecke gedrängt und verdammt. Wie der Prophet gesagt hatte: „Die Strafe, die uns Frieden brachte, fiel auf ihn; und durch seine Wunden sind wir geheilt“ (Jesaja 53,5).

An der Art, wie Paulus dies ausdrückt, sollte man zwei Dinge registrieren. Er sagt nicht, dass Gott Jesus verdammte, sondern dass er die *Sünde* im Fleisch Jesu verdammte. Er kann auch andere ähnliche Dinge sagen (z.B. 2. Korinther 5,21; Galater 3,13), doch dies ist seine deutlichste Aussage. Und er bezieht auch ein anderes Bild ein, das Bild des Opfers für Sünden aus dem Alten Testament, das spezifische **Opfer**, das als Sündopfer bekannt ist. Warum?

Im Alten Testament wird das Sündopfer dargebracht, wenn jemand unbewusst eine Sünde verübt hat (er wusste nicht, dass es falsch war) oder unabsichtlich (er wusste, dass es falsch war, beabsichtigte die Tat aber nicht). Paulus hat die Misere Israels unter dem Gesetz dergestalt analysiert, dass diese Misere genau in diese Kategorien fällt. „Das Gute, das ich tun will, tue ich nicht; das Böse, das ich nicht will, tue ich.“ Der „elende Mensch“ aus 7,24 erhält seine Antwort dadurch, dass Gott in 8,3 das Sündopfer bereitstellt, genau wie auf einer allgemeineren Ebene dem verdammten Sünder aus 1,18 – 3,20 verheißen wird, dass es „keine Verdammnis“ für diejenigen gibt, die „im Messias“ sind, weil die Verdammung der Sünde bereits im Messias geschehen ist.

Es ist hier kein Platz mehr, um weiter über Vers 4 nachzudenken. Er gehört auf jeden Fall eng zu den folgenden Versen, denen wir uns nun zuwenden. Bleiben wir aber noch einen Moment bei den einleitenden Versen des achten Kapitels. Vielleicht sollte man sie sogar auswendig lernen. Man wird selten auf eine vollständigere oder genauere Aussage darüber stoßen, was Gott in Jesus, dem Messias, seinem Sohn, vollbracht hat. Es verhält sich hier wie bei jemandem, der in der Wüste eine kleine Quelle entdeckt, die aus einer riesigen Höhle voller Wasser hervorquillt: Es gibt hier genug, von dem man eine ganze Weile leben kann.

Römer 8,5-11: Das Wirken des Geistes

[5]Betrachtet es folgendermaßen: Menschen, deren Leben vom mensch-
lichen Fleisch bestimmt ist, richten ihren Sinn auf Dinge aus, die mit
dem Fleisch zu tun haben. Aber Menschen, deren Leben vom Geist
bestimmt ist, richten ihren Sinn auf Dinge aus, die mit dem Geist zu
tun haben. [6]Richte dich auf das Fleisch aus, und du wirst sterben; rich-
te dich auf den Geist aus, und du wirst das Leben und Frieden haben.
[7]Ihr müsst wissen: Der auf das Fleisch ausgerichtete Sinn ist feindlich
gegenüber Gott eingestellt. Er unterwirft sich nicht dem Gesetz Got-
tes; das kann er auch gar nicht. [8]Diejenigen, die vom Fleisch bestimmt
sind, können Gott nicht erfreuen.

[9]Doch ihr seid keine Menschen des Fleisches; ihr seid Menschen des
Geistes (wenn denn Gottes Geist tatsächlich in euch lebt; beachtet,

dass alle, die den Geist des Messias nicht haben, nicht zu ihm gehören). [10]*Wenn der Messias jedoch in euch ist, ist der Körper tatsächlich tot aufgrund der Sünde, aber der Geist ist Leben aufgrund der Bundestreue.* [11]*Wenn also der Geist dessen, der Jesus von den Toten auferweckt hat, in euch lebt, dann wird der, der den Messias von den Toten auferweckt hat, auch euren sterblichen Körpern Leben schenken, und zwar durch den Geist, der in euch lebt.*

Stellen Sie sich vor, Sie stöbern auf einem alten Dachboden herum und stoßen auf etwas, das wie eine normale Lampe aussieht. Sie hat eine ziemlich seltsame Glühbirne, aber eine sehr elegante Form. Der Lampenschirm ist ein wenig verstaubt, aber recht schön. Sie nehmen sie mit und betrachten sie. Wenn Sie nicht viel über die Geschichte von Lampen wüssten, könnten Sie gar versucht sein, die Lampe mit einer Steckdose zu verbinden. Wenn Sie das tun würden, würden Sie vermutlich einen Schock bekommen, wörtlich und metaphorisch. Die Lampe war gar keine elektrische; es handelte sich um eine alte Gaslampe.

Vielleicht eine etwas unwahrscheinliche Geschichte, aber sie beleuchtet den Punkt, um den es Paulus hier geht. Dieser Punkt entgeht vielen, wenn sie den Römerbrief recht schnell durchlesen. Wir erinnern uns, dass er immer noch über das jüdische **Gesetz** redet und über die Tatsache, dass es nicht das **Leben** schenken konnte, das es verheißen hatte – sowie über die Tatsache, dass Gott nun getan hat, was das Gesetz nicht tun konnte. Das Ergebnis lautete (Vers 4), dass „das richtige und angemessene Urteil des Gesetzes in uns erfüllt wurde, wenn wir nicht nach dem Fleisch, sondern nach dem **Geist** leben". Das ist es, was Paulus nun detaillierter erläutert und seiner angemessenen Schlussfolgerung zuführt.

Der Gedanke ist derselbe wie in 7,14: Wenn Menschen in ihrem natürlichen Zustand mit dem Gesetz Gottes konfrontiert werden, sind sie so brauchbar wie eine Gaslampe, die man mit einer Steckdose verbindet. „Ich bin aus Fleisch erschaffen", sagt Paulus, „an die Sünde verkauft." Das Gesetz hingegen ist „geistlich". Nun sehen wir, worum es ihm dabei geht: Wenn das Gesetz das Leben schenken soll (7,10), bringt es nichts, wenn man es mit der falschen Antriebskraft verbindet. Dann bekommt man nur eine Explosion – und genau das sagt 7,14-25. Das Gesetz muss mit der richtigen Antriebskraft verbunden werden, einer Kraft, die im selben Modus arbeitet. Mit anderen Worten: Es muss auf jemanden angewandt werden, dessen ganzes Wesen nicht mehr „fleischlich" ist, sondern „geistlich" – „fleischlich" in dem Sinne, den Paulus in diesen Kapiteln mit diesem Wort verbindet.

Aber was bedeutet „fleischlich" und „geistlich"? Besonders der erste Begriff ist so problematisch, dass es schön wäre, wenn man ihn komplett umgehen könnte (was ich unter Verwendung anderer technischer Begriffe versucht habe), doch ich habe festgestellt, dass dabei noch größere Verwirrung entsteht. Es ist besser, ein für alle Mal zu verstehen: Wenn Paulus das Wort „Fleisch" und ähnliche Begriffe verwendet, beabsichtigt er *nicht*, dass wir schlicht und einfach an die „physische" Welt in dem für uns üblichen Sinne denken, im Unterschied zur „nichtphysischen" Welt. Dafür hat er eine andere Sprache. Das Wort, das wir hier und anderswo mit „Fleisch" übersetzen, verweist auf Menschen oder Dinge, die an der Vergänglichkeit und Sterblichkeit der Welt Anteil haben, sowie oft genug (und mit Sicherheit an dieser Stelle) Anteil an der Rebellion der Welt. „Fleisch" ist ein negativer Begriff. Für den gebürtigen Juden Paulus war die geschöpfliche Ordnung, die physische Welt als solche, gut. Allein ihr falscher Gebrauch sowie ihre Vergänglichkeit und Entstellung sind schlecht. „Fleisch" betont diesen falschen Gebrauch, jene Vergänglichkeit und jenen Verfall.

Im Gegensatz dazu verweist „Geist" normalerweise auf Gottes Geist, den **Heiligen Geist**. Manchmal, beispielsweise in der nächsten Passage, verweist Paulus auf den menschlichen Geist, auf die innere Wirklichkeit des Lebens eines Menschen. Doch die erste Bedeutung ist hier entscheidend. Paulus nimmt die Kategorie der Menschheit in Adam und die der Menschheit im Messias, also die beiden Kategorien, die er seit Kapitel 5 entfaltet hat, und gibt ihnen noch mehr Farbe. Diesmal ist er in der Lage, in diesem Lichte Folgendes zu zeigen: Gott hat in der Tat das getan, was das Gesetz tun wollte, aber nicht konnte – mit anderen Worten: Leben schenken.

Dieser Prozess spielt sich im täglichen christlichen Leben bereits ab. Man kann den Unterschied zwischen denen erkennen, die um das „Fleisch" besorgt sind, und denen, die um den „Geist" besorgt sind: Worauf konzentriert sich ihr Verstand? Woran denken sie meistens oder immer? Hier können wir sehen, dass „Fleisch" sowohl mehr als auch weniger als „die physische Welt" bedeutet: Menschen, die stolz sind oder eifersüchtig oder beleidigend, konzentrieren sich sicherlich auf das „Fleisch" im paulinischen Sinne, auch wenn die Haltungen oder die Gegenstände, auf die sie sich konzentrieren, abstrakt (nichtphysisch) sein können, nicht konkret. Wir sahen bereits in Kapitel 1, dass die, die so leben, dem Tod den Hof machen und ihn willkommen heißen. Im Gegensatz dazu zieht die Konzentration auf den Geist Leben (an dieser Stelle der Hauptpunkt) und Frieden (erinnert an 5,1) nach sich. Paulus erklärt in den Versen 7 und 8 im nochmaligen Rückblick auf 7,14: Der Sinn, der vom „Fleisch" charakterisiert ist, ist notwendigerweise nicht nur feindlich gegen Gott eingestellt, sondern auch unfähig, sich dem Gesetz unterzuordnen oder Gott zu erfreuen. Paulus sagt damit indirekt, dass der Sinn, der vom Geist charakterisiert ist, sich tatsächlich dem Gesetz Gottes unterordnet und es erfüllt.

Was bedeutet das? Wiederum sagt Paulus spannenderweise nicht genau, was das bedeutet. Wir können erkennen, worauf die Argumentation hinausläuft: Die, in denen der Geist lebt, werden von den Toten auferweckt werden (das heißt, dass ihnen das Leben geschenkt wird, das das Gesetz verheißen hatte). Doch erst in 10,5-9 erläutert Paulus, auf welche Weise er den christlichen **Glauben** als Erfüllung des Gesetzes versteht; und erst in 13,8-10 erklärt er, dass die, die dem Gesetz der Liebe gehorchen, in der Tat die moralischen Gebote der **Tora** erfüllen. In einer streng durchgeführten Argumentation wie dieser ist er gezwungen, alle möglichen Dinge vorauszusetzen, alles Mögliche anzudeuten und noch nicht durchzubuchstabieren, um die Vorwärtsbewegung der Argumentation in Gang zu halten.

Jene Vorwärtsbewegung bringt uns dann zur Verheißung der **Auferstehung.** Dies ist die Verheißung, dass wir letztlich von der Vergänglichkeit und vom Verfall des Todes errettet, „erlöst“ werden. Das wird der Moment der endgültigen Rehabilitierung sein. Gott wird dann etwas tun, das lauter als alle Worte sagen wird: „Hier ist mein Volk“ und sogar, wie wir später in diesem Kapitel sehen werden: „Hier ist meine gute Schöpfung.“ Man sollte beachten, wie Paulus zwischen Messias und Geist wechselt: „Der Geist ist in euch“, sagt er, doch dann: „Der Messias ist in euch“ (vgl. Galater 2,20; Kolosser 1,27). Man sollte auch beachten, wie sorgfältig er mit den Wörtern umgeht, die auf Jesus verweisen. Als Gott *Jesus* von den Toten auferweckte (den einzelnen Menschen), erweckte er den *Messias* auf, den, der sein Volk repräsentierte und der daher jenem Volk garantiert, dass das, was dem *Messias* widerfuhr, auch ihnen widerfahren wird.

Der **Geist** ist daher die Instanz, die letztendlich eine der wichtigsten Fragen beantwortet, die aus dem ersten Briefteil noch offen waren. Wie kann Gott in der Gegenwart erklären, dass die, die an das **Evangelium** glauben, „im Recht“ sind, und damit das Urteil des letzten Tages vorwegnehmen? Hier taucht nun Paulus’ Antwort auf. Der Geist wirkt an den Herzen der Glaubenden und ruft durch die Predigt des Evangeliums den Glauben hervor, um dann die Art von Leben zu erzeugen, die in der zweiten Hälfte der Verse 4, 5 und 6 beschrieben wird, und um dann machtvoll auf der anderen Seite des Todes zu wirken, um also neues körperliches Leben zu schenken. Das ist der Grund, warum es letztlich „keine Verdammnis“ für die geben wird, die im Messias sind. Das ist der Grund, warum das zukünftige Urteil über sie: „im Recht“, „innerhalb des Bundes“, „ihre Sünden sind vergeben“ in die Gegenwart geholt werden kann. „Der Geist ist Leben aufgrund der **Bund**estreue“ (Vers 10) – Gottes Bundestreue, und vielleicht auch ihre Bundestreue.

Es gibt noch eine weitere Dimension in diesem Absatz. Im jüdischen Denken stand der lebendige Gott über seiner Schöpfung und dieser gegenüber, aber er war auch auf geheimnisvolle Weise in ihr gegenwärtig. Paulus war Erbe einer Tradition, die auf vielfältige Weisen auf diese Gegenwart verwies: Gottes Weisheit, Gottes Geist, Gottes Herrlichkeit (besonders in der Form seines Wohnens im **Tempel**), Gottes **Wort** und natürlich Gottes **Gesetz**. Wir könnten sogar Gottes Sohn in diese Liste eintragen, angesichts der erhabenen Dinge, die in 2. Samuel 7, Psalm 2 und anderswo über den kommenden König gesagt werden. Paulus hat in dieser Passage genau diese Sprechweisen über das göttliche Handeln aufgegriffen, um Gottes Rettungsaktion für Israel und die Welt zu beschreiben. Gott hat das Gesetz erfüllt, indem er seinen Sohn gesandt hat, so wie einigen Traditionen zufolge die Weisheit in die Welt gesandt worden war. Das hatte zum Ergebnis, dass Gottes Geist nun in den Herzen seines Volkes lebt, wie die Herrlichkeit Gottes im Tempel gewohnt hatte. Paulus hat keine offizielle Formel für die christliche Rede von Gott entwickelt. Aber er besaß bereits alle Elemente, die später in der trinitarischen Theologie verwendet wurden.

Eine authentische Theologie wird immer voller Glauben und Hoffnung sein. Wir haben es hier nicht mit einer bloß theoretischen Konstruktion zu tun, die vorgebracht wurde, um ein metaphysisches Schema fein säuberlich darzulegen. Römer 8,1-11 vermittelt die Kraft des Evangeliums mit jedem Atemzug. Wenn die Kirche ihre Segel hissen und diesen Wind erwischen könnte, ist schwer zu sagen, was dann nicht alles passieren könnte.

Römer 8,12-17: Kinder Gottes, vom Geist geleitet

12 Meine liebe Familie: Wir sind also Schuldner – aber nicht Schuldner
des menschlichen Fleisches, um unser Leben auf eine solche Weise zu
führen. 13 Wenn ihr im Einklang mit dem Fleisch lebt, werdet ihr ster-
ben; doch wenn ihr durch den Geist die Werke des Körpers hinrichtet,
dann werdet ihr leben.

[14]*Ihr müsst wissen: Alle, die vom Geist Gottes geleitet werden, sind Gottes Kinder.* [15]*Ihr habt doch keinen Geist der Sklaverei empfangen, damit ihr wieder in einen Zustand der Angst zurückfallt, oder? Nein: Ihr habt den Geist der Sohnschaft erhalten, in dem wir ausrufen: „Abba, Vater!“* [16]*Wenn das geschieht, dann ist das der Geist selbst, der zusammen mit unserem Geist bezeugt, dass wir Gottes Kinder sind.* [17]*Und wenn wir Kinder sind, dann sind wir auch Erben: Erben Gottes und Miterben des Messias, solange wir mit ihm leiden, damit wir auch mit ihm verherrlicht werden mögen.*

Schulden sind eines der größten Probleme der heutigen Welt.

Als ich noch jünger war, erlaubten die Banken es gar nicht so vielen Menschen, Schulden zu machen. Kreditkarten waren damals noch gar nicht erfunden. Auch Studentenkredite waren noch nicht erfunden worden. Natürlich machten die Leute trotzdem Schulden, doch die Kontrollen waren viel enger und die meisten Menschen taten ihr Bestes, um im Rahmen ihres Einkommens zu leben.

Heute hat sich all das geändert, und soweit ich sehen kann, hat sich die Lage verschlechtert. Millionen von Menschen in der westlichen Welt leben weit über ihre Verhältnisse und nehmen immer größere Kredite und Überziehungsrahmen in Anspruch und schaffen sich immer mehr Plastikkarten an, die wiederum immer mehr Zinsen und andere Gebühren anhäufen.

Die westliche Welt hat mittlerweile ein globales Wirtschaftssystem aufgebaut, das anscheinend davon abhängt, dass eine große Zahl von ganzen Ländern in riesigen und nie zurückzahlbaren Schulden belassen wird. Trotz Kampagnen zur öffentlichen Bewusstseinsschärfung für dieses Problem läuft alles immer weiter. Und es wird schlimmer.

Einer der schlimmsten Aspekte von Schulden ist, dass sie das Denken beherrschen. Woran man auch sonst noch denken könnte, was man auch immer planen oder hoffen könnte: Die Tatsache, dass man verschuldet ist, bestimmt die Art und Weise, auf die man die Welt sieht.

Warum beginnt Paulus also diesen dramatischen Absatz mit der Aussage, dass wir Schuldner sind?

Es scheint hier ein weiterer Fall vorzuliegen, dass Paulus etwas anspricht und dann abgelenkt wird, bevor er wieder zu dem Gedankengang zurückkehrt und ihn abschließt. Nach dem vorhergehenden Absatz hätten wir erwarten können, dass er uns nun sagt, wir sollten unser Leben aus Dankbarkeit gegenüber Gott gestalten, der unsere gesamte Erlösung geplant und vollbracht hat. Und das wird er auch tun – indem er damit beginnt, uns zu sagen, dass wir Schuldner sind. Danach wird er allerdings über das verheißene Erbe sprechen, das wir mit dem **Messias** höchstpersönlich teilen werden. Er ist Gottes einzigartiger Sohn; wir sind Gottes adoptierte Söhne und Töchter. In diese Richtung wollte Paulus mit diesem Absatz anscheinend ursprünglich gehen.

Doch sobald er begonnen hatte, hatte er das Gefühl, er müsse den negativen Punkt unterstreichen, den er bereits in den Versen 5-8 gemacht hatte. Wir sind nicht „dem Fleisch" etwas schuldig (er wird das in 13,14 wiederum betonen); das Fleisch hat uns keinen Gefallen getan, und daher schulden wir ihm auch nichts im Gegenzug. Wenn wir versuchen, so zu leben, öffnen wir dem Tod schlicht Tür und Tor, und zwar (wieder einmal) nicht als willkürliche Bestrafung, sondern als direkte Konsequenz. Stattdessen sind wir zu einem Leben berufen, in dem wir zu allen möglichen Dingen Nein sagen – Dinge, die unser physischer Körper aber unbedingt haben will: Hier und in Kolosser 3,9 verweist Paulus auf dieses „Neinsagen" als eine Art von „Töten". Es wird schwer und schmerzhaft sein, doch es muss sein. Ein christliches Leben, das nicht beinhaltet, das zu töten, was uns in die Welt des „Fleisches" herunterzieht, ist den Namen nicht wert.

Paulus' weitere Erklärung all dieser Dinge führt ihn auf ein Gebiet, das wir bereits erwähnt haben, das wir jetzt aber expliziter darstellen müssen. Dies ist der Punkt, an dem er beginnt, Passagen aus dem Alten Testament anklingen zu lassen, die davon sprechen, wie die Israeliten durch die Wüste in das verheißene Land wanderten.

Die Israeliten wurden von Gott selbst geleitet, der tagsüber in der Wolkensäule und nachts in der Feuersäule mit ihnen ging. Sie wollten mehrfach aufgeben und nach Ägypten zurückgehen, wo sie in der Sklaverei gewesen waren. Doch sie hielten durch, trotz Rebellion, Götzendienst und einer Menge anderer Torheiten. Im Hintergrund stand die Aufforderung zu Beginn des Buches Exodus: „Israel ist mein Sohn, mein Erstgeborener; lass mein Volk ziehen, damit es mir dienen kann!" (2. Mose 4,22, ein Vers, der in Hosea 11,1 aufgegriffen wird). Der Punkt, um den es bei alldem geht, bestand darin, dass sie letztendlich in dem Land ankommen würden, das ihnen als Erbe geschenkt werden sollte.

Wenn wir Römer 8 mit diesem Thema im Hinterkopf lesen, können uns die Echos kaum entgehen – obwohl die Art und Weise, auf die sie auftauchen, sehr offenbarend ist. Die Wüste, das öde Land, scheint die Welt zu sein, in der die Versuchung des Fleisches nach wie vor stark ist. Dieser muss man widerstehen. Anstelle der Säulen aus Wolken und Feuer wird den Christen der Geist als persönliche Gegenwart des lebendigen Gottes gegeben. (Wie schön wäre es, wenn alle Christen genauso über die Tatsache staunen würden, dass ihnen der Geist gegeben wurde, wie die Israeliten, als sie erfuhren, dass Gott in den Wolken und im Feuer bei ihnen gegenwärtig sein würde.) Christen werden oft in der Versuchung stehen, den Kampf aufzugeben und nach Ägypten zurückzugehen; Paulus macht das auch in 6,15-19 deutlich. Es scheint so oft so viel einfacher zu sein, sich wieder von der Sünde versklaven zu lassen – keine Kämpfe mehr, nicht mehr das Gefühl haben, immer nur eine mühselige Aufgabe vor sich zu haben … Allerdings auch kein Erbe mehr, auf das man sich freuen kann, keine lebendige Gegenwart Gottes, kein Gefühl der Gemeinschaft mit Jesus persönlich. „Ihr habt doch keinen Geist der Sklaverei empfangen, damit ihr wieder in einen Zustand der Angst zurückfallt, oder?" Nein, natürlich nicht. Seien Sie nicht überrascht, wenn der Weg schwierig und steinig ist. So ist es immer, wenn man von Ägypten nach Kanaan geht.

Der Christ entdeckt insbesondere eine neue Identität, die Israels Berufung aus dem Alten Testament aufgreift: Adoption. Wenn der **Heilige Geist** im Herzen eines Menschen Einzug hält, dann zeigt sich das zuerst daran, dass er Gott als Vater erkennt. Das gehört meines Erachtens zur Hauptaussage von 5,5, wo Paulus von einer Liebe zu Gott spricht, die durch den Heiligen Geist in unsere Herzen ausgegossen ist. Der Ausruf „Abba, Vater“ verwendet das alte aramäische Wort, das Jesus selbst für Gott gebraucht hatte (Markus 14,36). Paulus verweist in Galater 4,5-6 auf denselben Ausruf. Auch dort liegen wieder kraftvolle Echos der Story vom **Exodus** vor. In unserer vorliegenden Stelle erläutert Paulus, was geschieht, wenn es darum geht, dass der Heilige Geist mit unserem eigenen Geist zusammenkommt.

Dieses Geschehen zu beschreiben, ist eine heikle Angelegenheit. Folgende Erfahrung ist allerdings eine allgemein christliche Erfahrung: Die meisten Gedanken in unserem Verstand scheinen sich aus dem normalen Fluss unseres Bewusstseins zu ergeben. Doch manchmal stoßen wir auf andere Gedanken, die von anderswo zu kommen scheinen. Diese Gedanken weisen uns sanft, aber nachdrücklich auf Gottes Liebe hin, auf unsere Berufung zur Heiligkeit, auf bestimmte Aufgaben, denen wir Energie und Aufmerksamkeit schenken müssen. In der christlichen Jüngerschaft spielt die Fähigkeit, jene Stimme zu erkennen und auf sie zu hören, eine Schlüsselrolle. Das will gepflegt werden. Es ist die Stimme des Geistes Gottes, oder sie könnte es gut und gerne sein. Und zu den vornehmlichsten Dingen, die der Geist sagt und mit denen unser eigener Geist vollkommen übereinstimmt, gehört, dass wir tatsächlich Gottes Kinder sind, Gottes adoptierte Söhne und Töchter. Das bleibt in der folgenden Diskussion ein wichtiges Thema (siehe 8,29).

Doch der entscheidende Schachzug steht noch aus. Den Israeliten war ein Erbe verheißen worden, nämlich das Land Kanaan. Diese Verheißung war bereits in Gottes Verheißung an den kommenden Messias in Psalm 2,8 dramatisch ausgeweitet worden: „Ich werde dir die Nationen zum Erbe geben und die entferntesten Enden der Erde zum Besitz." Dies wird wiederum auf die Verheißung an Abraham zurückprojiziert, wie wir in 4,13 sahen: Die Verheißung an Abraham und seine Familie lautet, so erklärt Paulus, dass sie die Welt erben sollten. In der Passage, die wir gleich erreichen werden, werden wir sehen, was dies aus christlicher Sicht bedeutet. Es bedeutet, dass die ganze Welt, die ganze Schöpfung, dem Messias und seinem Volk übergeben wird, und mit ihrer letztendlichen Rehabilitierung und **Auferstehung** wird die gesamte Schöpfung von Vergänglichkeit und Verfall befreit werden.

Das gibt uns einen Hinweis darauf, was Verherrlichung (die bereits in 5,2 verheißen wurde) tatsächlich bedeutet. Herrlichkeit bedeutet nicht, dass wir wie menschliche elektrische Glühbirnen leuchten werden (obwohl es derartige Verheißungen gibt, zum Beispiel in Daniel 12,3 und Matthäus 13,43). Herrlichkeit bedeutet, dass wir Anteil an der herrlichen Herrschaft des Messias über die Welt haben werden. Das hat Paulus bereits in 5,17 gesagt. Hier ist er nun auf anderem Wege an denselben Punkt gelangt.

Das ist also der Grund, warum wir „Schuldner" sind. Wir sind Schuldner des Gottes, der uns geliebt hat, der uns erlöst hat und der uns in das Heimatland führt, das uns verheißen wurde, in die endgültige neue Schöpfung. Wenn wir diese erben, werden wir für immer in Gottes Schuld stehen, und wir sollten das bereits jetzt erkennen und entsprechend leben. Schuldner stehen immerhin unter einer Verpflichtung. Manche Christen reden und leben, als ob uns alles schlicht und einfach von Gott zufällt, während wir still dasitzen und alles nur empfangen. Doch Gottes Geschenk und unsere Berufung sind nicht allein für uns selbst gedacht, sondern sie sind dazu da, dass sie durch uns hindurch wirken und die Umgestaltung der Welt fördern. Einige Leute werden nervös, wenn angedeutet wird, dass wir als Christen irgendetwas in irgendeinem Stadium dieses Prozesses selbst zu *tun* haben. Das könnte ja den Eindruck erwecken, dass die freie Gnade eingeschränkt wird, durch die wir erlöst werden. Dennoch erklärt Paulus, dass wir Schuldner sind. Wir müssen auf eine bestimmte Weise leben, eine Weise, die die Herrlichkeit antizipiert, die Herrschaft über die Schöpfung, die wir letztendlich mit dem Messias teilen werden. Und das wird in der Gegenwart bedeuten: Wir werden leiden.

Römer 8,18-25: Die erneuerte Schöpfung und die geduldige Hoffnung

18 Meines Erachtens ist es wie folgt: Die Leiden, die wir gegenwärtig
durchmachen müssen, fallen neben der Herrlichkeit nicht ins Gewicht,
die für uns enthüllt werden wird. 19 Ja: Die Schöpfung ist voller Erwar-
tung; sie wartet sehnsüchtig auf den Moment, in dem Gottes Kinder
offenbart werden. 20 Ihr müsst wissen: Die Schöpfung wurde der nutz-
losen Sinnlosigkeit unterworfen, nicht aus eigenem Willensentschluss,
sondern aufgrund dessen, der sie unterworfen hat, in der Hoffnung,
21 dass die Schöpfung als solche von ihrer Sklaverei an den Verfall be-
freit werden würde, um die Freiheit zu genießen, die kommt, wenn die
Kinder Gottes verherrlicht werden.
22 Lasst mich das erklären: Wir wissen, dass die gesamte Schöpfung
gemeinsam seufzt und gemeinsam durch die Geburtswehen geht, bis in
die Gegenwart. 23 Nicht nur das: Auch wir, die wir die Erstlingsfrüchte
des Geistes haben, der in uns lebt, seufzen innerlich, während wir sehn-
süchtig auf unsere Adoption warten, auf die Erlösung unseres Körpers.
24 Ihr müsst wissen: Wir wurden in Hoffnung gerettet. Aber Hoffnung
ist keine Hoffnung, wenn man sie sehen kann! Wer hofft auf etwas, das
er sehen kann? 25 Doch wenn wir auf etwas hoffen, das wir nicht sehen,
dann warten wir sehnsüchtig darauf – aber auch geduldig.

Ich lief mehrfach durch den Wald, bevor ich verstand, was das Schild bedeutete.

Es war ein dicht bewachsener Wald, durchzogen von Waldwegen. Ich kannte einige Wege ganz gut und hatte auch meine Lieblingswege.

Es gab den Weg, der um den See führte, ein anderer führte zu einer herrlichen kleinen Lichtung, wo man meistens Hasen und Eichhörnchen sehen konnte. Wieder ein anderer führte an alten Eichen vorbei, so knorrig, dass ich mir vorstellen kann, dass sie schon vor Hunderten von Jahren Zeuge von Schlachten waren.

Doch es gab einen weiteren Weg, den ich noch nie gegangen war. Er war ein wenig zugewachsen, und ich konnte nicht sehen, wohin er führte. Weil ich die meisten meiner Wanderungen dazu nutze, möglichst schnell etwas Fitnesstraining zu machen und dann zurück an die Arbeit zu gehen, hatte ich mich nie mit diesem Weg abgegeben. Ich beachtete auch nicht den kleinen Pfosten, der hinter Büschen fast verborgen direkt neben dem Beginn des Weges stand. Oben war ein Zeichen, das wie der Buchstabe V aussah, rund einen halben Meter vom Boden. Meines Wissens war dies nur eine in das Holz geschnitzte Markierung. Es hatte nicht zwingend etwas zu bedeuten.

Bis ich eines Tages wieder an der Stelle vorbeikam. Jemand hatte die Büsche so kurz geschnitten, dass drei andere Buchstaben sichtbar waren und ein Pfeil, der den Weg hinunterwies. Die anderen Buchstaben unterhalb des V lauteten I, E und W – also *view*, eine Aussicht! Was für eine Aussicht? Fasziniert wählte ich zum ersten Mal diesen Weg.

Zunächst war es wie erwartet: Er war zugewachsen (ich war offensichtlich nicht der Erste, der den Weg ignoriert hatte), Gestrüpp und Dornen versperrten den Weg. Der Boden war matschig, und ich wünschte, ich hätte meine stabileren Wanderschuhe angezogen. Doch dann machte der Weg eine scharfe Kurve und stieg ziemlich steil an. Ich war innerhalb von ein paar Minuten außer Atem, doch nach einer kurzen Pause ging ich mit wachsender Begeisterung weiter. Plötzlich sah ich anstelle von eng stehenden Bäumen, wie sich der klare Himmel vor mir öffnete. Dann trat ich aus dem Wald heraus und ging auf eine Felsplatte zu. Ich kraxelte hoch und beschimpfte mich scherzhaft selber, dass ich diesen Weg bisher nicht gefunden hatte.

Was für eine Aussicht! Ich konnte nicht nur auf den ganzen riesigen

Wald herabschauen, sondern auch auf die kleine Stadt, die dahinter lag. Ich konnte in der Ferne andere Hügel sehen und den Rauch, der aus den Dörfern dazwischen aufstieg. Das halbe Land schien hier vor mir zu liegen. Und um ein Haar hätte ich nie etwas von dieser Aussicht erfahren.

Römer 8,18-25 ist wie dieser Aussichtspunkt. Von diesem Punkt aus können wir in erstaunlicher Klarheit den gesamten Erlösungsplan für die ganze Schöpfung Gottes sehen. Wenn man einmal einen flüchtigen Blick von dieser Aussicht aus erhascht hat, wird man das nie wieder vergessen. Trotzdem sind die meisten Leser des Römerbriefs seit vielen Jahren und aus vielen Traditionen eilig an dieser Aussicht vorbeigegangen. Sie waren zu sehr mit Theorien zur individuellen **Rechtfertigung** und Erlösung beschäftigt. Sie waren auf moralische Lektionen erpicht, auf eine neue Erfahrung des **Geistes** (oder auf eine neue Theologie zur Untermauerung der Erfahrung, die sie bereits gemacht hatten). Sie waren unterwegs zu den großen Fragen über Israel und die **Heiden**, die tatsächlich einen ansehnlichen Teil des Römerbriefs einnehmen, nicht zuletzt die nächsten paar Kapitel.

Und das Schild, das ihnen gesagt hätte, dass sie diesen Weg einschlagen und hinuntergehen sollten, ist von Büschen und Gestrüpp überwuchert worden. Die Sprache von der Schöpfung, die voller Erwartung ist, gehörte einfach nicht zu dem, was viele Leser erwarteten. Die seltsame Vorstellung, dass Gott die Schöpfung der Sinnlosigkeit und Sklaverei unterwirft und dass die Schöpfung dann gerettet wird, ist schlicht und einfach nicht das, was die Leute hören wollten. Und wenn sie es hörten, wussten sie nicht, wie sie diese Vorstellung interpretieren sollten. Die alte King-James-Übersetzung war dabei vermutlich auch keine Hilfe, da sie „Geschöpf" übersetzt, wo das heutige Wort doch „Schöpfung" lauten muss. Das gab dem gewöhnlichen Leser das Rätsel auf, über was für ein „Geschöpf" Paulus da wohl sprach. Der Weg zur Aussicht wurde also mit Dornen und Disteln überwuchert. Die Leute sagten: „Was für seltsame apokalyptische Vorstellungen" und machten sich eilig auf zu sichererem Gelände.

Doch dies ist der Ort, den man einfach besuchen muss. Von der Spitze dieses Hügels kann man ewig Ausschau halten.

Immerhin könnte man ja fragen: Wenn Sie Paulus wären und einen sorgfältig gestalteten Brief wie den Römerbrief schreiben würden, würden Sie die ganze Zeit über auf so einen aufregenden Höhepunkt zuarbeiten, nur um sich dann – das Ende dieses Gedankenganges schon fast in Sicht – zu gestatten, ein paar Absätze lang über Nebensächlichkeiten zu schwafeln? Natürlich nicht. Diese Passage steht ganz nah am Höhepunkt des Kapitels, das wiederum der Höhepunkt des ganzen bisherigen Briefes ist. Natürlich ist dies ein zentraler Absatz. Natürlich hat er eine entscheidende Funktion im paulinischen Denken. Die Tatsache, dass Paulus nirgendwo sonst etwas sagt, das diesem Abschnitt genau entspricht, ist ohne Belang. Das trifft nämlich auf einen Großteil des Römerbriefes zu.

Er beginnt, wo der vorherige Absatz endete, also mit der Verheißung, dass die gegenwärtigen Leiden zwar oft intensiv sind, aber von „der Herrlichkeit, die für uns enthüllt wird", weit übertroffen werden. Man registriere: *für uns* enthüllt. Nicht „in uns", als ob Verherrlichung letztlich schlicht darin besteht, das wir mit uns selbst zufrieden sind. Auch nicht „uns enthüllt", als ob wir Zuschauer der „Herrlichkeit" sein werden, wie Menschen, die sich ein Feuerwerk ansehen. Bei der „Herrlichkeit" geht es darum, dass sie die herrliche, souveräne Herrschaft bezeichnet, das Anteilnehmen an der rettenden Herrschaft des **Messias** über die Welt. Und darauf wartet die ganze Schöpfung. Sie wartet darauf, dass wir, Sie und ich und alle Kinder Gottes, offenbart werden. Dann wird die Schöpfung endlich ihre wahren Herrscher sehen, und sie wird wissen, dass die Zeit gekommen ist, dass sie selbst vor der Vergänglichkeit gerettet wird.

Um das zu verstehen, müssen wir die große biblische Story von der Schöpfung begreifen. Wenn wir uns die Welt der Schöpfung in ihrem gegenwärtigen Zustand ansehen, sehen wir eine Welt, die in demselben Zustand ist wie Israel in der Versklavung in Ägypten. Genau wie Gott zuließ, dass die Israeliten nach Ägypten gingen, damit er die Israeliten durch seine Befreiung aus Ägypten für immer und ewig als das Volk der Freiheit von Sklaverei definieren konnte, so hat Gott auch zugelassen, dass die Schöpfung ihrem gegenwärtigen Ablauf von Sommer und Winter, Wachstum und Verfall, Geburt und Tod unterworfen wird. Diesem Ablauf wohnt eine gewisse Schönheit inne, aber er endet immer in Tränen oder zumindest in einem Achselzucken. Wenn Sie zufällig an der vordersten Front der Vergänglichkeit der Schöpfung leben – z. B. in einem Erdbebengebiet oder in der Nähe eines aktiven Vulkans –, haben Sie vielleicht ein Gespür für jene sinnlose Macht. Die Schöpfung kann manchmal wie ein eingesperrter Büffel erscheinen: so viel Energie, die zu nichts nütze ist. Und da wir gerade bei wilden Tieren sind: Was ist mit jener Verheißung von dem Wolf und dem Lamm, die friedlich nebeneinanderliegen? Ist das nur ein Traum?

Nein, sagt Paulus, das ist nicht nur ein Traum. Es ist eine Verheißung. All diese Dinge sind Zeichen dafür, dass die gegenwärtig existierende Welt zwar immer noch Gottes gute Schöpfung ist, in der seine Macht und Herrlichkeit schon heranwachsen (1,20), aber dass sie gegenwärtig eben noch nicht so ist, wie sie sein sollte. Bei der „**Bund**estreue" Gottes ging es immer um seine Zusage, dass er auf dem Wege der Verheißungen an Abraham die ganze Welt eines Tages ins Lot bringen würde. Nun sehen wir endlich, was das bedeutet. Die Schöpfung war der Menschheit anvertraut worden (wie so oft steht auch hier 1. Mose 1 – 3 ziemlich nah im Hintergrund des paulinischen Denkens). Als die Menschheit rebellierte und Aspekte der Schöpfung anbetete, statt Gott selbst (1,21-23), wurde die Schöpfung baufällig. Gott ließ zu, dass dieser Zustand der Versklavung andauerte, nicht, weil die Schöpfung es so wollte, sondern weil er entschlossen war, die Welt wieder ins Lot zu bringen, und zwar im Einklang mit seinem ursprünglichen Plan (genau wie er ja auch nicht seinen Plan änderte, als Israel ihn enttäuschte, sondern dann einen treuen Israeliten sandte). Der Plan hatte vorgesehen, dass die Menschen ihren Platz unter Gott und über der Welt einnehmen sollten. Sie sollten den Schöpfer anbeten und eine ruhmvolle Haushalterschaft über die Welt ausüben.

Die Schöpfung wartet nicht darauf, *Anteil* an der Freiheit der Kinder Gottes zu bekommen, wie einige Übersetzungen andeuten. Sie wartet darauf, auf wundervolle Weise davon zu profitieren, wenn Gottes Kinder verherrlicht werden. Sie wartet tatsächlich äußerst sehnsüchtig auf die besondere Freiheit, die sie genießen wird, wenn Gott seinen Kindern jene Herrlichkeit schenken wird, jene weise Herrschaft und Haushalterschaft, die immer schon für die gedacht war, die Gottes herrliches Ebenbild tragen.

Diese Perspektive auf die gesamte geschöpfliche Ordnung beinhaltet alle möglichen Dinge, angefangen von der Art und Weise, wie wir über die endgültige Zukunft der Welt und von uns selbst denken (das Ende der Story ist kein unkörperlicher „**Himmel**", sondern eine ganz neue Welt), bis zu unserer gegenwärtige Antizipation jener endgültigen Verantwortung für die Welt Gottes. Dies ist eine positive, die Welt bejahende Sicht, ohne die Risiken, die mit dem Pantheismus verbunden sind (Götzendienst sowie Fehlanzeige, was die Kritik am Bösen betrifft). Es gibt hier viele Zugänge, die wir gerne verfolgen würden.

Doch Paulus geht sofort daran, die gegenwärtige Position der Kinder Gottes im Licht dieser Zukunft zu betrachten. Wir sehnen uns nach der Zeit, so sagt er, in der wir selbst vollständig und endgültig erlöst sein werden, in der wir also unsere verheißenen **Auferstehung**skörper erhalten werden. Wir seufzen und stöhnen, wenn wir wissen, wie es um uns steht, während wir die Spannung zwischen der herrlichen Verheißung und der gegenwärtigen Realität erleben. Diese Spannung wird in der Tatsache eingefangen, dass der Geist bereits in uns am Werk ist, aber die Aufgabe unserer vollständigen Erneuerung noch nicht beendet hat. Wir haben die Erstlingsfrüchte des **Lebens** des Geistes; Paulus benutzt hier das Bild von der Ernte der ersten Garben, die Gott als ein Zeichen für die reiche Ernte dargebracht werden, eine Ernte, die noch kommen wird. Wir bleiben mit einer erstaunlichen Analyse der christlichen Hoffnung zurück, einer Hoffnung, die wie der **Glaube** unsichtbar ist (sonst wäre es gar keine Hoffnung), aber eine Hoffnung, die dennoch von Gewissheit getragen ist. Seufzen und

Warten, Sehnsucht und Geduld: das ist die charakteristisch christliche Haltung.

Paulus' größeres Bild verortet dieses Seufzen auf der Landkarte der gesamten Schöpfung. Im Zentrum dieser erstaunlichen Passage steht eines seiner anschaulichsten Hoffnungsbilder: das Bild von den Geburtswehen. Die gesamte Schöpfung liegt in Wehen und sehnt sich danach, dass Gottes neue Welt geboren wird. Die Kirche ist gerufen, Anteil an jenen Schmerzen und jener Hoffnung zu haben. Die Kirche darf sich nicht von den Schmerzen der Welt fernhalten; sie muss an genau den Orten ins Gebet gehen, an denen die Welt in Schmerzen liegt. Das ist Teil unserer Berufung, unserer großen, aber seltsamen Rolle innerhalb der Absichten Gottes im Hinblick auf die neue Schöpfung.

Römer 8,26-30:
Gebet, Sohnschaft und die Souveränität Gottes

26 So tritt auch der Geist neben uns und hilft uns in unserer Schwach-
heit. Wie wissen nicht, wofür wir beten sollen, aber derselbe Geist
bittet in unserem Namen, mit Seufzern, die zu tief gehen, als dass sie
in Worten ausgedrückt werden könnten. 27 Und der, der die Herzen
erforscht, weiß, was der Geist denkt, denn der Geist bittet für Gottes
Volk im Einklang mit dem Willen Gottes.

28 Wir wissen, dass Gott in allen Dingen zum Besten derer wirkt, die
ihn lieben, die im Einklang mit seiner Absicht berufen sind. 29 Ihr müsst
wissen: Die, die er bereits vorher kannte, hat er auch bereits vorher als
diejenigen gekennzeichnet, die nach der Vorlage des Ebenbildes seines
Sohnes gestaltet werden sollten, sodass er der Erstgeborene einer gro-
ßen Familie sein sollte. 30 Und die, die er bereits vorher gekennzeichnet
hat, hat er auch berufen; die Berufenen hat er auch gerechtfertigt; die
Gerechtfertigten hat er auch verherrlicht.

Wie viele Namen Gottes kennen Sie? Das mag eine seltsame Frage sein. Gottes eigentlicher Name im Alten Testament ist natürlich JHWH; doch es wird auch auf zahlreiche weitere Weisen auf ihn verwiesen, beispielsweise „der Allmächtige“, „der Heilige Israels“ oder „JHWH der Heerscharen“. Er wird natürlich regelmäßig „der Gott Abrahams“ genannt, manchmal werden auch noch Isaak und Jakob hinzugefügt. Andere, seltsamere Namen tauchen eher flüchtig auf; Jakob kennt Gott anscheinend als „die Furcht seines Vaters Isaak“ (1. Mose 31,42.53) – zumindest bis er im nächsten Kapitel von Angesicht zu Angesicht mit Gott ringt.

Es würde sich lohnen, die verschiedenen Namen, Titel und Beschreibungen Gottes zu untersuchen, die auch im Neuen Testament großzügig verstreut zu finden sind. Im Johannesevangelium spricht Jesus von Gott regelmäßig in Verbindung mit seiner eigenen Sendung: „der Vater, der mich gesandt hat“. Hier im Römerbrief wurde Gott verschiedentlich „der, der Jesus von den Toten auferweckt hat“ genannt (4,24; 8,11). Im vorliegenden Absatz lesen wir nun einen ebenso kraftvollen, aber eher geheimnisvollen Titel: „der, der die Herzen erforscht“. Dies ist eine beunruhigende und aufregende Vorstellung, und wir sollten sie uns etwas näher ansehen.

Es wurde bereits gesagt, dass Gott letztendlich alle Geheimnisse des Menschen richten wird (2,16). Paulus hat darauf bestanden, dass Gott sich vorbehält, den Menschen zu loben, der ein Jude „im Geheimen“ ist, im Gegensatz zu einer bloß äußerlichen Qualifikation (2,29). Doch Vers 27 des vorliegenden Abschnitts geht einen Schritt weiter. Das Wort „Erforscher“ stammt von einer Wurzel, die auf jemanden hinweist, der eine Fackel anzündet und langsam durch ein großes, dunkles Zimmer voll von allen möglichen Dingen geht und etwas Bestimmtes sucht. Oder vielleicht sucht er in der Dunkelheit, indem er lauscht. Was will er finden, und was passiert, wenn er es gefunden hat?

Wenn Gott die dunklen Ecken unseres Herzens „durchsucht“, stößt er zweifellos auf alle möglichen Dinge, die wir lieber im Verborgenen halten würden. Doch das, was er vor allen Dingen finden möchte und Paulus zufolge bei allen Christen finden sollte, ist das Seufzen des **Geistes**.

Wir sahen im letzen Abschnitt, dass die Welt in Schmerzen liegt und in den Geburtswehen der neuen Schöpfung seufzt. Wir sahen auch, dass die Kirche diese Schmerzen teilt, dass wir in unserer Sehnsucht nach unseren eigenen erlösten Körpern seufzen und an der Spannung leiden, dass wir bereits jetzt die Erstlingsfrüchte des Geistes besitzen, aber noch nicht von unserer gegenwärtigen sterblichen Existenz befreit sind. Die Kirche darf sich von dem Schmerz der Welt nicht fernhalten; nun entdecken wir, dass Gott selbst sich weder vom Schmerz der Welt noch vom Schmerz der Kirche fernhält. Vielmehr kommt er, um in der Person und Macht seines Geistes mitten in diesem Schmerz zu wohnen.

Paulus' Auffassung vom Geist ist an dieser Stelle neu und erstaunlich. Genau in dem Moment, in dem wir uns bemühen zu beten und noch nicht einmal wissen, wofür wir beten sollen, genau dann ist der Geist am offensichtlichsten am Werk. Der Geist bringt aus uns keine artikulierte Rede hervor – das wäre eine Erleichterung, doch wenn es um diesen Gebetsdienst geht, sind wir noch nicht am Punkt der Erleichterung angelangt –, sondern er bringt ein Seufzen hervor, das momentan noch nicht in Worte gefasst werden kann. Hier geht es um Gebet jenseits des Gebets, es geht darum, in die kalten, dunklen Tiefen jenseits der Einsicht und Erkenntnis des Menschen hinabzusteigen.

Aber nicht jenseits dessen, der die Herzen erforscht. Als Teil des paulinischen Bildes nicht nur von der Welt oder der Kirche, sondern von Gott entdecken wir, dass der transzendente Schöpfer ständig mit dem Geist kommuniziert, der in den Herzen seines Volkes wohnt. Gott versteht, was der Geist sagt, auch wenn wir es nicht verstehen. Gott hört und beantwortet das Gebet, das wir nur als schmerzhaftes Seufzen kennen, als Drehen und Wenden eines unruhigen Geistes, der vor seinem Schöpfer steht und dem die Schmerzen und Rätsel der Welt schwer auf der Seele liegen. Hier haben wir es mit einer Herausforderung für jede Kirche und jeden Christen zu tun: Es geht um die Bereitschaft, die Aufgabe dieser Art von Gebet aufzunehmen, eines Betens, das uns in den liebevollen, seufzenden, erlösenden Dialog zwischen dem Vater und dem Sohn hineinnimmt.

Genau so sieht unsere „verherrlichte" Souveränität über die Welt ***im gegenwärtigen Zeitalter*** praktisch aus. Die Herausforderung, mit dem Messias zu leiden, um mit ihm auch verherrlicht zu werden, bedeutet mit Sicherheit, auf alle möglichen physischen Leiden, auf Verfolgung etc. vorbereitet zu sein (8,35-36). Das ist ein häufiges Ergebnis der Anbetung des wahren Gottes in der Zeit, in der die Welt immer noch aus den Fugen ist. Persönliche Heiligkeit ist als gegenwärtige Übernahme von Verantwortung für den Teil der geschöpflichen Ordnung zu verstehen, der ganz offensichtlich unserer persönlichen Kontrolle unterliegt, und zwar in Antizipation der Zeit, in der wir über erheblich größere Gebiete „im Leben herrschen werden". Ebenso gut kann das Gebet im Licht der Verse 26 und 27 verstanden werden als Übernahme von Verantwortung für jene größere Welt als solche, in Antizipation der neuen Schöpfung und als Teilhabe an den Leiden des Messias. Natürlich gibt es viele Dinge in der Welt, für die wir auf artikulierte Weise beten können und müssen. Doch es gibt genug andere Dinge, in Bezug auf die wir nichts anderes tun können als in Gottes Gegenwart schweigen und zuzulassen, dass der Geist seufzt und dass der Erforscher der Herzen nach diesem Seufzen sucht und es als das erkennt, was es ist: Leiden nach der Vorgabe des Messias.

Gott hatte immer schon beabsichtigt, dass wir auf diese Weise dem Ebenbild des Sohnes ähnlich werden sollten. Diese Art von Gebet ist schlicht Teil des Prozesses, durch den wir ihm ähnlich werden, bei dem in unseren Herzen jene Liebe zu Gott entsteht, von der das alte jüdische „*Schema*"-Gebet gesprochen hatte, wie wir in Verbindung mit 5,5 sahen. Wenn wir auf diese Weise als Gottes Volk gekennzeichnet sind, nicht äußerlich, sondern in den geheimen Gebeten und in der Liebe unseres innersten Wesens, können wir völlig sicher sein, dass Gott das Sagen hat, dass er aus allem, was geschieht, Gutes entstehen lassen kann. Vers 28 ist eine kostbare Verheißung für viele, die aufgrund dieses Verses gelernt haben, in den vielen verschiedenen und oft beunruhigenden Umständen unseres Lebens Gott zu vertrauen. Die Welt seufzt immer noch, und wir mit ihr; aber Gott ist in diesem Seufzen bei uns und wird dafür sorgen, dass es gut ausgeht.

Diese Überzeugung erweitert sich zu Paulus' Statement auf dem Höhepunkt in Vers 29 und 30, in dem es um Gottes Absicht für alle seine Kinder geht. Wie es mit Israel im Alten Testament der Fall war, so versteht Paulus auch die, die nun durch seinen Sohn in die Gemeinschaft mit ihm gebracht worden sind, als solche, die „er bereits vorher gekannt hat". Nicht sie haben Gott erwählt, sondern Gott hat sie erwählt, in einem Geheimnis, in das Paulus nicht einzudringen versucht, weder an dieser Stelle noch andernorts. Stattdessen konzentriert er sich auf das, was Gott für sie geplant und beabsichtigt hat: Sie sollten nach dem Muster oder der Vorlage Jesu geprägt werden, dem wahren „Ebenbild Gottes", und dadurch authentisch menschlich werden, da sie als jüngere Brüder und Schwestern zur Familie des wahrhaft Menschlichen stoßen.

Der letzte Vers legt die einfachen, aber tiefgründigen Schritte dar, durch die Gott die beruft, die nun Anteil am Ebenbild des Sohnes haben sollen, die also nun zu denen gehören sollen, die sein Werk in der Welt vorantreiben. Diejenigen, die ursprünglich für diese Aufgabe gekennzeichnet worden waren, sind „berufen" worden, was ein Geheimnis ist; Paulus benutzt „Berufung" als Terminus technicus für das, was geschieht, wenn die Predigt des Evangeliums im Leben eines Menschen kraftvoll wirkt und ihn zum **Glauben** führt, ihn dann zur **Taufe** treibt und sein Herz durch den Geist mit der Liebe zu Gott durchflutet. Wir sahen: Wenn das Evangelium auf diese Weise Glauben hervorbringt, dann erklärt Gott die Person tatsächlich zu einem wahren Mitglied der Familie: der Begriff dafür lautet „**Rechtfertigung**". Der Zweck all dieser Dinge, ein Zweck, der genauso feststeht wie die anderen Dinge, und zwar so sehr, dass von ihm wie von den anderen Dingen in der Vergangenheitsform gesprochen werden kann, besteht darin, dass sie „verherrlicht“ werden mögen, dass sie Anteil an der souveränen, erlösenden Herrschaft über die ganze Schöpfung haben mögen. Die gesamte Passage scheint dazu gedacht zu sein, uns sowohl an die Souveränität Gottes als auch an die Tatsache zu erinnern, dass diese Souveränität immer in Liebe ausgeübt wird.

Römer 8,31-39: Nichts wird uns von Gottes Liebe trennen

31 *Was sollen wir also zu all dem sagen?*
Wenn Gott für uns ist, wer ist gegen uns?
32 *Immerhin verschonte Gott seinen einzigen Sohn nicht; er gab ihn*
für uns alle auf! Wie wird er uns dann nicht mit ihm auch alles großzügig schenken?
33 *Wer will eine Anklage gegen Gottes Erwählte vorbringen?*
Es ist Gott, der sie zu Menschen erklärt, die im Recht sind.
34 *Wer wird verdammen?*
Es ist der Messias, Jesus, der gestorben ist, oder vielmehr: der auferstanden ist; der zur rechten Hand Gottes sitzt und der auch zu unseren Gunsten betet!
35 *Wer soll uns von der Liebe des Messias trennen?*
Leiden oder Notlagen oder Verfolgung oder Hungersnot oder
Nacktheit oder Gefahr oder das Schwert? 36 *Wie die Bibel sagt:*

Wegen dir werden wir den ganzen Tag lang getötet.
Wir werden als Schafe angesehen, die schlachtreif sind.

37 *Nein: In all diesen Dingen sind wir vollkommen siegreich durch den,*
der uns geliebt hat. 38 *Ihr müsst wissen: Ich bin überzeugt, dass weder*
Tod noch Leben, weder Engel noch Gewalten, weder die Gegenwart
noch die Zukunft, noch Mächte, 39 *weder Hohes noch Tiefes noch ir-*

gendeine andere Kreatur in der Lage sein wird, uns von der Liebe Gottes im König Jesus, unserem Herrn, zu trennen.

Kriege, terroristische Anschläge und andere gewalttätige Szenarien erzeugen schreckliche Geschichten. Diejenigen, die in den 1980er-Jahren im Libanon als Geiseln genommen wurden, erzählen, dass sie mehrfach mit verbundenen Augen abgeführt wurden und dass ihnen gesagt wurde, sie würden jetzt sterben. Man setzte ihnen eine Pistole an die Schläfe, hielt sie dort einen qualvollen Moment still, und dann wurden sie unter vulgärem Gelächter oder mit einem Tritt wieder in ihre Zellen zurückgebracht. Man kann sich kaum das Gefühl der Erleichterung vorstellen – gekoppelt mit dem Wissen, dass es nächstes Mal tatsächlich geschehen könnte. Nachdem die Geiseln dann befreit worden waren, muss es sie Monate, wenn nicht sogar Jahre gekostet haben, bevor sie morgens aufwachen konnten und wussten, dass ihre Feinde nicht mehr da waren und sie von niemandem mehr bedroht wurden.

Andere Geschichten erzeugen ähnliche Resonanzen von überraschender Befreiung. Jesus konfrontiert die selbstgerechten Männer, die dabei waren, eine Frau zu steinigen, die beim Ehebruch ertappt worden war (Johannes 8,1-11). Sie hat gekniet oder auf dem Boden gelegen und in panischer Angst auf den ersten Stein gewartet, der sie treffen würde. Die Steine würden sie höchstwahrscheinlich grausam entstellen, lange vor der letztendlichen Befreiung durch den Tod. Nun schaut sie hoch. Die Männer sind alle weg, beschämt von Jesu Angriff auf ihr eigenes sündiges Leben. Was ist, fragt Jesus mit trockenem Humor, hat dich niemand verdammt?

Etwas von diesem Gefühl überraschter Erleichterung durchzieht den Schlussabschnitt dieses erstaunlichen Kapitels. Wir schauen uns um, um zu sehen, wer uns verdammt hat, und wir entdecken, dass sie alle weg sind. Vier Mal wird die Frage gestellt, und jedes Mal ist die implizite Antwort überwältigend. Wer ist gegen uns? Niemand; immerhin hat Gott uns seinen Sohn gegeben, und er wird uns mit ihm alles schenken. Wer wird eine Anklage gegen uns vorbringen? Niemand; Gott selbst hat uns **gerechtfertigt**, er hat bereits erklärt, dass wir im Recht sind. Wer will uns verdammen? Niemand; Jesus ist gestorben, wurde auferweckt und erhöht und tritt fürbittend für uns ein. Wer soll uns von seiner Liebe trennen? Niemand; diesmal gibt es viele Herausforderer, die es versuchen könnten, doch letztlich ertönt der Klang des Sieges: Nichts in der gesamten Schöpfung kann uns von der Liebe Gottes im König Jesus trennen.

Das ist die formelle Struktur des Absatzes, und wie sein Inhalt nahelegt, schwingt in ihm durchgängig eine tiefe Begeisterung, wie bei einer Sinfonie, die im letzten Teil und gegen Ende immer schneller wird. Passagen aus den früheren Teilen der Sinfonie werden aufgegriffen und triumphierend durcheinandergewirbelt. Der Absatz ist tatsächlich eine Zusammenfassung des gesamten Themas von Kapitel 5 – 8, das uns nun nicht wie bisher als schrittweise Argumentation präsentiert wird, sondern als mitreißendes rhetorisches Statement. Schaut, was Gott getan hat. Schaut, was der **Messias** getan hat und immer noch tut, auch in diesem Moment. Schaut euch um und seht die vielen Dinge, die uns von der starken Liebe zu trennen drohen, einer Liebe, die durch das Kreuz und die Auferstehung ihre Hände ausstreckt. Und dann lernt, dass all diese Dinge geschlagene Feinde sind. Lernt, vor Freude zu tanzen und zu singen und den Sieg Gottes zu feiern. Das Ende von Römer 8 verdient es, in feurigen Buchstaben auf die lebendigen Tafeln unserer Herzen eingebrannt zu werden.

Außerdem hat es dieses Ende verdient, dass man langsamer darüber nachsinnt und das, was es enthält, gründlich verarbeitet. Der gesamte Briefteil von Kapitel 5 angefangen war ein Argumentationsgang zum Thema *Gewissheit*. Darüber wird oft gespottet: Man sagt uns, dass es doch nur Wunschdenken sei, wenn man meint, man könne sich der Liebe Gottes und seiner eigenen Errettung *gewiss* sein. Wie arrogant! Wie egozentrisch! Doch diesen Spötteleien kann der Zahn gezogen werden (ohne den offensichtlichen Punkt zu erwähnen, dass sie vielleicht auf Neid beruhen). Die Behauptung von Vers 31, dass „Gott für uns ist“, klingt leichtfertig, wenn wir an Armeen denken, die in den Krieg ziehen und göttlichen Schutz für ihre Seite in Anspruch nehmen. Sie klingt ganz anders, wenn sie von einem **Apostel** kommt, der Notlagen, Verfolgungen, Gefahren und dem Tod ins Auge gesehen hat. Es ist wie in 5,1-5 und 8,17: Die Behauptung, dass uns die Hoffung nicht im Stich lässt, kann nur gemacht werden, wenn wir Anteil an den Leiden des Messias haben.

Ist dies klar, dann liegt das Schwergewicht des bisherigen Briefes auf der Bedeutung des Begriffs **Rechtfertigung**: Gott hat erklärt, dass alle, die an das **Evangelium** glauben, im Recht sind, und niemand wird in der Lage sein, Gottes Urteil umzustoßen. Immerhin ist Rechtfertigung aus **Glauben** die Grundlage der Gewissheit, nicht Rechtfertigung als solche. Wir sind nicht aus Glauben gerechtfertigt, indem wir an die Rechtfertigung aus Glauben glauben; wir sind aus Glauben gerechtfertigt, indem wir an das Evangelium glauben, also indem wir an Jesus als gekreuzigten und auferstandenen Herrn der Welt glauben. Wenn wir Rechtfertigung verstehen, bekommen wir nicht Rechtfertigung als solche, sondern Gewissheit. Der Gott, der uns im Evangelium berufen hat, hat erklärt, dass wir Mitglieder seiner Familie sind, und er wird uns nicht loslassen. Diese Passage schaut daher auf den letzten Tag des Gerichts voraus und vervollständigt daher den großen Sinnbogen, der in Kapitel 2 begann; und sie erklärt, dass Gott an jenem letzten Tag das Urteil neu bestätigen wird, das er bereits auf der Grundlage des Glaubens erlassen hat.

Eine der Antworten offenbart eine Dimension des Wirkens des Messias, die nirgendwo sonst in den Paulusbriefen erwähnt wird (was uns daran erinnert, dass es vielleicht viele Dinge gab, von denen Paulus ganz selbstverständlich ausging, die er aber in den Briefen, die uns erhalten sind, nicht erwähnt hat). Das gegenwärtige Wirken Jesu nach seinem Tod, seiner Auferstehung und seiner Erhöhung besteht im Gebet für sein Volk, und er sitzt dabei zur Rechten Gottes (Vers 35; dasselbe Thema taucht in Hebräer 7,25 und 9,24 sowie in 1. Johannes 2,1 auf; es ist wahrscheinlich auch in Apostelgeschichte 7,55 im Blick).

Dieser Gedanke ist ein großer Trost, besonders in schweren Zeiten, was bei Paulus oft der Fall war und was oft bei denen der Fall sein wird, die seinem Evangelium folgen und danach leben.

Wie so oft in seinen Schriften im Allgemeinen und im Römerbrief im Besonderen bezieht sich Paulus auf die Bibel als seine grundlegende Quelle. In Vers 32 spielt er auf die Story von Abraham an, als er seinen einzigen Sohn Isaak aufgab, ein fast ausgeführtes **Opfer**, das viele Juden als Schlüsselmoment zu Beginn des **Bundes** ansahen. Gott, so sagt Paulus, hat weitaus mehr getan als Abraham. In den Versen 33 und 34 lässt er eines der Gottesknechtslieder aus Jesaja anklingen (50,4-9). Aus einer bestimmten Perspektive gesehen sieht er Jesus selbst als den „Knecht“ an, aber aus einer anderen Perspektive sieht er die Rolle des Knechts als eine an, die Jesus mit seinen Nachfolgern teilt, zu denen ja auch Paulus selbst gehört. Sie haben Anteil daran, indem sie sein Evangelium in der Welt leben.

In Vers 26 zitiert er dann Psalm 44,23, ein Lied der Klage aus der Tiefe des Leidens. Im Psalm ist nicht die Untreue Israels die Ursache des Leids, sondern das Leid ist entstanden, obwohl Israel treu war. Genau wie in den Gottesknechtsliedern bei Jesaja finden wir hier eine Wahrheit, die tief im Judentum verwurzelt ist und auf die sich etliche frühe Christen und wohl auch Jesus selbst beziehen: dass Gott sein Volk nicht *trotz* ihrer Leiden retten wird, sondern *durch* und sogar *aufgrund* ihrer Leiden. Wie in Kolosser 1,24 werden die Leiden des Gottesvolks irgendwie in die Absichten Gottes eingebaut, nicht, um damit etwas zu dem einzigartigen Werk hinzuzufügen, das der Messias vollbracht hat (Vers 34), sondern um das, was er erreicht hat, in der Welt auszuleben, damit seine Liebe sich noch weiter ausdehnen möge. Diejenigen, die das glauben, können sicher sein, dass „wir in all diesen Dingen vollkommen siegreich sind durch den, der uns geliebt hat“.

Schließlich: Es ist jene Liebe, die immer wieder auftaucht, nicht als Nachtrag, sondern als Thema, das dem gesamten Briefteil zugrunde liegt. Wir denken zurück an 5,1-11, wo der Tod Jesu eine Demonstration der Liebe Gottes war, und wir erkennen, dass sich der Kreis schließt. John Donne verglich die Liebe Gottes tatsächlich mit einem Kreis, aus der Einsicht heraus, dass sie endlos ist. Sie herrscht siegreich über den Tod und das **Leben** gleichermaßen, über Mächte im **Himmel** und auf Erden. Und da es zum Wesen der Liebe gehört, den Geliebten an sich zu binden, ist Paulus überzeugt – und nach acht Kapiteln Römerbrief erwartet er vielleicht, dass wir auch überzeugt sein sollten –, dass nichts in der gesamten Schöpfung „in der Lage sein wird, uns von der Liebe Gottes im König Jesus, unserem Herrn, zu trennen".

Glossar

Abendmahl / Eucharistie
Das Mahl, mit dem die ersten Christen die Aufforderung befolgten, die Jesus beim letzten Abendmahl gab: „Tut dies zu meinem Gedächtnis" (Lukas 22,19; 1. Korinther 11,23-26). Das Wort „Eucharistie" stammt vom griechischen Wort für „Danksagung"; der Begriff bedeutet grundsätzlich „das Mahl der Danksagung". Er blickt auf die vielen Gelegenheiten zurück, als Jesus Brot nahm, für das Brot dankte, es brach und es an Menschen weitergab (z.B. Lukas 24,30; Johannes 6,11). Andere frühe Wendungen für dasselbe Mahl sind „das Herrenmahl" (1. Korinther 11,20) und „das Brechen des Brotes" (Apostelgeschichte 2,42). Später wurde es „die Messe" genannt (vom lateinischen Wort „missa" am Ende des Gottesdienstes, das „Aussendung" bedeutet) sowie „heilige Gemeinschaft" (Paulus spricht davon, „Anteil" am oder „Gemeinschaft" mit dem Leib und Blut Christi zu haben). – Spätere theologische Kontroversen über die genaue Bedeutung der verschiedenen Handlungen und Elemente des Mahles sollten seine Zentralstellung im frühchristlichen Leben und seine fortdauernde entscheidende heutige Bedeutung nicht verdunkeln.

Ankläger, *siehe* Satan

Apostel, Jünger, die Zwölf
„Apostel" bedeutet: „jemand, der gesandt ist". Das Wort konnte einen Botschafter oder einen offiziellen Delegierten bezeichnen. Im Neuen Testament wird das Wort manchmal spezifisch in Bezug auf den inneren Kreis der Zwölf um Jesus benutzt; doch Paulus sieht nicht nur sich selbst, sondern etliche andere außerhalb des Zwölferkreises als „Apostel" an, wobei das Kriterium für den Apostelstatus darin besteht, ob jemand den auferstandenen Jesus persönlich gesehen hat. Jesus selbst symbolisiert mit seiner Auswahl von zwölf engen Mitarbeitern seine Absicht, Gottes Volk, Israel, zu erneuern (Israel bestand nach eigener Ansicht traditionell aus zwölf Stämmen). Nach dem Tod von Judas Iskariot (einer aus dem Kreis der Zwölf; Matthäus 27,5) wurde per Losentscheid Matthias an seiner Stelle gewählt, um die symbolische Zwölfzahl aufrechtzuerhalten (Apostelgeschichte 1,18). Während Jesu Lebzeiten wurden die Zwölf und viele andere, die ihm folgten, als seine „Jünger" angesehen, was „Schüler" oder „Lehrling" bedeutet.

Auferstehung
Fast im gesamten biblischen Denken ist der Körper des Menschen von Bedeutung; er ist nicht bloß das verzichtbare Gefängnis der **Seele**. In Zeiten, in denen Israel um die Güte und Gerechtigkeit JHWHs, des Schöpfergottes, rang, fand man letztendlich zu der Überzeugung, dass er die Toten auferwecken müsse (Jesaja 26,19; Daniel 12,2-3) – ein Vorschlag, der klaren Widerspruch durch das klassische heidnische Denken erfuhr. Die ersehnte Rückkehr aus dem **Exil** wurde auch in dem Bild von JHWH thematisiert, der verdorrte Knochen zu neuem Leben erweckt (Hesekiel 37,1-14). Diese Vorstellungen wurden in der Zeit des zweiten **Tempels** weiterentwickelt, nicht zuletzt in Zeiten des Martyriums (z. B. 2. Makkabäer 7). Auferstehung war nicht bloß „Leben nach dem Tod", sondern ein neu verkörpertes Leben *nach* dem „Leben nach dem Tod"; die gegenwärtig Toten wurden entweder als „Schlafende" bezeichnet oder als „Seelen", „Engel" oder „Geister" angesehen, die auf ihre erneute Verkörperung warteten.

Die frühchristliche Überzeugung, dass Jesus von den Toten auferweckt worden war, meinte damit nicht, dass er „in den **Himmel** gekommen" oder dass er „erhöht worden" sei oder „göttlich" war; all das glaubten die frühen Christen auch; doch jede dieser Überzeugungen hätte ohne die Erwähnung der Auferstehung ausgedrückt werden können. Nur die körperliche Auferstehung Jesu erklärt den Aufstieg der frühen Kirche, insbesondere ihren Glauben daran, dass Jesus der Messias ist (seine Kreuzigung hatte das infrage gestellt). Die frühen Christen glaubten, dass auch sie selbst zum Zeitpunkt der Wiederkunft oder **Parusie** des Herrn zu einem neuen, verwandelten körperlichen Leben auferweckt werden würden (Philipper 3,20f.).

Beschneidung
Die Entfernung der Vorhaut. Die Beschneidung der Männer war ein wichtiges Identitätsmerkmal für Juden. Sie geschah auf das ursprünglich an Abraham gerichtete Gebot hin (1. Mose 17), das von Josua neu bekräftigt worden war (Josua 5,2-9). Andere Völker, z. B. die Ägypter, beschnitten ebenfalls ihre männlichen Kinder. Eine gedankliche Linie von 5. Mose (z. B. 30,6) über Jeremia (z. B. 31,33) bis zu den **Schriftrollen vom Toten Meer** und zum Neuen Testament (z. B. Römer 2,29) spricht davon, dass das, was Gott eigentlich ersehnt, die „Beschneidung des Herzens" sei. Durch diese wird ein Mensch innerlich zu dem, was ein männlicher Jude äußerlich ist, also zu einem Angehörigen des Volkes Gottes. In Zeiten jüdischer Assimilation versuchten einige Juden, die Spuren der Beschneidung zu entfernen (z. B. 1. Makkabäer 1,11-15).

Botschaft, *siehe* Gute Nachricht

Bund
Im Zentrum des jüdischen Glaubens steht die Überzeugung, dass der eine Gott, **JHWH**, der die ganze Welt erschaffen hat, Abraham und seine Familie berufen hat, damit er auf besondere Weise zu ihm gehöre. Die Verheißungen, die Gott Abraham und seiner Familie gab, und die Anforderungen, die als Resultat daraus ihnen auferlegt wurden, wurden entweder im Sinne einer Übereinkunft verstanden, die ein König mit einem unterworfenen Volk traf, oder im Sinne eines Eheschlusses zwischen Mann und Frau. Ein üblicher Begriff, mit dem diese Beziehung beschrieben wurde, war „Bund", was auf diese Weise sowohl Verheißung als auch Gesetz umfassen kann. Der Bund Gottes mit Israel wurde mehrfach erneuert: am Berg Sinai mit der Gabe der **Tora**; in 5. Mose vor dem Eintritt ins verheißene Land; und auf eine stärker fokussierte Weise bei David (z.B. Psalm 89). Jeremia 31 verhieß, dass Gott nach dem Gerichtshandeln des **Exils** mit seinem Volk einen „neuen Bund" schließen würde; er würde ihnen vergeben und sie enger an sich binden. – Jesus glaubte, dass diese Verheißung sich durch seine **Reich-Gottes**-Verkündigung und seinen Tod und seine **Auferstehung** erfüllte. Die frühen Christen entfalteten diese Vorstellung auf verschiedene Weise, da sie glaubten, dass die Verheißungen in Jesus endlich erfüllt worden waren.

Buße, *siehe* Umkehr

Christus, *siehe* Messias

Dämonen, *siehe* Satan

Davids Sohn, *siehe* Sohn Davids

Essener, *siehe* Schriftrollen vom Toten Meer

Evangelium, *siehe* Gute Nachricht

Ewiges Leben, *siehe* Zeitalter, gegenwärtiges

Exil
Das 5. Buch Mose (29 – 30) spricht die Warnung aus: Wenn Israel **JHWH** ungehorsam sein würde, würde er sein Volk ins Exil schicken. Doch wenn sie umkehren würden, würde er sie in ihr Land zurückbringen. Als im Jahr

597 v. Chr. die Babylonier Jerusalem einnahmen und das Volk Israel ins Exil führten, interpretierten Propheten wie Jeremia dieses Ereignis als Erfüllung dieser Prophezeiung und machten weitere Vorhersagen darüber, wie lange das Exil dauern würde (laut Jeremia 25,12; 29,10 siebzig Jahre). Und tatsächlich begann die Rückkehr aus dem Exil für einige Menschen im späten sechsten Jahrhundert v. Chr. (Esra 1,1). Die nachexilische Zeit war jedoch weithin eine Enttäuschung, da das Volk nach wie vor an fremde Mächte versklavt war (Nehemia 9,36). Auf dem Höhepunkt der Verfolgung durch die Syrer sprach Daniel 9,2.24 davon, dass das „eigentliche" Exil nicht 70 Jahre dauern würde, sondern 70 Jahr*wochen*, also 490 Jahre. Die Sehnsucht nach der eigentlichen „Rückkehr aus dem Exil", nach der Zeit, in der die Prophetien von Jesaja, Jeremia etc. erfüllt und die Erlösung von der heidnischen Unterdrückung bewerkstelligt werden würden, charakterisierten nach wie vor viele jüdische Bewegungen, und diese Sehnsucht war ein Hauptthema in der Verkündigung Jesu und seiner Aufforderung zur **Umkehr**.

Exodus

Der Exodus (= Auszug) aus Ägypten fand dem gleichnamigen biblischen Buch zufolge (Exodus; 2. Mose) unter der Führung von Mose statt, nach langen Jahren, in denen die Israeliten dort versklavt gewesen waren. (Laut 1. Mose 15,13f. war diese Versklavung und dieser Auszug Teil der Bundesverheißungen Gottes an Abraham.) Der Exodus zeigte den Israeliten und dem Pharao, dem König von Ägypten, dass Israel Gottes besonderes Kind war (2. Mose 4,22). Sie wanderten dann vierzig Jahre lang durch die Wüste des Sinai, wobei Gott sie in einer Wolken- und einer Feuersäule führte. Zu Beginn dieser Zeit wurde ihnen am Berg Sinai die **Tora** (das Gesetz) gegeben. Nach dem Tod von Mose und unter der Führung von Josua überquerten sie den Jordan und zogen in das verheißene Land Kanaan ein, das sie schließlich eroberten.

Dieses Ereignis, dessen jährlich beim Passahfest und anderen jüdischen Festen gedacht wurde, gab den Israeliten nicht nur eine kraftvolle Erinnerung daran, was sie zu einem Volk gemacht hatte. Es gab ihrem **Glauben** an **JHWH** auch eine bestimmte Gestalt und einen bestimmten Inhalt. JHWH war nicht nur der Schöpfer, sondern auch der Befreier, der Erlöser. In späteren Versklavungen, besonders im **Exil**, wartete Israel auf eine weitere Erlösung, die im Grunde ein neuer Exodus sein würde. – Wahrscheinlich beherrschte kein anderes Ereignis der Vergangenheit die Vorstellungswelt der Juden des ersten Jahrhunderts so stark wie der Exodus. Zu diesen Juden gehörten auch die ersten Christen, die im Anschluss an Jesu eigene Praxis weiterhin auf den Exodus zurückverwiesen, um ihren eigenen entscheidend wichtigen Ereignissen, insbesondere dem Tod und der **Auferstehung** Jesu, Bedeutung und Gestalt zu verleihen.

Gehenna, Hölle
Gehenna ist wörtlich verstanden das Tal von Hinnom an den südwestlichen Hängen Jerusalems. Seit uralter Zeit wurde das Tal als Müllhalde benutzt, in der ständig ein schwelendes Feuer brannte. Bereits zur Zeit Jesu benutzte man im Judentum das Wort als Bild für den Ort der Bestrafung nach dem Tod. Jesu eigener Gebrauch des Wortes vermischt die beiden Bedeutungen in seinen Warnungen, die er sowohl an Jerusalem richtete (wenn die Stadt nicht umkehren würde, würde sie zu einem schwelenden Müllhaufen werden) als auch an Menschen im Allgemeinen (damit sie im Gericht Gottes nicht verurteilt werden).

Geist, *siehe* Leben, Heiliger Geist

Gesetz, *siehe* Tora

Gesetzeslehrer, *siehe* Pharisäer

Glaube
Der Begriff Glaube deckt im Neuen Testament einen großen Bereich des menschlichen Vertrauens und der Vertrauenswürdigkeit ab. Am einen Ende des Spektrums verschmilzt er mit der Liebe, am anderen Ende mit der Loyalität. Im jüdischen und christlichen Denken umfasst Glaube auch das Fürwahrhalten, die Akzeptanz gewisser Dinge als wahre Aussagen über Gott und über das, was er in der Welt getan hat (z.B. dass er Israel aus Ägypten befreit und herausgeführt oder Jesus von den Toten auferweckt hat). Für Jesus, so scheint es, bedeutet „Glaube" oft: „anerkennen, dass Gott entscheidend am Werk ist, um das **Reich Gottes** aufzurichten, und zwar durch Jesus". Für Paulus ist „Glaube" sowohl die konkrete Überzeugung, dass Jesus der Herr ist und dass Gott ihn von den Toten auferweckt hat (Römer 10,9), als auch die dankbare Liebe des Menschen als Antwort auf die souveräne göttliche Liebe (Galater 2,20). Dieser Glaube ist für Paulus das einzige Merkmal der Zugehörigkeit zum Volk Gottes in Christus, ein Merkmal, das dieses Volk auf eine Weise kennzeichnet, wie es die **Tora** und die von ihr vorgeschriebenen Werke niemals tun können.

Gleichnisse

Seit alttestamentlichen Zeiten benutzten Propheten oder andere Lehrer verschiedene Formen der Erzählung von Storys, um Israel aufzurütteln (z.B. 2. Samuel 12,1-7). Manchmal handelte es sich auch um Visionen mit Interpretationen (z.B. Daniel 7). Ähnliche Techniken wurden von den **Rabbinern** angewendet. Jesus adaptierte diese Traditionen auf seine eigene kreative Weise, um die Weltanschauung seiner Zeitgenossen aufzubrechen und sie einzuladen, stattdessen seine Vision vom **Reich Gottes** zu teilen. Seine Storys porträtierten dieses Gottesreich nicht nur als eine zeitlose Wahrheit, sondern als etwas, das *geschah*. Und sie versetzten seine Zuhörer in die Lage, in die Story einzutreten und sie sich zu eigen zu machen. Wie manche alttestamentliche Visionen haben auch einige Gleichnisse Jesu ihre eigenen Interpretationen (z.B. der Sämann in Markus 4); andere sind kaum verhüllte Nacherzählungen der prophetischen Story Israels (z.B. die bösen Weingärtner in Markus 12).

Gute Nachricht, Evangelium, Botschaft, Wort

„Gute Nachricht“, oder „Evangelium“, hatte für Juden im ersten Jahrhundert zwei Hauptbedeutungen. Zunächst bedeutete es die Nachricht von **JHWHs** lange erwartetem Sieg über das Böse und von der Rettung seines Volkes. Die Wurzeln dieser Vorstellung reichen zurück in das Buch des Propheten Jesaja. Zum Zweiten wurde das Wort in der römischen Welt benutzt, um die Nachricht von der Thronbesteigung oder Geburt des Kaisers zu bezeichnen. Da die Verkündigung des anbrechenden **Reiches Gottes** für Jesus und Paulus sowohl die Erfüllung der Prophetie als auch eine Herausforderung der gegenwärtigen Herrscher der Welt war, wurde das Wort „Evangelium“ eine Art wichtiges Kürzel sowohl für die **Botschaft**, die Jesus selbst verkündigte, als auch für die apostolische Botschaft über Jesus. Paulus sah diese Botschaft als Träger der rettenden Kraft Gottes an (Römer 1,16; 1. Thessalonicher 2,13).

Die vier kanonischen „Evangelien“ erzählen die Story von Jesus auf eine Weise, dass beide Aspekte ans Licht gebracht werden (im Unterschied zu einigen anderen sogenannten „Evangelien“, die im zweiten und in späteren Jahrhunderten zirkulierten. Diese neigten dazu, die biblischen und jüdischen Wurzeln des Wirkens Jesu abzuschneiden und den Lesern eine private Spiritualität anstelle der Konfrontation der Herrscher der Welt einzuimpfen). Da diese schöpferische, Leben schenkende **gute Nachricht** bei Jesaja als Gottes eigenes kraftvolles Wort angesehen wird (40,8; 55,11), konnten die frühen Christen die Begriffe „Wort“ oder „Botschaft“ als weitere Kurzformel für die grundlegende christliche Verkündigung benutzen.

Heiden
Die Juden unterteilten die Welt in Juden und Nichtjuden. Das hebräische Wort für Nichtjuden, *goyim*, hat Anklänge sowohl an Familienidentität (d. h. nicht von jüdischer Abstammung) als auch an Anbetung (d. h. Anbetung von Götzen, nicht des wahren Gottes **JHWH**). Obwohl viele Juden gute Beziehungen zu Heiden aufbauten, nicht zuletzt in der jüdischen Diaspora (also in der Zerstreuung der Juden außerhalb von Palästina), gab es offiziell Tabus gegen den Kontakt, z. B. das Verbot der Mischehe. Im Neuen Testament vermittelt das griechische Wort *ethne*, „Nationen", dieselbe Bedeutung wie *goyim*. Es gehörte zu Paulus' Gesamtprogramm, darauf zu bestehen, dass Heiden, die an Jesus glaubten, in der christlichen Gemeinschaft die vollen Rechte genossen wie Juden, die an Jesus glaubten, ohne dass sich die an Jesus glaubenden Heiden der **Beschneidung** unterziehen müssen.

Heiliger Geist
In 1. Mose 1,2 ist der Geist die Gegenwart und Kraft Gottes *innerhalb* der Schöpfung, ohne dass Gott mit der Schöpfung identifiziert wird. Derselbe Geist war bestimmten Menschen gegeben, besonders den Propheten, und befähigte sie, für Gott zu sprechen und zu handeln. Jesus wurde bei seiner Taufe durch **Johannes** in besonderer Weise mit dem Geist ausgerüstet, was in seinem bemerkenswerten öffentlichen Werdegang resultierte (Apostelgeschichte 10,38). Nach seiner **Auferstehung** wurden auch seine Nachfolger von demselben Geist erfüllt (Apostelgeschichte 2), der nun als der Geist Jesu identifiziert wurde: Der Schöpfergott handelte auf neue Weise, erneuerte die Welt und auch die Jesusnachfolger selbst. Der Geist befähigte sie, eine Heiligkeit auszuleben, die die **Tora** nicht hervorbringen konnte. Der Geist brachte „Früchte" in ihrem Leben und gab ihnen „Gaben", mit denen sie Gott, der Welt und der Kirche dienten, und er sicherte ihnen die zukünftige **Auferstehung** zu (Römer 8; Galater 4 – 5; 1. Korinther 12 – 14). Von ganz früher Zeit an (z. B. Galater 4,1-7) gehörte der Geist im Christentum zur neuen revolutionären Definition Gottes als „der, der den Sohn und den Geist des Sohnes sendet".

Himmel
Der Himmel ist Gottes Dimension der geschöpflichen Ordnung (1. Mose 1,1; Psalm 115,16; Matthäus 6,9), während die „Erde" die Welt aus Raum, Zeit und Materie ist, die wir kennen. „Himmel" steht daher manchmal aus Ehrfurcht für „Gott" (wie in der bei Matthäus regelmäßig auftauchenden Wendung „Himmelreich" = **Reich Gottes**). Normalerweise dem Menschen

verborgen, wird der Himmel gelegentlich offenbart oder enthüllt, sodass Menschen die Dimension Gottes hinter dem gewöhnlichen Leben sehen können (z. B. 2. Könige 6,17; Offenbarung 1,4-5). Himmel wird daher im Neuen Testament im Allgemeinen nicht als ein Ort verstanden, an den das Volk Gottes nach dem Tod gelangt; vielmehr kommt am Ende das neue Jerusalem *vom* Himmel *zur* Erde, sodass beide Dimensionen auf ewig vereint werden. „Ins Himmelreich eintreten" heißt nicht, „nach dem Tod in den Himmel kommen", sondern in der Gegenwart zu den Leuten gehören, die ihren irdischen Lebenskurs anhand der Maßstäbe und Absichten des Himmels steuern (vgl. das Gebet Jesu: „wie im Himmel, so auf Erden"; Matthäus 6,10), und die sich der Teilhabe am **kommenden Zeitalter** sicher sein dürfen.

Hohepriester, *siehe* Priester

Hölle, *siehe* Gehenna

JHWH

Der alte israelitische Name für Gott spätestens seit der Zeit des Exodus (2. Mose 6,2f.). Vielleicht wurde der Name ursprüngliche „Jahwe" ausgesprochen, doch zu Jesu Zeiten galt er als zu heilig, um ihn überhaupt laut auszusprechen. Dies geschah nur einmal pro Jahr vom **Hohepriester** im Allerheiligsten im **Tempel**. Beim Lesen der biblischen Schriften sagten fromme Juden stattdessen *Adonai*, „Herr". Dabei fügte man die Vokale von *Adonai* den Konsonanten von JHWH hinzu, was im Endeffekt zu der Mischform „Jehova" führte. Das Wort JHWH wird vom Verb für „sein" her gebildet. Es kombiniert die Bedeutung „Ich bin, der ich bin" mit „Ich werde sein, der ich sein werde" und vielleicht auch mit „Ich bin, weil ich bin" und betont so die souveräne schöpferische Kraft JHWHs.

Johannes (der Täufer)

Johannes ist der Cousin Jesu mütterlicherseits; ein paar Monate vor ihm geboren. Sein Vater war ein **Priester**. Er wirkte als Prophet und taufte im Jordan. Damit brachte er erneut den **Exodus** aus Ägypten auf dramatische Weise auf die Bühne und bereitete die Leute auf Gottes kommendes Gericht vor, indem er sie zur **Umkehr** aufrief. Es könnte sein, dass er Kontakte zu den **Essenern** hatte, obwohl sich seine öffentliche Botschaft von der dieser Gruppierung unterschied. Jesu eigene Berufung wurde bei seiner **Taufe** durch Johannes auf entscheidende Weise bestätigt. Im Rahmen seiner Botschaft vom **Reich Gottes** kritisierte Johannes Herodes Antipas öffentlich dafür, die Ehefrau seines Bruders geheiratet zu haben. Herodes ließ ihn gefangen nehmen und auf Bitte seiner Frau hin enthaupten (Markus 6,14-29). Noch eine ganze Zeit lang existierten Johannesjünger als separate Gruppe, ohne mit dem Christentum zu verschmelzen (z. B. Apostelgeschichte 19,1-7).

Jünger, ***siehe*** **Apostel**

Leben, Seele, Geist
Die Menschen der Antike vertraten viele verschiedene Ansichten zur Frage, was den Menschen zu dem besonderen Geschöpf macht, das er ist. Manche, darunter viele Juden, glaubten, dass zum vollständigen Menschsein sowohl der Körper als auch ein inneres Selbst gehört. Andere, darunter viele, die von der Philosophie Platons (4. Jahrhundert v. Chr.) beeinflusst waren, glaubten, dass der wichtige Teil eines Menschen die „Seele" sei (griechisch *psyche*), die im Tod glücklicherweise aus ihrem körperlichen Gefängnis befreit wurde. Verwirrend für uns ist die Tatsache, dass dasselbe Wort *psyche* im Neuen Testament oft innerhalb eines jüdischen Bezugsrahmens verwendet wird, wo es dann ganz klar „Leben" oder „das wahre Selbst" bedeutet, ohne einen Leib-Seele-Dualismus zu implizieren, der den Körper entwertet. Die Innerlichkeit der menschlichen Erfahrung und des Verstehens kann auch „Geist" genannt werden. *Siehe auch* **Heiliger Geist; Auferstehung.**

Lepra, Leprakranker
In einer Welt ohne die moderne Medizin waren strenge medizinische Kontrollen notwendig, um die Ausbreitung ansteckender Krankheiten zu verhindern. Mehrere solcher Krankheitszustände, hauptsächlich schwerwiegende Hautprobleme, wurden als „Lepra" bezeichnet. Zwei lange biblische Kapitel (3. Mose 13 – 14) widmen sich der Diagnose und Prävention dieser Krankheiten. Wer daran litt, musste außerhalb der Städte leben und, wenn sich jemand näherte, „unrein" rufen, um andere zu warnen (13,45). Wenn jemand von der Lepra geheilt worden war, musste das von einem **Priester** attestiert werden.

Menschensohn
Auf Hebräisch oder Aramäisch bedeutet dieser Begriff schlicht „Sterblicher" oder „Mensch"; im späteren Judentum wird er manchmal verwendet, um „ich" oder „jemand wie ich" zu sagen. Im Neuen Testament wird die Wendung oft mit Daniel 7,13 verbunden, wo „jemand wie ein Menschensohn"

auf den Wolken des **Himmels** zum „Hochbetagten“ gebracht wird, wo er nach einer Zeit der Leiden rehabilitiert wird und königliche Macht bekommt. Obwohl Daniel 7 dieses Szenario selbst als eine Verschlüsselung interpretiert, die „das Volk der Heiligen des Höchsten“ bezeichnet, verstand man im Judentum des ersten Jahrhunderts die Stelle als eine **messianische** Verheißung. Jesus entwickelte diese Vorstellung auf seine eigene Weise in bestimmten Schlüsselsprüchen weiter, die am besten als Verheißungen zu verstehen sind, dass Gott ihn nach seinem Leiden rehabilitieren und jene richten würde, die ihm widerstanden hatten (z.B. Markus 14,62). Jesus konnte so die Wendung als kryptische Selbstbezeichnung verwenden, die auf sein kommendes Leiden, seine Rehabilitierung und seine von Gott verliehene Autorität hinwies.

Messias
Das hebräische Wort bedeutet wörtlich „der Gesalbte“ und bezeichnet daher theoretisch entweder einen Propheten, **Priester** oder König. Auf Griechisch wird der Begriff mit *Christos* übersetzt; im frühen Christentum war „Christus“ ein Titel und wurde nur schrittweise zu einem alternativen Eigennamen für Jesus. Der Begriff „Messias“ ist praktisch auf die Vorstellung vom kommenden König beschränkt, der der wahre Erbe Davids sein würde, durch den **JHWH** Israel von seinen heidnischen Feinden befreien würde, eine Vorstellung, die im antiken Judentum verschiedene Formen annahm. Es gab nicht die eine singuläre Vorlage für die Erwartungen an einen Messias. Storys und Verheißungen aus den alttestamentlichen Schriften leisteten ihren Beitrag zu verschiedenen Idealvorstellungen und Bewegungen, die sich oft (a) auf einen entscheidenden militärischen Sieg über Israels Feinde und (b) auf den Wiederaufbau oder die Reinigung des **Tempels** fokussierten. Die **Schriftrollen vom Toten Meer** sprechen von zwei „Messiassen“, von einem priesterlichen und einem königlichen. Die universale frühchristliche Überzeugung, dass Jesus der Messias war, ist angesichts seiner Kreuzigung durch die Römer (die eigentlich als klares Zeichen verstanden worden sein musste, dass er nicht der Messias war) nur aufgrund der Überzeugung erklärbar, dass Gott ihn von den Toten auferweckt und damit die impliziten messianischen Ansprüche seines früheren Wirkens bestätigt hatte.

Mischna
Die wichtigste Kodifizierung des jüdischen Gesetzes (**Tora**) durch die **Rabbiner**, erstellt um 200 n. Chr. Die Mischna reduzierte die „mündliche Tora“ (die Auslegung der schriftlichen Tora), die zu Jesu Zeiten mit der „schriftlichen

Tora" parallel existierte, auf einen geschriebenen Text. Die Mischna ist wiederum die Grundlage der viel umfassenderen Sammlungen von Traditionen in den beiden Talmuden (um 400 n. Chr.).

Opfer
Wie alle Völker der Antike brachten die Israeliten ihrem Gott Opfer in Form von Tieren oder Feldfrüchten. Anders als andere besaßen sie einen sehr detaillierten schriftlichen Kodex (hauptsächlich in 3. Mose) zu der Frage, was und wie sie opfern sollten; diese Dinge wurden dann in der **Mischna** weiter entfaltet (rund 200 n. Chr.). Das Alte Testament bestimmt, dass Opfer ausschließlich im Jerusalemer **Tempel** dargebracht werden durften. Nachdem dieser im Jahre 70 n. Chr. zerstört worden war, hörten die Opfer auf und das Judentum entwickelte eine Vorstellung weiter, die bereits in einigen seiner Lehren angelegt war: die Vorstellung, Beten, Fasten und das Geben von Almosen seien alternative Formen des Opferns. Die frühen Christen benutzten die Sprache vom Opfern in Verbindung mit Dingen wie Heiligkeit, Evangelisation und **Abendmahl / Eucharistie**.

Parusie
Wörtlich „Gegenwart" im Gegensatz zu „Abwesenheit" und von Paulus manchmal in diesem Sinne benutzt (z. B. Philipper 2,12). Der Begriff wurde bereits in der römischen Welt für die feierliche Ankunft z. B. des Kaisers in einer unterworfenen Stadt oder Kolonie benutzt. Obwohl der zum Himmel aufgefahrene Christus in seiner Kirche nicht „abwesend" ist, wird sein „Erscheinen" (Kolosser 3,4; 1. Johannes 3,2) bei seinem „zweiten Kommen" im Grunde eine „Ankunft" wie die des Kaisers sein, und Paulus benutzt den Begriff auf diese Weise in 1. Korinther 15,23; 1. Thessalonicher 2,19 etc. In den **Evangelien** findet er sich einzig in Matthäus 24 (Verse 3, 27, 39).

Pharisäer, Gesetzeslehrer, Rabbiner
Die Pharisäer waren eine inoffizielle, aber mächtige jüdische Interessensgruppe während eines Großteils des ersten Jahrhunderts vor und nach Christus. Sie wurden hauptsächlich von Laien geleitet, hatten aber auch einige **Priester** in ihren Reihen. Ihre Absicht bestand darin, Israel durch die intensivierte Einhaltung des jüdischen Gesetzes (**Tora**) zu reinigen. Dabei entwickelten sie ihre eigenen Traditionen über die genaue Bedeutung und Anwendung der Schrift, ihre eigenen Gebetsformen und andere Frömmigkeitsübungen und ihre eigenen Berechnungen im Blick auf die nationale Hoffnung. Zwar

waren nicht alle Gesetzeslehrer Pharisäer, aber doch die meisten Pharisäer Gesetzeslehrer.

Sie erreichten eine Demokratisierung des Lebens Israels, da für sie das Studium und Praktizieren der Tora gleichbedeutend war wie der Gottesdienst im **Tempel** – auch wenn sie unerbittlich versuchten, ihre eigenen Regeln für die Tempelliturgie einer widerwilligen (und oft **sadduzäischen**) Priesterschaft aufzuzwingen. So waren sie in der Lage, das Jahr 70 n. Chr. zu überleben. Sie verschmolzen mit der frühen rabbinischen Bewegung, um neue Wege in die Zukunft zu entwickeln. Politisch standen sie für die angestammten Traditionen ein und standen an der Spitze verschiedener revolutionärer Bewegungen sowohl gegen die heidnische Vorherrschaft als auch gegen kompromissbereite jüdische Führer. Zu Jesu Lebzeiten gab es zwei eigenständige Schulen, die strengere von Schammai, die stärker der bewaffneten Revolution zuneigte, und die mildere Schule von Hillel, die bereit war, nach dem Motto zu handeln: leben und leben lassen.

In den Auseinandersetzungen, die Jesus mit den Pharisäern führte, geht es mindestens so sehr um Programm und Politik (Jesus stand in klarer Opposition gegen ihren separatistischen Nationalismus) wie um Details von Theologie und Frömmigkeit. Saulus von Tarsus war bis zu seiner Bekehrung ein leidenschaftlicher Pharisäer des rechten Flügels, vermutlich ein Anhänger Schammais.

Nach dem katastrophalen Krieg von 66 bis 70 n. Chr. setzten diese Schulen von Hillel und Schammai ihre erbitterten Debatten um die angemessene Politik fort. Im Anschluss an das weitere Desaster des Jahres 135 n. Chr. (der gescheiterte Bar-Kochba-Aufstand gegen Rom) wurden ihre Traditionen von den Rabbinern weitergeführt. Diese holten sich zwar Inspiration bei den früheren Pharisäern, aber sie entwickelten eine Torafrömmigkeit, in der an die Stelle der politischen Programme die persönliche Heiligkeit und Reinheit trat.

Priester, Hohepriester

Aaron, der ältere Bruder von Mose, wurde zu Israels erstem Hohepriester ernannt (2. Mose 28 – 29), und theoretisch waren danach seine Nachkommen die Priester Israels. Andere Mitglieder seines Stammes (Levi) waren „Leviten“, die andere liturgische Aufgaben ausführten, aber nicht Opfer darbrachten. Priester lebten im ganzen Land unter dem Volk und spielten vor Ort eine Rolle als Lehrer (3. Mose 10,11; Maleachi 2,7). Nach einem Rotationssystem gingen sie nach Jerusalem, um die Liturgie im **Tempel** auszuführen (z. B. Lukas 2,8).

David ernannte Zadok (dessen aaronitische Abstammung gelegentlich infrage gestellt wird) zum Hohepriester, und seine Familie stellte danach die Hauptpriester in Jerusalem, wahrscheinlich die Vorfahren der **Sadduzäer**. Eine Erklärung der Ursprünge der **Essener** besagt, dass sie eine Gruppe von Dissidenten waren, die sich für die rechtmäßigen Hauptpriester hielten.

Rabbiner, *siehe* **Pharisäer**

Reich Gottes, Himmelreich
Der Begriff ist am besten zu verstehen als Königs*herrschaft* oder souveräne und rettende Herrschaft von **JHWH**, dem Gott Israels, wie sie in etlichen Psalmen (z.B. 99,1) und Prophetien (z.B. Daniel 6,26f.) gefeiert wird. JHWH war der Schöpfergott. Wenn er schließlich in der Weise König werden würde, wie er es immer beabsichtigt hatte, dann würde das umfassen, dass die Welt ins Lot gebracht und insbesondere Israel von seinen Feinden gerettet werden würde. „Reich Gottes" und verschiedene äquivalente Wendungen (z.B. „Kein König außer Gott!") wurden ungefähr in der Zeit, in der Jesus lebte, zu revolutionären Slogans. Jesu eigene Verkündigung des Reiches Gottes definierte diese Erwartungen neu im Sinne seiner eigenen ganz anderen Pläne und seiner eigenen Berufung. Mit seiner Einladung, in das Reich Gottes „einzutreten", rief er die Menschen zur Loyalität ihm und seinem Programm gegenüber, das als Beginn der lange erwarteten rettenden Herrschaft Gottes verstanden wurde. Für Jesus kam das Reich Gottes nicht mit einem einzigen Schachzug, sondern schrittweise. Sein eigener öffentlicher Werdegang war ein solcher Schritt, sein Tod und seine Auferstehung ein weiterer und eine noch in der Zukunft liegende Vollendung wieder ein anderer Schritt. Man beachte, dass „**Himmel**reich" der von Matthäus bevorzugte Begriff für dieselbe Sache ist. Er folgt damit einer üblichen jüdischen Praxis, „Himmel" statt „Gott" zu sagen. Er verweist damit nicht auf einen Ort (den „Himmel"), sondern auf die Tatsache, dass Gott in und durch Jesus und sein Werk König wird. Paulus spricht davon, dass Jesus als **Messias** bereits im Besitz seines Reiches ist und darauf wartet, es letztendlich dem Vater zu übergeben (1. Korinther 15,23-28; vgl. Epheser 5,5).

Sabbat
Der jüdische Sabbat, der siebte Tag der Woche, war ein Tag der Erinnerung sowohl an die Schöpfung (1. Mose 2,3; 2. Mose 20,8-11) als auch an den **Exodus** (5. Mose 5,15). Wie die **Beschneidung** und die Speisegesetze war die

Sabbatheiligung eines der Identitätsmerkmale des Judentums inmitten der heidnischen Umwelt der Spätantike. Ein beträchtlicher Teil des jüdischen **Gesetzes**kodexes und der Verhaltensgewohnheiten rankt sich um das Thema der Sabbatheiligung.

Sadduzäer

Zur Zeit Jesu bildeten die Sadduzäer die Aristokratie des Judentums. Sie verfolgten ihre Ursprünge möglicherweise zurück bis auf die Familie von Zadok, den **Hohepriester** Davids. Sie waren in Jerusalem ansässig und umfassten den Großteil der führenden priesterlichen Familien. Sie hatten ihre eigenen Traditionen und versuchten, dem Druck der **Pharisäer** zu widerstehen, sich deren Traditionen anzupassen. Sie behaupteten, sich einzig auf den Pentateuch (die fünf Bücher Mose) zu stützen und lehnten jegliche Lehre über ein zukünftiges Leben, insbesondere über die **Auferstehung** und andere damit verbundene Vorstellungen, ab. Der Grund dafür lag vermutlich darin, dass derartige Überzeugungen eine Ermutigung für revolutionäre Bewegungen darstellten. Von den Sadduzäern sind keine Schriften erhalten, es sei denn, das apokryphe Buch Ben Sira (Jesus Sirach, Ecclesiasticus) stammt von ihnen. Die Sadduzäer überlebten die Zerstörung Jerusalems und des **Tempels** im Jahre 70 n. Chr. nicht.

Satan, „der Ankläger", Dämonen

Die Bibel macht über die Identität der Gestalt, die als „Satan" bekannt ist, nirgends präzise Aussagen. Das hebräische Wort bedeutet „der Ankläger", und bisweilen scheint Satan ein Mitglied des himmlischen Rates **JHWHs** zu sein, mit der besonderen Verantwortung als Chefankläger (1. Chronik 21,1; Hiob 1 – 2; Sacharja 3,1f.). Die Gestalt wird jedoch verschiedentlich mit der Schlange im Garten Eden identifiziert (1. Mose 3,1-15) und mit dem rebellischen Morgenstern, der aus dem Himmel geworfen wurde (Jesaja 14,12-15). Von vielen Juden wurde sie als gewissermaßen persönliche Quelle des Bösen angesehen, das sowohl hinter der Bösartigkeit des Menschen als auch hinter der weltbeherrschenden Ungerechtigkeit steht und manchmal durch nur teilweise unabhängige „Dämonen" wirkt. Zu Jesu Zeiten wurden verschiedene Wörter verwendet, um diese Gestalt zu bezeichnen, u. a. „Beelzebul/b" (wörtlich „Herr der Fliegen") und schlicht „der Böse"; Jesus warnte seine Nachfolger vor den Täuschungen, die diese Gestalt anrichten konnte. Jesu Gegner beschuldigten ihn, mit Satan im Bund zu sein. Die frühen Christen dagegen glaubten, dass Jesus Satan besiegt hat – sowohl in seinen eigenen Kämpfen mit der Versuchung (Matthäus 4; Lukas 4), in seinen Dämonenaustreibungen und in seinem Tod (1. Korinther 2,8; Kolosser 2,15). Daher ist der endgültige Sieg über diesen ultimativen Feind bereits sichergestellt (Offenbarung 20), obwohl der Kampf für Christen immer noch ein erbitterter sein kann (Epheser 6,10-20).

Schriftgelehrte
In einer Welt, in der viele nicht oder nicht gut schreiben konnten, übernahm eine ausgebildete Klasse von Schreibern („Schriftgelehrte“) die wichtige Aufgabe, Geschäfts- und Eheverträge etc. aufzusetzen. Viele Schriftgelehrte waren daher Gesetzesexperten und recht wahrscheinlich **Pharisäer**, auch wenn man als Schriftgelehrter verschiedene politische und religiöse Ansichten vertreten konnte. Die Arbeit von christlichen Schriftgelehrten war anfänglich von großer Bedeutung für die Vervielfältigung christlicher Schriften, insbesondere der Storys über Jesus.

Schriftrollen vom Toten Meer
Eine Sammlung von Texten, einige davon in erstaunlich gutem Zustand, andere extrem fragmentarisch, die Ende der 1940er-Jahre in der Gegend von Qumran gefunden wurden (nahe der nordöstlichen Küste des Toten Meers). Mittlerweile sind fast alle Schriften herausgegeben, übersetzt und der Öffentlichkeit zugänglich. Diese Schriften bildeten die Bibliothek (oder einen Teil davon) einer strengen klösterlichen Gruppe, höchst wahrscheinlich von Essenern, die von der Mitte des 2. Jahrhunderts v. Chr. bis zum jüdisch-römischen Krieg (66–70 n. Chr.) bestand. Die Schriftrollen umfassen die frühesten erhaltenen Manuskripte der hebräischen und aramäischen biblischen Schriften sowie mehrere andere wichtige Dokumente mit Gemeinschaftsregeln, Bibelauslegung, Hymnen, Weisheitsschriften und weiterer Literatur. Sie erhellen sehr deutlich ein kleines Segment des Judentums zur Zeit Jesu und helfen uns zu verstehen, wie zumindest einige Juden damals dachten, beteten und die Bibel lasen. Trotz Versuchen, das Gegenteil zu beweisen, finden sich in den Schriftrollen keine Verweise auf Johannes den Täufer, Jesus, Paulus, Jakobus oder das frühe Christentum im Allgemeinen.

Seele, *siehe* Leben

Sohn Davids
Ein alternativer und selten verwendeter Titel für **Messias**. Die messianischen Verheißungen des Alten Testaments konzentrierten sich oft auf den Sohn Da-

vids, z. B. 2. Samuel 7,12-16; Psalm 89,19-37. Josef, Marias Ehemann, wird von dem Engel in Matthäus 1,20 „Sohn Davids" genannt.

Sohn Gottes

Ursprünglich ein Titel für Israel (2. Mose 4,22) und für den davidischen König (Psalm 2,7); wurde auch in Bezug auf alte Engelsgestalten verwendet (1. Mose 6,2). In neutestamentlicher Zeit wurde der Begriff bereits als ein **messianischer** Titel verwendet, z. B. in den **Schriftrollen vom Toten Meer**. Dort und wenn die **Evangelien** den Titel in Bezug auf Jesus verwenden (z. B. Matthäus 16,16), bedeutet oder verstärkt er den Begriff „**Messias**" ohne die spätere Bedeutung einer „göttlichen" Dimension. Der Übergang zu einer umfassenderen Bedeutung (der, der Gott gleich war und von Gott gesandt wurde, um Mensch und Messias zu werden) ist allerdings bereits bei Paulus sichtbar, ohne dass dabei die Bedeutung „Messias" verloren geht (z. B. Galater 4,4).

Taufe

Wörtlich das „Untertauchen" von Menschen unter Wasser. Vor dem Hintergrund einer breiteren jüdischen Tradition von rituellen Waschungen und Bädern praktizierte **Johannes der Täufer** seine Berufung, Menschen im Jordan zu taufen. Diese Taufe war kein Ritual unter anderen, sondern ein einzigartiger Moment der **Umkehr**, durch die sich die Menschen auf das **Reich Gottes** vorbereiteten. Jesus selbst wurde von Johannes getauft. Dadurch identifizierte er sich mit dieser Erneuerungsbewegung und entwickelte sie auf seine eigene Weise weiter. Seine Nachfolger tauften wiederum andere Menschen. Nach seiner **Auferstehung** und der Sendung des **Heiligen Geistes** wurde die Taufe zum üblichen Zeichen und Eintrittsmodus in die Gemeinschaft der Jesusleute. Schon bei Paulus, also sehr früh, wurde die Taufe sowohl mit dem **Exodus** aus Ägypten (1. Korinther 10,2) als auch mit Jesu Tod und Auferstehung (Römer 6,2-11) in Beziehung gesetzt.

Tempel

Der Tempel in Jerusalem war von David (rund 1000 v. Chr.) geplant und von seinem Sohn Salomo als zentrales Heiligtum für ganz Israel gebaut worden. Nach Reformen unter Hiskia und Josia im 7. Jahrhundert v. Chr. wurde er 587 v. Chr. von den Babyloniern zerstört. Der Wiederaufbau durch aus dem **Exil** zurückgekehrte Israeliten begann im Jahre 538 v. Chr. und wurde im Jahr 515 vollendet, womit die „Zeit des zweiten Tempels" begann. Judas Makkabäus reinigte den Tempel im Jahre 164 v. Chr., nachdem er von Antiochius Epiphanes entweiht worden war (167 v. Chr.). Herodes der Große begann im Jahre 19 v. Chr., den Tempel zu erneuern und zu verschönern; diese Arbeiten wurden im Jahre 63 n. Chr. vollendet. Der Tempel wurde von den Römern im Jahre 70 n. Chr. zerstört. Viele Juden glaubten, er sollte und würde wieder aufgebaut werden; einige glauben das heute noch. Der Tempel war nicht nur der Ort der **Opfer**; er wurde auch als einziger Wohnort **JHWHs** auf Erden angesehen, der Ort, an dem sich **Himmel** und Erde berührten.

Tora, Gesetz

Die „Tora“ besteht, wenn man sie eng definiert, aus den ersten fünf Büchern des Alten Testaments, den „fünf Büchern Mose“ oder dem „Pentateuch“. (Diese Bücher enthalten viele Gesetzestexte, aber auch viele narrative Texte.) Der Begriff kann auch in Bezug auf die gesamten alttestamentlichen Schriften benutzt werden, auch wenn das gesamte AT streng genommen aus dem „Gesetz, den Propheten und den Schriften“ besteht. Im weiter gefassten Sinne verweist der Begriff auf das gesamte sich entwickelnde Korpus der jüdischen Rechtstradition, und zwar in geschriebener wie in mündlicher Form; die mündliche Tora wurde zunächst um 200 n. Chr. in der **Mischna** kodifiziert; Weiterentwicklungen finden sich im babylonischen und im palästinischen Talmud, die um 400 n. Chr. kodifiziert wurden. In der Zeit, in der Jesus und Paulus lebten, hielten viele Juden die Tora so sehr für gottgegeben, dass sie in gewissem Sinne selbst göttliche Qualität annahm; einige (z.B. Ben Sira 24) identifizierten die Tora mit der Figur der „Weisheit“. Das Tun dessen, was in der Tora vorgeschrieben wird, galt nicht als Mittel, um Gottes Wohlwollen zu verdienen, sondern vielmehr als Ausdruck der Dankbarkeit und als Schlüsselmerkmal der jüdischen Identität.

Umkehr, Buße

Wörtlich meint das Wort Buße „sich umwenden, umdrehen, umkehren“. Es wird im Alten Testament und in der nachfolgenden jüdischen Literatur häufig benutzt und bezeichnet sowohl eine persönliche Abwendung von Sünde und Israels gemeinschaftliche Abwendung vom Götzendienst als auch die Rückkehr zu **JHWH**. Beide Bedeutungen verbinden den Begriff mit der Vorstellung von der „Rückkehr aus dem **Exil**“; wenn Israel im umfassenden Sinne „zurückkehren“ wollte, dann musste es zu JHWH „zurückkehren“. Dies steht im Zentrum des Aufrufs zur Umkehr sowohl bei **Johannes dem Täufer** als auch bei Jesus. In den paulinischen Schriften wird das Wort hauptsächlich in Bezug auf Heiden benutzt, die sich von ihren Götzen abwenden, um dem wahren Gott zu dienen; es wird auch im Blick auf in Sünde geratene Christen benutzt, die zu Jesus zurückkehren müssen.

Wort, *siehe* Gute Nachricht

Wunder
Wie einige der alten Propheten, insbesondere Elia und Elisa, vollbrachte auch Jesus viele Taten von erstaunlicher Vollmacht, inbesondere Heilungen. Die Evangelien verweisen darauf mit den Begriffen „gewaltige Taten“, „Zeichen“, „Wundertaten“ oder „Paradoxe“. Unser Wort „Wunder“ neigt zu der Unterstellung, Gott sei normalerweise „außerhalb“ des geschlossenen Systems der Welt und würde manchmal „intervenieren“. Daher wurden Wunder oft von Skeptikern aus Prinzip geleugnet. In der Bibel ist Gott jedoch immer gegenwärtig, wenn auch oft auf seltsame Weise, und „Machttaten“ werden als *spezielle* Handlungen eines *gegenwärtigen* Gottes verstanden, im Gegensatz zu *in die Welt eindringenden* Handlungen eines *abwesenden* Gottes. Die „gewaltigen Werke“, die Jesus selbst vollbrachte, werden im Anschluss an prophetische Texte insbesondere als Beleg für seine Messianität verstanden (z. B. Matthäus 11,2-6).

Zeitalter, gegenwärtiges und kommendes; ewiges Leben
Zur Zeit Jesu unterteilten viele jüdische Denker die Geschichte in zwei Perioden: „das gegenwärtige Zeitalter“ und „das kommende Zeitalter“. Letzteres wäre die Zeit, in der **JHWH** endlich entscheidend handeln würde, um das Böse zu richten, Israel zu retten und eine neue Welt der Gerechtigkeit und des Friedens zu erschaffen. Die frühen Christen glaubten: Obwohl die vollständigen Segnungen des kommenden Zeitalters immer noch in der Zukunft lagen, hatte es doch schon mit Jesus begonnen, insbesondere mit seinem Tod und seiner **Auferstehung.** Sie selbst waren durch den **Glauben** und die **Taufe** befähigt, bereits in das kommende Zeitalter einzutreten. „**Ewiges Leben**“ meint nicht einfach „unendlich weitergehende Existenz“, sondern „das Leben des kommenden Zeitalters“.

Zwölf, die, *siehe* Apostel

Bereits aus der Serie erschienen:

N. T. Wright: Matthäus für heute

Band 1 (Matthäus 1 – 15)
256 Seiten, Paperback
ISBN 978-3-7655-0611-6

Band 2 (Matthäus 16 – 28)
272 Seiten, Paperback
ISBN 978-3-7655-0612-3

Matthäus – erklärt von N. T. Wright. Intelligent, aber nicht hochgestochen. Leicht verständlich, aber nicht zu simpel. Die einzelnen Bibelabschnitte werden lebendig vor dem Hintergrund dessen, was wir heute über Jesus und seine Zeit wissen. Und sie werden lebendig für das Leben mit Jesus heute.

BRUNNEN VERLAG GIESSEN
www.brunnen-verlag.de